SAINDO DA LAMA

A atuação interfederativa concertada como melhor alternativa para solução dos problemas decorrentes do desastre de Mariana

LUIS INÁCIO LUCENA ADAMS
LUIZ HENRIQUE MIGUEL PAVAN
ONOFRE ALVES BATISTA JÚNIOR
RENATO RODRIGUES VIEIRA

Prefácios
Fernando Damata Pimentel
Paulo Hartung

SAINDO DA LAMA

A atuação interfederativa concertada como melhor alternativa para solução dos problemas decorrentes do desastre de Mariana

Belo Horizonte

2019

© 2007 Editora Fórum Ltda.
2010 2ª edição
2011 3ª edição
2013 4ª edição
2015 5ª edição
2017 6ª edição
2019 7ª edição

É proibida a reprodução total ou parcial desta obra, por qualquer meio eletrônico, inclusive por processos xerográficos, sem autorização expressa do Editor.

Conselho Editorial

Adilson Abreu Dallari
Alécia Paolucci Nogueira Bicalho
Alexandre Coutinho Pagliarini
André Ramos Tavares
Carlos Ayres Britto
Carlos Mário da Silva Velloso
Cármen Lúcia Antunes Rocha
Cesar Augusto Guimarães Pereira
Clovis Beznos
Cristiana Fortini
Dinorá Adelaide Musetti Grotti
Diogo de Figueiredo Moreira Neto
Egon Bockmann Moreira
Emerson Gabardo
Fabrício Motta
Fernando Rossi
Flávio Henrique Unes Pereira

Floriano de Azevedo Marques Neto
Gustavo Justino de Oliveira
Inês Virgínia Prado Soares
Jorge Ulisses Jacoby Fernandes
Juarez Freitas
Luciano Ferraz
Lúcio Delfino
Marcia Carla Pereira Ribeiro
Márcio Cammarosano
Marcos Ehrhardt Jr.
Maria Sylvia Zanella Di Pietro
Ney José de Freitas
Oswaldo Othon de Pontes Saraiva Filho
Paulo Modesto
Romeu Felipe Bacellar Filho
Sérgio Guerra
Walber de Moura Agra

FÓRUM

Luís Cláudio Rodrigues Ferreira
Presidente e Editor

Coordenação editorial: Leonardo Eustáquio Siqueira Araújo

Imagem de capa: Distrito de Bento Rodrigues, Mariana (MG).
Foto: Rogério Alves/TV Senado. Fonte: Banco de Imagens da Agência Senado.

Av. Afonso Pena, 2770 – 15º andar – Savassi – CEP 30130-012
Belo Horizonte – Minas Gerais – Tel.: (31) 2121.4900 / 2121.4949
www.editoraforum.com.br – editoraforum@editoraforum.com.br

Dados Internacionais de Catalogação na Publicação (CIP) de acordo com a AACR2

S132	Saindo da lama: a atuação interfederativa concertada como melhor alternativa para solução dos problemas decorrentes do desastre de Mariana / Luis Inácio Lucena Adams et al. – Belo Horizonte : Fórum, 2019.
	244p.; 14,5cm x 21,5cm
	ISBN: 978-85-450-0587-2
	1. Direito Ambiental. 2. Direito Público. 3. Direito Processual Civil. I. Adams, Luis Inácio Lucena. II. Pavan, Luiz Henrique Miguel. III. Batista Júnior, Onofre Alves. IV. Vieira, Renato Rodrigues. V. Título.
	CDD: 341.347
	CDU: 34:502.7

Elaborado por Daniela Lopes Duarte – CRB-6/3500

Informação bibliográfica deste livro, conforme a NBR 6023:2002 da Associação Brasileira de Normas Técnicas (ABNT):

ADAMS, Luis Inácio Lucena et al. *Saindo da lama*: a atuação interfederativa concertada como melhor alternativa para solução dos problemas decorrentes do desastre de Mariana. Belo Horizonte: Fórum, 2019. 244p. ISBN 978-85-450-0587-2.

Aos cidadãos mineiros e capixabas vitimados pela tragédia, às famílias e às comunidades, aos pescadores, aos agricultores, aos areeiros, aos empresários, aos operadores do setor de turismo e demais negócios, aos indígenas e demais povos, comunidades e populações tradicionais e, especialmente, a todos os moradores dos municípios localizados às margens do Rio Doce, com os votos e a confiança de que o acordo retratado nesta obra tenha contribuído para minimizar a dor e o sofrimento gerado.

AGRADECIMENTOS

Às centenas de agentes públicos que se envolveram em integral regime de dedicação nas ações de socorro, de apoio, de assistência, de avaliação dos efeitos do rompimento da barragem, bem como de viabilização do restabelecimento de serviços essenciais afetados e de recuperação de ecossistemas destruídos pelo desastre. A todos que contribuíram para a recomposição da dignidade dos atingidos.

Especialmente, aos membros da Advocacia-Geral da União, da Advocacia-Geral do Estado de Minas Gerais e da Procuradoria-Geral do Estado do Espírito Santo, pela segurança jurídica e pela robustez técnica que conferiram às tratativas para celebração do acordo, propiciando a construção de uma solução inovadora, que se sobrepôs à tradição dos morosos e burocráticos procedimentos jurídico-judiciais.

LISTA DE FIGURAS

FIGURA 1	Mariana (MG)	29
FIGURA 2	Mariana (MG)	29
FIGURA 3	Distrito de Bento Rodrigues, Mariana (MG)	30
FIGURA 4	Distrito de Bento Rodrigues, Mariana (MG)	30
FIGURA 5	Em Regência/ES, no encontro da onda de lama com o mar	31
FIGURA 6	Em Regência/ES, no encontro da onda de lama com o mar	31
FIGURA 7	Trecho do Rio Doce atingido pelo rompimento da barragem em Mariana (MG)	32
FIGURA 8	Bento Rodrigues, Mariana (MG)	32
FIGURA 9	Rio Gualaxo do Norte	33
FIGURA 10	Bento Rodrigues, Mariana (MG)	33
FIGURA 11	Bombeiros trabalhando no resgate de vítimas em Mariana (MG)	34
FIGURA 12	Bombeiro durante busca em Bento Rodrigues (MG)	34
FIGURA 13	Reservatório da Usina Hidrelétrica Risoleta Neves	35
FIGURA 14	Mariana (MG)	35
FIGURA 15	Reunião da Presidente da República com os Governadores de Minas Gerais e do Espírito Santo	37
FIGURA 16	Desabamento do Pavilhão da Gameleira	48
FIGURA 17	Incêndio na Vila Socó	50
FIGURA 18	Incêndio na boate Kiss	54
FIGURA 19	Primeira reunião da AGU, AGE/MG e PGE/ES e todos os demais órgãos federais e estaduais com as mineradoras Samarco, Vale e BHP, na Sede da AGU/MG	59
FIGURA 20	Interlocutores do Acordo	64
FIGURA 21	Reunião em Mariana	65
FIGURA 22	Reunião em Mariana	65
FIGURA 23	Reunião em Governador Valadares	65
FIGURA 24	Reunião em Barra Longa	65
FIGURA 25	Reunião em Resplendor	66
FIGURA 26	Reunião em Governador Valadares	66
FIGURA 27	Reunião em Belo Horizonte	67
FIGURA 28	Assembleia Legislativa de Minas Gerais	67
FIGURA 29	Assembleia Legislativa do Espírito Santo	67
FIGURA 30	Câmara dos Deputados	68
FIGURA 31	Assinatura do Termo de Transação e de Ajustamento de Conduta – TTAC	69

FIGURA 32	Estrutura Interna da Fundação	78
FIGURA 33	Processo Decisório dos Projetos	83
FIGURA 34	Momentos de Planejamento das Ações	84
FIGURA 35	Fluxo de Planejamento das Ações	85
FIGURA 36	Instâncias Externas	86
FIGURA 37	Foto do Rio Gualaxo do Norte em 04/01/2016, extraída de relatório de execução das ações da Fundação Renova	135
FIGURA 38	Foto do Rio Gualaxo do Norte em 14/04/2017, extraída de relatório de execução das ações da Fundação Renova	135
FIGURA 39	Foto de ponte destruída no distrito de Águas Claras, em Mariana, em 24/11/2015, extraída de relatório de execução das ações da Fundação Renova	135
FIGURA 40	Foto de ponte destruída no distrito de Águas Claras, em Mariana, em 23/08/2017, extraída de relatório de execução das ações da Fundação Renova	135
FIGURA 41	Foto de Baixo Guandu, em 16/11/2015, extraída de relatório de execução das ações da Fundação Renova	136
FIGURA 42	Foto de Baixo Guandu, em 02/09/2017, extraída de relatório de execução das ações da Fundação Renova	136
FIGURA 43	Foz do Rio Doce, em Regência, em 22.11.2015	136
FIGURA 44	Foz do Rio Doce, em Regência, em 06.09.2017	136

LISTA DE ABREVIATURAS E SIGLAS

ACP – Ação Civil Pública
ADIC – Associação de Defesa de Interesses Coletivos
AGERH – Agência Estadual de Recursos Hídricos
AGE/MG – Advocacia-Geral do Estado de Minas Gerais
AGU – Advocacia-Geral da União
ANA – Agência Nacional de Águas
APP – Áreas de Preservação Permanente
BDEI – Banco de Dados Emergencial Integrado
BHP – BHP Billiton Brasil Ltda.
BP – British Petroleum
CBH-DOCE – Conselho da Bacia Hidrográfica do Rio Doce
CETAS – Centros de Triagem e Reabilitação de Animais Silvestres
CFEM – Compensação Financeira pela Exploração de Recursos Minerais
CIF – Comitê Interfederativo
CIRM – Comissão Interministerial para Recursos do Mar
CNJ – Conselho Nacional de Justiça
CODEURB – Companhia de Desenvolvimento Urbano do Estado de Minas Gerais
COPAM – Conselho de Política Ambiental
DIEESE – Departamento intersindical de Estatísticas e Estudos Socioeconômicos
DNPM – Departamento Nacional de Produção Mineral
EIA – Estudo de Impacto Ambiental
ES – Espírito Santo
FEAM – Fundação Estadual do Meio Ambiente
FUNAI – Fundação Nacional do Índio
HA – Hectare
IBAMA – Instituto Brasileiro de Meio Ambiente e dos Recursos Naturais Renováveis
ICMBIO – Instituto Chico Mendes de Conservação da Biodiversidade
ICMS – Imposto sobre Circulação de Mercadorias e Serviços
IDAF – Instituto de Defesa Agropecuária e Florestal do Espírito Santo
IEF – Instituto Estadual de Florestas

IEMA	–	Instituto Estadual de Meio Ambiente e Recursos Hídricos
IGAM	–	Instituto Mineiro de Gestão de Águas
IDH-M	–	Índice de Desenvolvimento Humano Municipal
IPCA	–	Índice de Preços ao Consumidor Amplo
ISSQN	–	Imposto sobre Serviços de Qualquer Natureza
KM	–	Quilômetros
M³	–	Metros Cúbicos
MAB	–	Movimento dos Atingidos por Barragens
MG	–	Minas Gerais
MPE	–	Ministério Público Estadual
MPEs	–	Ministérios Públicos Estaduais
MPE/ES	–	Ministério Público do Estado do Espírito Santo
MPE/GO	–	Ministério Público do Estado de Goiás
MPE/MG	–	Ministério Público do Estado de Minas Gerais
MPF	–	Ministério Público Federal
MPT	–	Ministério Público do Trabalho
NTU	–	Nefelometric Turbidity Unit
PGE/ES	–	Procuradoria-Geral do Estado do Espírito Santo
PIB	–	Produto Interno Bruto
PNATER	–	Política Nacional de Assistência Técnica e Extensão Rural
POP	–	Procedimento Operacional Padrão
PR	–	Paraná
REDUC	–	Refinaria Duque de Caxias
RIMA	–	Relatório de Impacto Ambiental
RS	–	Rio Grande do Sul
S.A.	–	Sociedade Anônima
SAMARCO	–	Samarco Mineração S.A.
SERGEN	–	Serviços Gerais Engenharia
SOBRAF	–	Sociedade Brasileira de Estudos da Fisiologia
SPE	–	Sociedade de Propósito Específico
TAC	–	Termo de Ajustamento de Conduta
TACC	–	Termo de Ajustamento de Conduta Conjunto
TAP	–	Termo de Ajustamento Preliminar
TELEBRAS	–	Telecomunicações Brasileiras S.A.
TRF	–	Tribunal Regional Federal
TTAC	–	Termo de Transação e Ajustamento de Conduta
UFMG	–	Universidade Federal de Minas Gerais
UHE	–	Usina Hidrelétrica
VALE	–	Vale S.A.

SUMÁRIO

PREFÁCIO
Fernando Damata Pimentel 15

PREFÁCIO
Paulo Hartung 17

INTRODUÇÃO 21

CAPÍTULO 1
A MAIOR TRAGÉDIA AMBIENTAL DA HISTÓRIA DO BRASIL E
SEUS EFEITOS SUPERLATIVOS 25

CAPÍTULO 2
A BUSCA (POR TODOS) DE UMA SOLUÇÃO EMERGENCIAL, A
PULVERIZAÇÃO DE AÇÕES JUDICIAIS E A CONVERGÊNCIA
CONCERTADA ENTRE OS ENTES FEDERATIVOS PARA
RACIONALIZAÇÃO DA ATUAÇÃO JUDICIAL 39

CAPÍTULO 3
A SOLUÇÃO POR AUTOCOMPOSIÇÃO *VERSUS* BATALHA
JUDICIAL: EFETIVIDADE DAS ALTERNATIVAS PARA O
DESASTRE 47

CAPÍTULO 4
O PROCESSO DE CONSTRUÇÃO DO MAIOR ACORDO
AMBIENTAL DA HISTÓRIA DO BRASIL 59

CAPÍTULO 5
O TERMO DE TRANSAÇÃO E DE AJUSTAMENTO DE CONDUTA
(TTAC) 71

5.1   Das inovações do acordo: governança independente e
fiscalização permanente do poder público 71

5.1.1   Instâncias internas de governança da Fundação 76

5.1.2   Instâncias externas de fiscalização e acompanhamento da
Fundação 78

CAPÍTULO 6
FUNDING PACTUADO E PENALIDADES PREVISTAS NO TTAC... 87

CAPÍTULO 7
DOS PROGRAMAS SOCIOAMBIENTAIS E SOCIOECONÔMICOS
E DEMAIS CLÁUSULAS DO ACORDO.. 91

CAPÍTULO 8
CRÍTICAS RECEBIDAS APÓS A ASSINATURA DO ACORDO.......... 109
8.1   O acordo não define um limite de gastos global..................... 109
8.2   Não há um limite anual para aporte de recursos................... 111
8.3   O acordo não exime as responsabilidades da VALE e da
        BHP... 113
8.4   O acordo não terceiriza o investimento em saneamento....... 114
8.5   O acordo não ignora a responsabilidade do Estado.............. 116
8.6   Outras críticas surgidas logo após a assinatura do TTAC..... 117

CAPÍTULO 9
O INÍCIO DO CUMPRIMENTO DO TTAC E O
QUESTIONAMENTO DA SUA HOMOLOGAÇÃO JUDICIAL.......... 125

CAPÍTULO 10
RESULTADOS PRELIMINARES DA EXECUÇÃO DO TTAC.
COMPROVAÇÃO DO ACERTO DA SOLUÇÃO.................................... 127

CAPÍTULO 11
DA CONVERGÊNCIA SUPERVENIENTE ENTRE O MINISTÉRIO
PÚBLICO E OS ENTES FEDERADOS. PROPOSTA DE
REPACTUAÇÃO PARCIAL DO TTAC.. 141

CAPÍTULO 12
A POSSIBILIDADE DE RETORNO DAS ATIVIDADES...................... 147

CONCLUSÃO
UM CAMINHO PARA UM RIO DOCE MELHOR................................ 151

ANEXOS

ANEXO A – Termo de transação e de ajustamento de conduta........... 155
ANEXO B – Termo de ajustamento de conduta..................................... 211

PREFÁCIO

É impossível colocar em série exata os fatos da infância porque há aqueles que já acontecem permanentes, que vêm para ficar e doer, que nunca mais são esquecidos, que são sempre trazidos tempo afora, como se fossem d'agora. É a carga.
Pedro Nava. *Baú de Ossos.*

O dia 5 de novembro de 2015 ficará marcado na história do Estado de Minas Gerais como o dia da maior tragédia socioambiental que já ocorreu em todo o Brasil.

Não foram poucas as perdas. Uma cidade varrida do mapa. Um doce rio amargado pela lama. Prejuízos econômicos incalculáveis. Casas destruídas. Memórias desaparecidas. Comunidades afetadas. E, mais insuportável de tudo, as vidas dissipadas: 19 ao todo, incluídas duas crianças.

Essas são lembranças que serão trazidas tempo afora, indeléveis, como se fossem d'agora. Não obstante, a carga seria ainda maior caso a inércia se mantivesse. Foi preciso inovar, fugir ao óbvio, navegar contra a corrente e contra a lama que se alastrava. Foi preciso ouvir para governar, descentralizar as ações, construir uma alternativa.

Mariana nos dá o testemunho comovido dos mineiros que, enfrentando o desastre ambiental, souberam superar a tragédia e encontrar no drama das vítimas a força capaz de unir os marianenses e todos os irmãos mineiros em solidária luta pela recuperação das comunidades atingidas, do meio ambiente e da plenitude da vida social. Mais uma vez, Minas Gerais é um exemplo para o Brasil.

A busca permanente pelo consenso caracteriza a ação do governo de Minas. De forma desafortunada, isto é algo em falta à nossa federação. É preciso buscar o diálogo para resolvermos nossas diferenças. Não importa o partido ou governo que estiver no poder. Na manutenção desta disputa fratricida, o grande perdedor é o povo brasileiro.

O acordo de Mariana é manual ubérrimo para que União, Estados e Municípios espelhem suas ações. Uma atuação concertada só pode vir à existência com uma boa dose de democracia e de reforço do pacto federativo. Enquanto isso não se realiza, muitos outros desastres como o de Mariana estão simultaneamente ocorrendo no federalismo autofágico e centralizador em que vivemos.

Nunca foram tão grandes as chances de uma profunda mudança nos rumos de nossa sociedade. É preciso não perder o bonde da história. Nada melhor do que sorver na fonte daqueles que escolheram por conciliar ao invés de litigar, por debater ao invés de confrontar, por resolver urgentemente um grande desastre ao invés de protelá-lo.

Este livro, de coautoria de Onofre Alves Batista Júnior, Luís Inácio Lucena Adams, Renato Rodrigues Vieira e Luiz Henrique Miguel Pavan, é uma ode à paz institucional. De forma destemida, os autores se uniram para mostrar e disseminar ao público a possibilidade de mudança em nossa cultura do litígio. Cada um deles, representando uma agremiação federativa, mostram que é possível a conformidade nas diferenças.

Este é um livro que reconhece o equilíbrio de poder, o compartilhamento de responsabilidades, direitos e deveres. Traz à baila a voz que reclama o entendimento e a verdadeira união entre os entes. Reverbera a esperança, a confiança e a crença. É vade-mécum de autoajuda federativa. Como dizia um de nossos maiores escritores mineiros, João Guimarães Rosa: "a vida é assim: esquenta e esfria, aperta e daí afrouxa, sossega e depois desinquieta. O que ela quer da gente é coragem." E coragem é o que esta obra tem de sobra.

Fernando Damata Pimentel
Governador de Minas Gerais

PREFÁCIO

Com muita honra escrevo este prefácio à necessária e valiosa obra de Luís Inácio Lucena Adams, Luiz Henrique Miguel Pavan, Onofre Alves Batista Júnior e Renato Rodrigues Vieira.

Saindo da lama – A atuação interfederativa concertada como melhor alternativa para solução dos problemas decorrentes do desastre de Mariana é um livro necessário porque aborda e registra para a História os detalhes da "maior tragédia ambiental registrada em nosso país" e "seu efeitos superlativos" – e isso em pleno século XXI.

É obra valiosa porque divulga o passo a passo da constituição de um modo de atuação multi-institucional para enfrentamento de questões de alcance interestadual e de relevância nacional pouco conhecido entre nós. Além de reportar, nesse caso específico, uma solução também atípica no país, que foi a criação de uma fundação de direito privado para conduzir os processos de indenizações e reconstrução do dia a dia das populações atingidas pelo rompimento da barragem da Samarco em Mariana.

Nas palavras dos autores: "O objetivo do presente trabalho é expor o processo de concepção, construção, discussão e celebração do maior acordo da história do Brasil, assinado em 2 de março de 2016, entre a União, o Estado de Minas Gerais e o Estado do Espírito Santo com a Samarco Mineração S.A. (SAMARCO) e as multinacionais Vale S.A. (VALE) e a anglo-australiana BHP Billiton Brasil Ltda. (BHP), por meio do qual as mineradoras obrigaram-se a adotar todas as providências voltadas à integral recuperação do meio ambiente e das comunidades impactadas pelo rompimento da barragem de Fundão, no Município de Mariana (MG), em 5 de novembro de 2015".

Destaco neste prefácio, por sua relevância e ineditismo, a solução encontrada para a efetivação dos reparos aos dramáticos efeitos da tragédia. Trata-se da criação da Fundação Renova, conforme o Termo de Transação e Ajustamento de Conduta (TTAC). A Renova foi constituída alguns meses depois, em 30 de junho de 2016, iniciando suas atividades em 2 de agosto de 2016. Estatutariamente, seus objetivos são "a recuperação ambiental e socioeconômica da área impactada pelo rompimento da barragem de Fundão", segundo detalhado no TTAC.

A Renova é uma pessoa jurídica de direito privado sem fins lucrativos, mantida pelas três mineradoras envolvidas na tragédia, mas com gestão inteiramente privada, independente e transparente. Suas ações estão sujeitas a auditorias externas e a fiscalizações dos órgãos públicos competentes e da sociedade civil.

Como relatam os autores, "a ideia de se constituir uma fundação privada visa aproveitar a dinamicidade do mercado, evitar lentos processos licitatórios e favorecer a célere reparação do dano ambiental. Buscou-se, assim, aproveitar ao máximo o caráter dinâmico da iniciativa privada para possibilitar o atendimento das necessidades mais urgentes, do modo mais eficaz possível".

Com pouco mais de um ano de atividade, segundo números da prestação de contas publicada em dezembro de 2017, a Fundação Renova, em função das obrigações assumidas, já havia contabilizado R\$ 3,2 bilhões nos programas do TTAC, dos quais R\$ 2,9 bilhões já tinha sido efetivamente aplicados até aquele mês, informam os autores.

Enfim, como escrevem os próprios autores, esta obra narra a história de um acordo inusual, viabilizando a "construção de uma solução inovadora, que se sobrepôs à tradicionalidade dos morosos e burocráticos procedimentos jurídico-judiciais". Assim, tem-se aqui um manancial de aprendizados, ainda que sejam lições tiradas de uma tragédia imensa, com desafiantes questões colocadas à vida social, econômica e cultural dos atingidos, tendo como cenário a devastação e/ou comprometimento de recursos naturais importantíssimos para todos nós.

Esse desastre deixa profundas marcas no cotidiano de capixabas e mineiros e inscreve na história brasileira uma mancha indelével na intercessão entre os modos de produção econômica e a sua impositiva sustentabilidade social e ambiental. Pela geografia, poderia se dizer que o Rio Doce divide ao meio o território espírito-santense. Mas, pelo contrário, observando a dinâmica de ocupação e da diversidade cultural das terras capixabas, o Rio Doce une duas porções da vida e da identidade de nosso povo.

Além de atingir uma referência da nossa trajetória histórica e afetiva, com implicações econômicas, sociais, culturais e turísticas naquela região, o desastre foi além dos limites do rio, chegando ao sul do Estado, no município de Anchieta, onde se localiza a Samarco. A economia dessa cidade e seu entorno é dinamizada pelas atividades da mineradora. Mas também podemos falar do impacto dessa tragédia para todos os capixabas, tendo em vista que a Samarco respondia por 5% de nosso PIB.

PREFÁCIO | 19

A potencializar ainda mais o desastre entre nós, essa tragédia se somou a outras crises que afetaram o Espírito Santo no período, como a maior estiagem dos últimos 80 anos, que atingiu fortemente a economia, especialmente a agricultura e a pecuária – algumas culturas tiveram perdas superiores a 50% da produção.

Tivemos ainda a crise no setor de petróleo e gás. A mudança no marco regulatório para os novos campos de petróleo paralisou os investimentos do país. O Espírito Santo, segundo produtor de petróleo e gás do Brasil, só começou a se recuperar do impacto dessa mudança no ano passado. Isso sem falar que, sombreando todos os Estados Federados, já testemunhávamos a maior crise ética, política e econômica da trajetória brasileira.

Para finalizar, registro que a busca por soluções sustentáveis, eficazes, céleres e transparentes foi uma das primeiras orientações que dei à minha equipe quando da notícia da tragédia. Poder participar do registro da caminhada que descreve exatamente a conquista dessa meta, a partir de um trabalho colaborativo, numa inédita parceria interfederativa entre a União, o Estado do Espírito Santo e o Estado de Minas Gerais, é alentador.

Alentador porque, diante de um desastre "tsunâmico", não poderíamos buscar saídas corriqueiras, muito menos ineficazes e/ou morosas. E assim o fizemos. Os enfrentamentos e os desafios oriundos dessa tragédia ainda se colocarão por muito tempo na perspectiva de nossos horizontes, mas devemos registrar que estamos trilhando o melhor caminho possível, como bem mostra este livro.

Paulo Hartung
Governador do Espírito Santo

INTRODUÇÃO

O objetivo do presente trabalho é expor o processo de concepção, construção, discussão e celebração do maior acordo ambiental da história do Brasil, assinado em 2 de março de 2016, entre a União, o Estado de Minas Gerais e o Estado do Espírito Santo com a Samarco Mineração S.A. (SAMARCO) e as multinacionais Vale S.A. (VALE) e a anglo-australiana BHP Billiton Brasil Ltda. (BHP), por meio do qual as mineradoras obrigaram-se a adotar todas as providências voltadas à integral recuperação do meio ambiente e das comunidades impactadas pelo rompimento da barragem de Fundão, no Município de Mariana (MG), em 5 de novembro de 2015.

Não está entre as pretensões desta obra discutir as dezenas de teses jurídicas construídas pelos órgãos das advocacias públicas (federal e estaduais), pelo Ministério Público Federal (MPF), pelos Ministérios Públicos Estaduais (MPEs) e pelos advogados das empresas envolvidas, o que seria absolutamente tentador para os autores. O escopo deste trabalho é bastante específico: discutir o processo de construção do referido acordo, que pode representar um estímulo à escolha da autocomposição como solução para diversos outros conflitos sociais e ambientais que envolvam o interesse do poder público.

Na verdade, a legislação atual, sobretudo a Lei Federal nº 13.105, de 16 de março de 2015, que instituiu o novo Código de Processo Civil, e a Lei Federal nº 13.140, de 26 de junho de 2015, que dispõe sobre a mediação entre particulares como meio de solução de controvérsias e sobre a autocomposição de conflitos, no âmbito da Administração Pública, já representa um enorme estímulo à autocomposição, inclusive como forma de resolução de conflitos envolvendo a Fazenda Pública.

De certo modo, a realidade também reclama a busca do caminho consensual.[1] Apenas a título de exemplo, sabe-se que, em condições normais, mais de 100.000 lides previdenciárias são extintas anualmente por meio de acordos judiciais celebrados entre o poder público e os particulares, o mais das vezes, no âmbito dos juizados especiais. No que diz respeito aos grandes conflitos e lides mais complexas, é sabido que os processos levam décadas para serem resolvidos (quando são solucionados) e a discussão judicial sempre é longa, custosa e desgastante.

O presente trabalho, levado a cabo pelo ex-Advogado-Geral da União, pelo ex-Procurador-Geral Federal, pelo Advogado-Geral do Estado de Minas Gerais e pelo ex-Subprocurador-Geral do Estado do Espírito Santo, é o resultado de um esforço integrado e refletiu uma inédita parceria interfederativa estabelecida entre a União, o Estado de Minas Gerais e o Estado do Espírito Santo com o objetivo de buscar uma solução rápida e eficiente; sustentável e efetiva; com efeitos imediatos e de longo prazo; sobretudo, voltada ao interesse geral e de cada um dos impactos.

Dezenas de profissionais das mais diversas áreas do serviço público e um seleto grupo de advogados públicos federais e estaduais trabalharam arduamente e apresentaram uma proposta de solução para o grave e difícil caso em apenas 116 dias da data do desastre. A resposta dada pelos órgãos públicos pode parecer excessivamente ágil para os juristas e para os teóricos, tendo em vista a complexidade do problema, entretanto, o prazo pode ainda ter sido demasiado longo para as pessoas e famílias atingidas, para pescadores, agricultores, areeiros, empresários, operadores do setor de turismo e de negócios ligados ao esporte e lazer e para os demais segmentos econômicos que ficaram paralisados; para os indígenas e demais povos, comunidades e populações tradicionais impactadas.

O calendário de atuação do poder público foi pautado pela urgência social dos atingidos. As medidas emergenciais (obtenção de liminares e acordos preliminares) foram buscadas imediatamente após o desastre, mas era necessário o desenho de uma solução global que contemplasse as necessidades de todos os atingidos.

Participaram da construção da solução (consensual) no âmbito federal: a Casa Civil da Presidência da República; o Ministério da

---

[1] O sistema judicial brasileiro está abarrotado com cerca de 80 milhões de processos em tramitação. São dados da Justiça em Números 2017: ano-base 2016. Conselho Nacional de Justiça. Brasília: CNJ, 2017.

Integração Nacional; o Ministério da Justiça; o Ministério da Defesa; o Ministério de Minas e Energia; o Ministério do Meio Ambiente; o Ministério da Cultura; o Instituto Brasileiro de Meio Ambiente e dos Recursos Naturais Renováveis (IBAMA); o Instituto Chico Mendes de Conservação da Biodiversidade (ICMBIO); a Agência Nacional de Águas (ANA); o Departamento Nacional de Produção Mineral (DNPM); a Fundação Nacional do Índio (FUNAI) e a Advocacia-Geral da União (AGU).

Pelo Estado de Minas Gerais, participaram das discussões e deliberações a Secretaria de Estado de Desenvolvimento Regional, Política Urbana e Gestão Metropolitana; a Secretaria de Meio Ambiente e Desenvolvimento Sustentável; o Gabinete Militar do Governador; o Instituto Estadual de Florestas (IEF); o Instituto Mineiro de Gestão de Águas (IGAM); a Fundação Estadual de Meio Ambiente (FEAM) e a Advocacia-Geral do Estado de Minas Gerais (AGE/MG).

Pelo Estado do Espírito Santo, participaram dos debates a Secretaria de Estado de Meio Ambiente e Recursos Hídricos; o Instituto Estadual de Meio Ambiente e Recursos Hídricos (IEMA); a Agência Estadual de Recursos Hídricos (AGERH); o Instituto de Defesa Agropecuária e Florestal do Espírito Santo (IDAF) e a Procuradoria-Geral do Estado (PGE/ES).

A condição técnica do espectro diversificado e numeroso de participantes nas mesas de negociações e a importância dos atores envolvidos proporcionaram debates profundos e complexos, bem como ricas análises. Todo esse intenso debate que antecedeu a celebração do Termo de Transação e Ajustamento de Conduta (TTAC), contou, ainda, com a participação de profissionais das empresas envolvidas, acompanhados por especialistas e juristas contratados, bem como de órgãos do Ministério Público, de representantes da Defensoria Pública, de universidades públicas e privadas, de entidades não governamentais, de representantes da sociedade civil etc.

O relato trazido na presente obra retrata o ângulo de observação a partir da perspectiva da Advocacia Pública, que mediou todo o processo de diálogo e discussão com as mineradoras e promoveu a necessária e prévia orientação do poder público e das autoridades envolvidas.

CAPÍTULO 1

A MAIOR TRAGÉDIA AMBIENTAL DA HISTÓRIA DO BRASIL E SEUS EFEITOS SUPERLATIVOS

Em 5 de novembro de 2015, os Estados de Minas Gerais e do Espírito Santo sofreram a maior tragédia ambiental da história do país. Trata-se do dramático rompimento da barragem de Fundão, situada no subdistrito de Bento Rodrigues, situado a 35 quilômetros do centro do Município de Mariana (MG).

O lamentável episódio ocasionou uma avalanche inicial de 35 milhões de metros cúbicos de rejeitos de minério de ferro (óxido de ferro e sílica) e o vazamento subsequente de outros 12 milhões de metros cúbicos que, após soterrar o subdistrito de Bento Rodrigues, matar 19 pessoas e deixar 1.265 desabrigados, percorreu 663 quilômetros de cursos d'água ao longo do Rio Gualaxo do Norte, do Rio do Carmo e, sobretudo, do Rio Doce até sua foz no Oceano Atlântico, no Município de Linhares (ES), onde também causou impactos a uma significativa área da região costeira.

A grave calamidade ecológica foi causada por dejetos de mineração decorrentes da atividade da SAMARCO, empresa controlada pelas multinacionais VALE (brasileira) e BHP Billiton (anglo-australiana).

O *tsunami* de lama acabou atingindo extensa área e, por onde passou, trouxe sérios danos à saúde, à vida humana, ao meio ambiente, ao desenvolvimento socioeconômico e aos patrimônios cultural, artístico, histórico. Alcançando leitos de rios, a gigantesca onda de poluentes dizimou povoados e destruiu plantações nas áreas rurais, para, então, avançar rumo ao Espírito Santo, até chegar ao mar. Os rejeitos despejados por sobre a vegetação do entorno causaram a destruição de 1.469 hectares, incluindo áreas de preservação permanente. Com a alteração na qualidade da água, o abastecimento público ao longo da Bacia do Rio Doce e a geração de energia por hidrelétricas ficaram gravemente prejudicados, levando, ainda, ao extermínio da biodiversidade aquática (incluindo a ictiofauna) e de membros da fauna silvestre.

Os órgãos técnicos federais e estaduais identificaram diversos danos ambientais e socioeconômicos decorrentes da tragédia, entre os quais: isolamento de áreas habitadas; desalojamento de comunidades pela destruição de moradias e estruturas urbanas; fragmentação de *habitat*; destruição de áreas de preservação permanente e de vegetação nativa; soterramento das lagoas e nascentes adjacentes ao leito dos rios; mortandade de animais domésticos, silvestres e de produção; restrições à pesca; dizimação de fauna aquática silvestre em período de defeso; dificuldade de geração de energia elétrica pelas usinas atingidas; alteração na qualidade e quantidade de água; suspensão do abastecimento público nas principais cidades banhadas pelo Rio Doce; impacto no modo de vida e nos valores étnicos e culturais de povos indígenas e de populações tradicionais.

A tragédia também ficou marcada pelo dinamismo de seus efeitos, em virtude da expansão diária da onda de lama e do constante carreamento de rejeitos, que provocavam uma contínua renovação do desastre. Da mesma forma, a tragédia foi de tão elevada magnitude que foi capaz de alterar ciclos ecossistêmicos locais e afetar os recursos ambientais disponíveis na base da cadeia trófica, perpetuando os efeitos negativos ao longo dos níveis tróficos (implicações negativas conhecidas como *bottom-up*).

No que diz respeito às consequências socioeconômicas, houve, também, claro prejuízo à capacidade dos municípios de sustentarem suas redes de políticas públicas básicas e de serviços essenciais à população. Nesse sentido, basta verificar os efeitos financeiros causados ao Município de Mariana, por exemplo, para se ter a certeza de que o rompimento da barragem não trouxe apenas uma onda de devastação ambiental, mas também a destruição das finanças públicas municipais.

O Município de Mariana tinha na atividade de extração do minério, que teve de ser interrompida em razão do desastre, uma de suas principais fontes de arrecadação. Apenas em Mariana, o acidente gerou uma perda arrecadatória mensal de R$ 1,53 milhão a título de Imposto sobre Serviços de Qualquer Natureza (ISSQN) e de R$ 4 milhões referentes à Compensação Financeira pela Exploração de Recursos Minerais (CFEM).

Segundo dados divulgados pela Prefeitura,[2] em Mariana, aproximadamente 90% de toda a arrecadação do município advém de

---

[2] Fique por dentro e entenda a drástica queda da arrecadação municipal. Disponível em: <http://www.mariana.mg.gov.br/noticia/4071/fique-por-dentro-e-entenda-a-drastica-queda-da-arrecadacao-municipal>. Acesso em: 14 fev. 2018.

tributos e demais receitas ligadas à mineração. A arrecadação anual da Compensação Financeira pela Exploração de Recursos Minerais (CFEM) teve redução de R$ 28 milhões em apenas três anos. Quanto ao ICMS, a queda da arrecadação acumulada no mesmo período ultrapassará o montante de R$ 100 milhões.

A situação financeira do Município de Ouro Preto também se tornou caótica. Os repasses da CFEM foram drasticamente reduzidos a partir de novembro de 2015, chegando a zero em alguns meses. Do total recebido a título de CFEM pelo Município, 52% têm origem nas operações da SAMARCO. A queda na arrecadação do ISSQN, por sua vez, comparando-se os anos de 2015 e de 2016, foi de quase 79%.

Como se não bastasse, os municípios ainda sofrerão, no futuro, os reflexos da diminuição do repasse da cota-parte do ICMS, uma vez que o índice utilizado para a repartição do tributo é apurado considerando-se os dois últimos exercícios financeiros. O impacto, assim, passou a ser ainda mais significativo a partir de 2017.

As consequências do desastre podem também ser verificadas em áreas distantes daquelas atingidas pela lama. O Município de Anchieta (ES), por exemplo, onde está instalada uma unidade industrial da SAMARCO e que não é localizado na Bacia do Rio Doce, sofreu impactos de outra ordem: desemprego, redução na renda da população e queda brusca de receita municipal. A dependência municipal da mineração tornou-se ainda mais evidente após a paralisação das atividades da SAMARCO: 98% da massa salarial de empregos em Anchieta vem da mineradora e 65% da arrecadação municipal decorre da SAMARCO e de seus prestadores de serviços. Ademais, a SAMARCO representa 75% do PIB municipal, segundo dados de 2014. A tragédia e a interrupção das atividades da mineradora resultaram em uma taxa de desemprego de 25% e numa retração projetada da receita municipal da ordem de 57% em 2019.[3]

Estudo realizado pela mineradora australiana BHP Billiton,[4] uma das controladoras da SAMARCO, ao lado da VALE, demonstra que a inatividade da empresa tem deteriorado a situação fiscal de Minas Gerais e do Espírito Santo. A perda de receitas da SAMARCO alcançou

---

[3] Quase 2 anos após parada da Samarco, Anchieta sofre para se recuperar. Disponível em: <https://www.gazetaonline.com.br/noticias/economia/2017/08/quase-2-anos-apos-parada-da-samarco-anchieta-sofre-para-se-recuperar-1014086345.html>. Acesso em: 14 fev. 2018.

[4] Inatividade da Samarco alimenta incerteza econômica. Disponível em: <https://www.em.com.br/app/noticia/economia/2018/01/31/internas_economia,934742/inatividade-da-samarco-alimenta-incerteza-economica.shtml>. Acesso em: 14 fev. 2018.

o montante de R$ 8,3 bilhões em um ano, R$ 11,9 bilhões em dois anos e poderá alcançar a cifra de R$ 46,7 bilhões em 10 anos. Para se ter uma dimensão do valor, o impacto contabilizado apenas no primeiro ano – R$ 8,3 bilhões – corresponde a 1,6% do PIB do Estado de Minas Gerais, 7% do PIB do Estado do Espírito Santo, 15% da receita tributária de Minas Gerais e 75% da receita tributária do Espírito Santo.

A SAMARCO deixou de exportar R$ 1,7 bilhão, o que representa 8% das exportações totais de Minas Gerais e 26% das do Espírito Santo. Além disso, já são contabilizadas 4 mil vagas a menos de empregos entre os capixabas e 14,5 mil em território mineiro. Em arrecadação de impostos, o prejuízo pode alcançar R$ 10 bilhões em uma década.

A perda de arrecadação para a União, em dois anos, supera R$ 1 bilhão de reais, enquanto no Espírito Santo chega a R$ 556 milhões, em Minas Gerais a R$ 373 milhões e nos municípios impactados supera R$ 50 milhões.[5]

Enfim, como se já não bastassem os incomensuráveis problemas associados à própria exploração minerária no território mineiro, as comunidades locais se viram na iminência de arcar com os pesados ônus decorrentes do desastre ambiental.

As fotografias que se seguem possibilitam que se tenha uma ideia da dimensão do desastre e dos problemas dele decorrentes:

---

[5] Parada, Samarco perde R$ 8 bi; MG e ES deixam de arrecadar R$ 978 mi. Disponível em: <http://www1.folha.uol.com.br/colunas/mercadoaberto/2017/11/1937766-parada-samarco-perde-r-8-bi-mg-e-es-deixam-de-arrecadar-r-978-mi.shtml>. Acesso em: 14 fev. 2018.

Figura 1 – Mariana (MG)

Foto: Antônio Cruz/Agência Brasil[6]

Figura 2 – Mariana (MG)

Foto: Antônio Cruz/Agência Brasil[7]

---

[6] Fonte: Agência Brasil. Disponível em: <https://www.flickr.com/photos/fotosagencia brasil/22458097779/in/photolist-AdxC3p-AwA1hU-ALWjCJ-APx3Fv-APdmZx-APdpfK-AbqdVr-AbeoUC-AMeJVs-APorGP-AQcFSe-AwC5eh-APdorR-AdzErZ-ALV8Nj-AwzZPQ-AN1aSQ-AMZrZG-ANc2KA-AN3bTo-AdytQk-ECPoZ4-Benbqd-EM2EF6-BCmSoZ-C9yHUh-Beu2FV-AK2Bcp-EdxGLk-DPDByg-Benaqs-C4Ap1r-BJK8YC-EdxH18-BJK6YW-EAyNPw-AK2C7R-BwS4UL-ECPpwg-DPDB9P-EjUJ3b-AK2ACP-ECPpBg-HpKxFz-EdxGtM-EdxGnV-DPiX9Q-DPiXdC-DPDBnp-BE8SSL>. Acesso em: 19 fev. 2018.

[7] Fonte: Agência Brasil. Disponível em: <https://www.flickr.com/photos/fotosagencia brasil/22824654666/in/photolist-ALWjCJ-APx3Fv-APdmZx-APdpfK-AbqdVr-AbeoUC-AMeJVs-APorGP-AQcFSe-AwC5eh-APdorR-AdzErZ-ALV8Nj-AwzZPQ-AN1aSQ-AMZrZG-

Figura 3 – Distrito de Bento Rodrigues, Mariana (MG)

Foto: Rogério Alves/TV Senado[8]

Figura 4 – Distrito de Bento Rodrigues, Mariana (MG)

Foto: Rogério Alves/TV Senado[9]

ANc2KA-AN3bTo-AdytQk-ECPoZ4-Benbqd-EM2EF6-BCmSoZ-C9yHUh-Beu2FV-AK2Bcp-EdxGLk-DPDByg-Benaqs-C4Ap1r-BJK8YC-EdxH18-BJK6YW-EAyNPw-AK2C7R-BwS4UL-ECPpwg-DPDB9P-EjUJ3b-AK2ACP-ECPpBg-HpKxFz-EdxGtM-EdxGnV-DPiX9Q-DPiXdC-DPDBnp-BE8SSL-DjY4pq-DcHbdo>. Acesso em: 19 fev. 2018.

[8] Fonte: Banco de Imagens da Agência Senado. Disponível em: <https://www.flickr.com/photos/agenciasenado/22756844449/in/photolist-AEWMqa-AMjo4w-AjHuK6-AjzMj5-AMjnto-ACD4gW-ACCuTP-AjHukD-AEWM24-ACD49w-ACCvir-B8euyh-AvsQGQ/>. Acesso em: 19 fev. 2018.

[9] Fonte: Banco de Imagens da Agência Senado. Disponível em: <https://www.flickr.com/photos/agenciasenado/22730646567/in/photolist-AEWMqa-AMjo4w-AjHuK6-AjzMj5-

Figura 5 – Em Regência/ES, no encontro da onda de lama com o mar

Foto: Fred Loureiro/Secom/ES[10]

Figura 6 – Em Regência/ES, no encontro da onda de lama com o mar

Foto: Fred Loureiro/Secom/ES[11]

AMjnto-ACD4gW-ACCuTP-AjHukD-AEWM24-ACD49w-ACCvir-B8euyh-AvsQGQ/>. Acesso em: 19 fev. 2018.

[10] Disponível em: <https://fotospublicas.com/onda-de-lama-deslocou-se-5-quilometros-ao-sul-20-quilometros-ao-leste-e-30-quilometros-ao-norte-da-foz-do-rio-doce-em-regencia/>. Acesso em: 19 fev. 2018.

[11] Disponível em: <https://fotospublicas.com/onda-de-lama-deslocou-se-5-quilometros-ao-sul-20-quilometros-ao-leste-e-30-quilometros-ao-norte-da-foz-do-rio-doce-em-regencia/>. Acesso em: 19 fev. 2018.

Figura 7 – Trecho do Rio Doce atingido pelo rompimento da barragem em Mariana (MG)

Figura 8 – Bento Rodrigues, Mariana (MG)

Foto: Felipe Werneck – Ascom/IBAMA[12]

Foto: Rogério Alves/TV Senado[13]

---

[12] Fonte: IBAMA. Disponível em: <https://www.flickr.com/photos/IBAMAgov/29075988744/in/photolist-DH1Yrx-Jq9sCn-DH1Y5F-Jq9sqD-DH1XHi-Limahh-MfGsfX-MfGs4p-LiuNSk-LiuNra-LiuN7T-LiuMMz-Mcyu2N-McytHS-LiuLFB-LiuLup-LiuLje-LiuL2a-LNZAAb-LNZAiN-McyrKJ-M8wigx-M8wi6x-M8whX6-M8whR4-M8whDR-McyqHd-Mcyqho-McypQm-M8wg2x-M5Ru9f-MfGkCZ-McyojW-McynZ7-Lim3sL-LNZwnS-Lim2EJ-Lim2q5-Lim26N-Lim1MG-MfGgEP-MfGgnz-MfGg9t-M5Rppq-M5RpeW-M8wcia-LNZuPG-LikXk1-LiuBpF-McyeFy>. Acesso em: 19 fev. 2018.

[13] Fonte: Banco de Imagens da Agência Senado. Disponível em: <https://www.flickr.com/photos/agenciasenado/22527921963/in/photolist-AEWMqa-AMjo4w-AjHuK6-AjzMj5-AMjnto-ACD4gW-ACCuTP-AjHukD-AEWM24-ACD49w-ACCvir-B8euyh-AvsQGQ/>. Acesso em: 19 fev. 2018.

Figura 9 – Rio Gualaxo do Norte

Foto: José Cruz/Agência Brasil[14]

Figura 10 – Bento Rodrigues, Mariana (MG)

Foto: Antônio Cruz/Agência Brasil[15]

---

[14] Fonte: Agência Brasil. Disponível em: <https://www.flickr.com/photos/fotosagencia brasil/37434059824/in/photolist-DnhdoZ-DjXZn7-AUND56-AdCfz3-zWW3Zp-BGVpnB-AQprWf-APimSQ-ARAsK4-ARAkf4-ARAu8e-ARAnp4-zUyz1J-APikfS-zUyCtW-AyYRTw-zUyxif-ASzBbK-BGVpy8-BMUf6Y-ASMTbD-AfWutD-APihT7-BMUfuo-Bo5fRd-217EucM-214SBBG-D1y8KY-212Lqfm-212LoW9-212LnWd-Z2VGP1-212LitL-214Pi5N-214PgE3-214PeQ1-212L8dq-214P9SA-214P8GE-D1xDh5-217BRHP-217BNoH-D1xurj-217BGTe-212KPV9-GaXPQe-Z2VkNy-217BxMD-214NTcY-214NRt7>. Acesso em: 19 fev. 2018.

[15] Fonte: Agência Brasil. Disponível em: <https://www.flickr.com/photos/fotosagencia brasil/22458496099/in/photolist-AdzErZ-ALV8Nj-AwzZPQ-AN1aSQ-AMZrZG-ANc2KA-

Figura 11 – Bombeiros trabalhando no resgate
de vítimas em Mariana (MG)

Foto: Marcelo Sant'Anna/Imprensa MG[16]

Figura 12 – Bombeiro durante busca em Bento Rodrigues (MG)

Foto: Antônio Cruz/Agência Brasil[17]

AN3bTo-AdytQk-ECPoZ4-Benbqd-EM2EF6-BCmSoZ-C9yHUh-Beu2FV-AK2Bcp-EdxGLk-DPDByg-Benaqs-C4Ap1r-BJK8YC-EdxH18-BJK6YW-EAyNPw-AK2C7R-BwS4UL-ECPpwg-DPDB9P-EjUJ3b-AK2ACP-ECPpBg-HpKxFz-EdxGtM-EdxGnV-DPiX9Q-DPiXdC-DPDBnp-BE8SSL-DjY4pq-DcHbdo-CpLzZd-CNMnEi-CpLDBd-Df17nk-CpTDhR-CpLBZW-CpTCLF-DnhbLv-HsS7m9-HsS7i3-HsS72b>. Acesso em: 19 fev. 2018.

[16] Fonte: Agência Minas Gerais. Disponível em: <http://www.agenciaminas.mg.gov.br/noticia/atuacao-das-forcas-de-resgate-no-desastre-de-mariana-e-tema-de-seminario-e-exposicao>. Acesso em: 19 fev. 2018.

[17] Disponível em: <https://fotospublicas.com/bombeiros-continuam-buscas-por-desaparecidos-em-bento-rodrigues/>. Acesso em: 19 fev. 2018.

Figura 13 – Reservatório da Usina Hidrelétrica Risoleta Neves

Foto: Felipe Werneck – Ascom/IBAMA[18]

Figura 14 – Mariana (MG)

Foto: Antônio Cruz/Agência Brasil[19]

---

[18] Fonte: IBAMA. Disponível em: https://www.flickr.com/photos/IBAMAgov/29702377645/in/photolist-DH1Yrx-Jq9sCn-DH1Y5F-Jq9sqD-DH1XHi-Limahh-MfGsfX-MfGs4p-LiuNSk-LiuNra-LiuN7T-LiuMMz-Mcyu2N-McytHS-LiuLFB-LiuLup-LiuLje-LiuL2a-LNZAAb-LN-ZAiN-McyrKJ-M8wigx-M8wi6x-M8whX6-M8whR4-M8whDR-McyqHd-Mcyqho-McypQm-M8wg2x-M5Ru9f-MfGkCZ-McyojW-McynZ7-Lim3sL-LNZwnS-Lim2EJ-Lim2q5-Lim26N-Lim1MG-MfGgEP-MfGgnz-MfGg9t-M5Rppq-M5RpeW-M8wcia-LNZuPG-LikXk1-LiuBpF-McyeFy´>. Acesso em: 19 fev. 2018.

[19] Fonte: Agência Brasil. Disponível em: <https://www.flickr.com/photos/fotosagenciabrasil/22836581262/in/photolist-AMZrZG-ANc2KA-AN3bTo-AdytQk-ECPoZ4-Benbqd-

Já nos primeiros dias que se seguiram à tragédia, os entes públicos cujos territórios foram atingidos passaram a tomar diversas medidas, inicialmente de maneira isolada, para tentar mitigar os prejuízos decorrentes do evento.

Na seara administrativa, foram realizadas diversas ações para avaliar os danos e minimizar, na medida do possível, os impactos decorrentes da tragédia, como a coleta de amostras de água e sedimentos do Rio Doce a fim de avaliar suas características físico-químicas e biológicas; a promoção de sobrevoos para acompanhar a evolução da pluma; a realização de diagnósticos contínuos dos impactos nos meios físico, biótico e antrópico; a mobilização de equipes especializadas para enfrentamento da crise ambiental; o resgate da fauna aquática e terrestre e o alargamento da foz do Rio Doce.

A União e os Estados de Minas Gerais e do Espírito Santo editaram decretos criando comitês para acompanhamento e gestão das ações decorrentes do desastre. O Governo Federal editou o Decreto s/n, de 12 de novembro de 2015, instituindo o *Comitê de Gestão e Avaliação de Respostas ao desastre ocorrido nas barragens de Fundão e de Santarém no Município de Mariana, Estado de Minas Gerais, e suas repercussões na Bacia do Rio Doce, atingindo o Estado do Espírito Santo*, com o objetivo de acompanhar as ações de socorro, de assistência, de restabelecimento de serviços essenciais afetados, de recuperação de ecossistemas e de reconstrução decorrentes do desastre. O Comitê foi formado por representantes da Casa Civil da Presidência da República; dos Ministérios da Integração Nacional; da Justiça; da Defesa; de Minas e Energia; do Meio Ambiente; da Cultura; além da AGU.

O Governo do Espírito Santo editou o Decreto nº 3896-R, de 13 de novembro de 2015, instituindo o *Comitê Gestor da Crise Ambiental na Bacia do Rio Doce, no* âmbito *do Poder Executivo*, formado pelos titulares das Secretarias de Estado de Meio Ambiente e Recursos Hídricos; de Agricultura, Abastecimento, Aquicultura e Pesca; do Comando Geral do Corpo de Bombeiros Militar; do Comando do Batalhão de Polícia Ambiental; do Instituto Estadual de Meio Ambiente e Recursos Hídricos; da Agência Estadual de Recursos Hídricos; do Instituto de Defesa Agropecuária e Florestal do Espírito Santo, além da PGE/ES.

EM2EF6-BCmSoZ-C9yHUh-Beu2FV-AK2Bcp-EdxGLk-DPDByg-Benaqs-C4Ap1r-BJK8YC-EdxH18-BJK6YW-EAyNPw-AK2C7R-BwS4UL-ECPpwg-DPDB9P-EjUJ3b-AK2ACP-ECPpBg-HpKxFz-EdxGtM-EdxGnV-DPiX9Q-DPiXdC-DPDBnp-BE8SSL-DjY4pq-DcHbdo-CpLzZd-CNMnEi-CpLDBd-Df17nk-CpTDhR-CpLBZW-CpTCLF-DnhbLv-HsS7m9-HsS7i3-HsS72b-ECPpEH-GAnjJa-HsS7hG-BwS3FJ>. Acesso em: 19 fev. 2018.

O Governo de Minas Gerais editou o Decreto nº 46.892, de 20 de novembro de 2015, para instituir a *Força-tarefa para avaliação dos efeitos e desdobramentos do rompimento das barragens de Fundão e Santarém, localizadas no Distrito de Bento Rodrigues, no Município de Mariana*, formada por membros das Secretarias de Estado de Desenvolvimento Regional, Política Urbana e Gestão Metropolitana; de Meio Ambiente e Desenvolvimento Sustentável; do Gabinete Militar do Governador; da Companhia de Saneamento de Minas Gerais; do Instituto Mineiro de Gestão das Águas; da Companhia Energética de Minas Gerais; pelos Prefeitos Municipais de Mariana; de Governador Valadares; de Ipatinga; de Rio Doce; de Belo Oriente; de Tumiritinga, além da AGE/MG.

Figura 15 – Reunião da Presidente da República com os Governadores de Minas Gerais e do Espírito Santo

Foto: Roberto Stuckert Filho/PR[20]

Essas medidas, para além da formalização da atuação, serviram para organização e institucionalização das pautas, pavimentando o caminho para a cooperação entre os órgãos federais e estaduais e para o trabalho conjunto que se seguiria.

---

[20] Fonte: Agência Minas Gerais. Disponível em: <http://www.agenciaminas.mg.gov.br/noticia/governos-de-minas-gerais-espirito-santo-e-uniao-anunciam-fundo-de-r-20-bilhoes-para-recuperar-bacia-do-rio-doce>. Acesso em: 19 fev. 2018.

CAPÍTULO 2

A BUSCA (POR TODOS) DE UMA SOLUÇÃO EMERGENCIAL, A PULVERIZAÇÃO DE AÇÕES JUDICIAIS E A CONVERGÊNCIA CONCERTADA ENTRE OS ENTES FEDERATIVOS PARA RACIONALIZAÇÃO DA ATUAÇÃO JUDICIAL

Logo após o desastre, diversas medidas na esfera judicial e extrajudicial foram adotadas em face dos empreendedores responsáveis, incluindo a celebração de acordos preliminares para cobrir gastos emergenciais no valor de R$ 1 bilhão e Termos de Ajustamento de Conduta (TACs) assinados com o MPF e com o Ministério Público do Estado de Minas Gerais (MPE/MG), além da propositura de ações judiciais pelo Ministério Público do Estado do Espírito Santo (MPE/ ES), pelo Ministério Público do Trabalho (MPT), pelo Estado de Minas Gerais e pelo Estado do Espírito Santo.

Instituições privadas também ingressaram em juízo, como a Associação de Defesa de Interesses Coletivos (ADIC), que requereu R$ 10 bilhões de indenização. Uma enormidade de ações populares chegaram ao Judiciário, a exemplo da aviada por um advogado e professor de direito, pleiteando o bloqueio de R$ 2 bilhões nas contas da SAMARCO. Além dessas, milhares de ações individuais foram propostas por cidadãos impactados pelo desastre, buscando a reparação por danos materiais e/ou morais.

Assim, teve início a tramitação de uma multiplicidade de ações judiciais similares, todas elas tratando do mesmo tema, cada uma ao seu modo, mas todas perseguindo a prevenção de novos danos e o ressarcimento dos prejuízos causados à coletividade.

O direito brasileiro admite diversos legitimados para ações coletivas. Os benefícios são evidentes, mas os riscos de ações desconexas, desarticuladas e, especialmente, contraditórias não são pequenos, e foi isso o que aconteceu no caso concreto em debate. Em menos de 30 dias da data do evento, já existiam mais de 100 ações em trâmite no Judiciário. Apenas um ano após o desastre, já havia mais de 35.000 processos judiciais, sendo que, apenas no Espírito Santo, foram ajuizadas aproximadamente 17.950 ações.

Foram propostas ações coletivas, ainda em 2015, em Brasília (DF), Belo Horizonte (MG), Mariana (MG), Vitória (ES), Colatina (ES) e Linhares (ES). A propositura de ações coletivas, em diferentes juízos e por diferentes atores, com objetivos distintos, embora próximos, dificultava a busca por medidas concretas e efetivas para a superação dos inúmeros problemas sociais, econômicos e ambientais advindos do desastre. A "colcha de retalhos" proporcionada por essa multiplicidade de ações judiciais afastava a possibilidade de se assegurar os direitos mais imediatos e emergenciais dos que tanto necessitavam de amparo e servia apenas para conferir uma efêmera e incompleta satisfação a segmentos isolados da sociedade.

Para se ter uma ideia, apenas o MPE/MG, por meio da Promotoria de Justiça da Comarca de Mariana, ajuizou, sozinho, 12 ações, com o objetivo de bloquear valores, impor a recuperação integral aos atingidos pela tragédia, buscar assegurar acesso às áreas atingidas pelos antigos moradores da região, ressarcir os professores da região em razão de despesas com transporte, guardar doações feitas por celebridades para posterior leilão, anular contratos de compra e venda de animais de propriedades atingidas, providenciar baixa dos veículos destruídos na tragédia e tantas outras.

A infinidade de ações pulverizadas tornou imperiosa a modelagem de uma solução mais global e holística, porque jamais seria possível a reparação integral dos vários danos causados sem um plano coerente, amplo e responsável, tampouco sem uma linha única de ação ajustada com todos os responsáveis e afetados.

Situações excepcionais, por vezes, reclamam remédios especiais e não admitem tratamentos ordinários. O caso reclamava uma adequação do padrão de atuação para viabilizar o efetivo enfrentamento da tragédia. Nesse compasso, a União, os Estados de Minas Gerais e do Espírito Santo, por meio da Presidência da República e dos Governos dos Estados, buscaram um alinhamento político e uma aproximação administrativa para conferir tratamento uniforme e conjunto aos primeiros efeitos da tragédia, inclusive para adoção das ações emergenciais e humanitárias necessárias. As autoridades políticas, assim, traçaram um caminho convergente, que possibilitasse a busca de uma solução definitiva na seara jurídica.

O primeiro e principal passo nessa direção foi dado pela União e pelos Estados de Minas Gerais e do Espírito Santo (ao lado das agências e institutos governamentais federais e estaduais integrantes das administrações públicas indiretas) com o ajuizamento de uma Ação Civil Pública (ACP) que reclamava mais de R$ 20 bilhões de reais. O valor da causa foi estimado a partir de levantamentos técnicos desenvolvidos pelos órgãos governamentais competentes.

Integrados, os Governos da União e dos Estados de Minas Gerais e do Espírito Santo, assessorados, respectivamente, pela AGU, pela AGE/MG e pela PGE/ES, passaram a atuar alinhados no bom propósito de garantir a integralidade da reparação dos danos causados pela SAMARCO e por suas corresponsáveis VALE e BHP Billiton. A ACP ajuizada compreendia o desastre como um todo, abrangendo sua dimensão socioambiental e socioeconômica.

A solução proposta era complexa e exigia cuidadoso planejamento. As medidas necessárias à reparação dos danos, tanto dos ambientais quanto dos socioeconômicos, deveriam ter execução de curto, médio e longo prazo. Para a restauração completa do ecossistema impactado, além das intervenções corretivas diretas, era preciso estimular a capacidade autorrenovadora da natureza, ou seja, criar meios para viabilizar o restabelecimento da capacidade do ecossistema de recuperar seus atributos estruturais e funcionais (resiliência).

As ações de recuperação do dano ambiental não poderiam se restringir aos corpos hídricos diretamente afetados, mas as medidas necessárias deveriam abranger a Bacia Hidrográfica do Rio Doce como um todo (como unidade de planejamento para as ações de recuperação). Ações positivas que não tinham relação alguma com o rompimento da barragem, mas que poderiam contribuir, ainda que indiretamente, para a mais rápida e sustentável recomposição do cenário eram necessárias e precisavam fazer parte da programação e das exigências do poder público. No início, a introdução de exigências "estranhas" ao desastre pelo poder público como condição para celebração do acordo, como a erradicação de lixões e o financiamento de obras de esgotamento sanitário, causou certa perplexidade entre os representantes e negocia-dores das mineradoras.

O planejamento da recuperação ambiental e socioeconômica não poderia partir de um "cenário-base" congelado ou considerar tão somente a situação nos dias que se seguiram ao desastre, em razão do dinamismo da tragédia, bem como em virtude da possibilidade de ineficácia de algumas das ações a serem executadas. A solução, da mesma forma que o desastre, deveria contar com o dinamismo viabilizador de replanejamentos.

Facilmente se percebe, portanto, que o ajuizamento de uma infinidade de ações judiciais coletivas por diferentes legitimados, sem a perspectiva do todo, não poderia, minimamente, lograr êxito.

O resultado da convergência política, jurídica e técnica da União e dos Estados de Minas Gerais e do Espírito Santo foi o ajuizamento conjunto, no dia 30 de novembro de 2015 (25 dias após o desastre), em Brasília (DF), da mencionada ACP pela AGU, AGE/MG e PGE/ES em face da SAMARCO, operadora da barragem de Fundão, e de suas controladoras VALE e BHP, lastreada em robustos laudos e estudos realizados por ministérios, autarquias, agências reguladoras e demais órgãos técnicos federais e estaduais.

A ACP buscava imputar a responsabilidade pelo desastre ambiental às mineradoras e, consequentemente, obrigá-las a reparar integralmente os danos ambientais e socioeconômicos causados, bem como mitigar os malefícios identificados e evitar outros efeitos da tragédia.

Um dos pontos centrais da estratégia processual envolvia a caracterização da responsabilidade civil objetiva das mineradoras e de seu dever de promover a reparação integral dos danos causados, independentemente da comprovação de culpa, bem como da responsabilidade direta das controladoras VALE e BHP, e não apenas da SAMARCO.

Não havia dúvidas, naquele momento, de que a SAMARCO, como operadora da barragem de Fundão, era a poluidora direta e a principal responsável pela reparação integral do dano ambiental causado. Ocorre que, a partir de inspeções técnicas realizadas pelo DNPM, nos dias 23 e 24 de novembro de 2015, restou comprovado que a VALE também usava a barragem de Fundão para despejar seus rejeitos. Esse fato foi decisivo para a caracterização da VALE como poluidora direta. Ainda assim, na ACP, tanto a VALE quanto a BHP, na qualidade de controladoras da companhia SAMARCO, também foram indicadas como poluidoras indiretas, figurando, assim, como corresponsáveis solidárias pelo adimplemento da obrigação de integral reparação dos danos.

É certo que, sem aportes financeiros (ou a responsabilização) das gigantes multinacionais controladoras, a SAMARCO, que se encontrava e ainda se encontra com as atividades paralisadas, não conseguiria arcar com os valores bilionários estimados para custear as ações de médio e longo prazo necessárias à reparação dos danos causados pelo acidente.

A ACP veiculou pedidos cautelares e antecipatórios dos efeitos da tutela para compelir as empresas a adotarem medidas urgentes visando impedir o agravamento dos danos e a imediata redução do impacto da poluição nos rios, nos demais cursos d'água, nas unidades de conservação e florestas, bem como na população afetada.

As medidas previstas tinham o objetivo de conter o avanço e a consolidação da poluição, de minimizar os efeitos deletérios, bem como de reparar de forma integral todos os danos causados, sobretudo aos distritos diretamente afetados, à Bacia do Rio Doce (desde o ponto onde a lama de rejeitos atingiu o leito do rio, margens, fluentes e afluentes, fauna e flora, até sua foz no Oceano Atlântico) e à vida marinha, abarcando danos residuais e interinos.

Não se pode deixar de ressaltar que, diante da imprecisão e do caráter dinâmico dos danos e prejuízos provocados (em razão do dinamismo dos efeitos da tragédia), os pedidos formulados na ACP tiveram a marcante característica da flexibilidade. É dizer, os pedidos foram esboçados de forma a permitir a adequação das futuras decisões à realidade fática do momento de sua prolação, ou seja, de forma a possibilitar a consideração das transformações ocorridas no cenário e a necessidade de ajustes (sobretudo aos estudos supervenientes que seriam produzidos).

Para a garantia da execução das medidas requeridas (sobretudo das paliativas de contingenciamento e de redução dos impactos da onda de lama e poluentes), a ACP reclamava a abertura de uma conta-corrente bancária à disposição do juízo para custear as despesas necessárias para a reparação dos danos. Os valores depositados deveriam ser levantados mediante requerimento fundamentado dos autores, sujeitos à prestação de contas e à apresentação de relatórios que demonstrassem as medidas realizadas e os objetivos alcançados.

Além do pedido de depósito inicial de R$ 2 bilhões, requereu-se a constituição de uma provisão de capital capaz de garantir o restabelecimento das condições ambientais e sociais das áreas atingidas. Na petição inicial, os autores requereram que todos os valores depositados fossem destinados a um fundo privado próprio, que poderia ser materializado sob a forma de fundação de direito privado (a ser criada e mantida pelas empresas, com gestão independente). Os valores deveriam ser orientados exclusivamente para custear as despesas socioambientais e socioeconômicas objeto da ACP.

A intenção, desde o início dos trabalhos, foi a de fugir das soluções tradicionais que sempre redundam em fracasso. A ideia central, assim, foi a de não executar planos de recuperação ambiental e socioeconômica por meio de alvarás para levantamento de depósitos judiciais, por exemplo. Buscou-se, da mesma forma, evitar a execução de procedimentos pelo poder público (com seus mecanismos de licitações e contratos administrativos).

Para conferir maior garantia à execução das medidas necessárias e para assegurar o resultado prático da lide, requereu-se a decretação da indisponibilidade das licenças e das concessões para exploração de lavras em nome das mineradoras. Essa medida seria capaz de oferecer sólida garantia à reparação dos danos, entretanto, sem atingir a reserva de patrimônio líquido das empresas, nem colocar em risco o funcionamento das mineradoras e, consequentemente, o emprego das pessoas que delas dependem.

Por fim, na definição das diretrizes para execução das medidas reparatórias, compensatórias e mitigatórias, a petição inicial da ACP trouxe mais de 70 pedidos, dentre os quais:

a) adotar medidas urgentes para a contenção do dano ambiental;

b) remover os rejeitos depositados e que foram trazidos pela onda de lama;

c) impedir que o volume de lama lançado no rio transbordasse para o sistema de lagoas do Rio Doce, bem como que contaminasse as fontes de água mineral;

d) implantar, conforme orientação das autoridades ambientais, barreiras de siltagem com tratamento químico para redução da turbidez da água e para acelerar o abastecimento público e a restauração da biota aquática;

e) mapear os diferentes potenciais de resiliência dos 1.469 hectares atingidos;

f) controlar a proliferação de espécies sinantrópicas (ratos, baratas etc.) e vetores de doenças transmissíveis ao homem e aos animais;

g) providenciar estudos para avaliação do nível de contaminação do pescado por inorgânicos e os riscos para a saúde humana, conforme padrões estabelecidos pelos órgãos de vigilância sanitária;

h) fornecer água à população dos municípios com o abastecimento interrompido, bem como para dessedentação dos animais;

i) apresentar e executar um Plano Global de Recuperação Socioambiental da área degradada e um Plano Global de

Recuperação Socioeconômica para atendimento das populações atingidas, observadas as determinações e parâmetros dos órgãos competentes;

j) indenizar eventuais danos residuais, bem como os danos interinos (perda ambiental havida entre a data do dano ambiental e a efetiva recuperação da área);

k) investir, como medida de compensação da degradação ocorrida e buscando a aceleração da recuperação do Rio Doce, em um programa de melhoria de coleta e tratamento de esgoto e resíduos sólidos nas margens e proximidades do Rio Doce;

l) adotar um programa de recuperação de nascentes no âmbito da Bacia do Rio Doce, como forma de catalisar e agilizar a fluência de um volume maior de água que seja capaz de acelerar a recuperação do corpo hídrico afetado;

m) adotar um programa que fosse capaz de garantir alternativas à captação de água em relação ao Rio Doce;

n) instituir um programa de apoio técnico e financeiro aos pesca-dores, povos indígenas, populações tradicionais e pequenos produtores rurais, como forma de garantir alternativas de subsistência e renda;

o) adotar um programa de educação ambiental que permitisse a mobilização da população para um Plano de Restauração do Rio Doce;

p) elaborar um programa global de segurança das barragens de rejeitos, com medidas que garantissem a segurança ambiental, bem como planos específicos de contingência para cada unidade; e

q) reconstruir estradas, pontes, dutos, equipamentos de sanea-mento básico e linhas de transmissão elétrica, destruídos ou danificados pelo desastre.

Posteriormente ao ajuizamento, a ACP foi deslocada (por prevenção) da capital do país para o foro da capital mineira. Recebida na cidade de Belo Horizonte, houve imediato e cuidadoso provimento liminar, no dia 18 de dezembro de 2015 (43 dias após o desastre), com determinação de: depósito inicial de R$ 2 bilhões e bloqueio dos bens das controladoras; elaboração de planos de ação e estudos técnicos; adoção de medidas emergenciais; indisponibilização das licenças e concessões para exploração de lavras; suspensão da possibilidade de distribuição de dividendos, juros de capital próprio, bonificações de ações ou qualquer outra forma de remuneração dos sócios; tudo sob pena de multa diária de R$ 150 mil ou, até mesmo, de R$ 1,5 milhão. A decisão ainda considerou a VALE "poluidora direta", uma vez que a empresa despejava rejeitos líquidos na barragem de Fundão, bem como também considerou as duas controladoras como poluidoras indiretas e, assim, corresponsáveis pelo dano ambiental ocorrido.

As três empresas envolvidas na catástrofe já vinham se mostrando, nos dias subsequentes à propositura da ACP, predispostas a manter um canal de diálogo aberto para tratativas com o poder público na busca por um acordo amplo e eficaz para pôr fim aos litígios e amparar, o mais rápido possível, os vários atingidos. A prolação da decisão interlocutória que acatou, em sede de cognição sumária dos fatos, os argumentos e pedidos dos entes públicos, consubstanciou-se no elemento que faltava para que as empresas efetivamente iniciassem o diálogo com a União e os Estados na procura de uma solução consensual sobre o tema.

Poder-se-ia imaginar que o ajuizamento da ACP pelos entes púbicos representava mais uma ação judicial no já confuso e emaranhado cenário de judicialização da tragédia. Entretanto, da forma como foi formatada, em especial em razão da presença da União e dos dois Estados afetados, a ACP foi fundamental para a solução.

Iniciou-se, assim, uma série de pesadas e longas reuniões e rodadas de debate, com a presença dos representantes das empresas, de autoridades políticas (Presidência da República, Ministros de Estado, Governadores dos Estados, Prefeitos de Municípios) e técnicos governamentais (IBAMA; ANA; ministérios e secretarias de estado e autarquias estaduais), de advogados públicos (AGU, AGE/MG e PGE/ES) e membros dos ministérios públicos (MPF e MPE/ES), bem como de integrantes da sociedade civil, incluindo os diretamente afetados.

CAPÍTULO 3

A SOLUÇÃO POR AUTOCOMPOSIÇÃO *VERSUS* BATALHA JUDICIAL: EFETIVIDADE DAS ALTERNATIVAS PARA O DESASTRE

Desde o início, sobretudo após o alinhamento federativo, o objetivo foi buscar uma alternativa concertada para a solução rápida, sustentável e efetiva do problema, evitando-se o trâmite de infindáveis e custosas ações judiciais que, na história brasileira, pelo menos para os grandes conflitos, não chegam a resultados finais úteis.

O Estado de Minas Gerais havia proposto, inicialmente, uma ACP visando à reparação dos danos no Estado, antes mesmo da ação conjunta retratada no capítulo anterior. O ajuizamento dessa ação foi uma resposta rápida para o problema, entretanto, o seu prosseguimento não parecia ser a melhor alternativa para o efetivo atendimento das expectativas da sociedade e, principalmente, das comunidades impactadas, considerando que, assim como várias outras ações, enxergava o problema de forma apenas parcial.

A propósito, a inviabilidade da via judicial para solução de desastres de grande magnitude é patente. Basta uma breve análise da resposta que o caminho judicial proporcionou para grandes tragédias para se ter a certeza da ineficácia dessa alternativa. Não se está, assim, fazendo críticas à atuação dos órgãos do Poder Judiciário, mas é sabido e consabido que não se deve concentrar na esfera judicial a solução para todos os problemas e conflitos, em especial se for considerado o volume de processos que congestionam o Judiciário brasileiro.

Uma singela seleção de casos de ampla repercussão social e ambiental, no âmbito dos quais se optou pelo tratamento judicial, seguida da análise dos resultados efetivos conseguidos até o momento, bem serve para comprovar o que se afirma:

a) Desabamento do Pavilhão da Gameleira, em Belo Horizonte (MG), em 1971

Ocorreu em Belo Horizonte, no dia 4 de fevereiro de 1971, o desabamento de um pavilhão de exposições em construção, deixando 65 operários mortos e 50 feridos, sendo considerado o maior acidente de trabalho já ocorrido no país. O espaço estava nas vésperas de sua inauguração e representava um projeto grandioso, com a assinatura do arquiteto Oscar Niemeyer.[21]

Duas ações judiciais foram propostas: a primeira, por 53 autores, em face do Estado de Minas Gerais, da Companhia Urbanizadora Serra do Curral, dos Serviços Gerais de Engenharia (SERGEN), da Sociedade Brasileira de Fundações S.A. (SOBRAF) e do Escritório Técnico Joaquim M. Cardoso, pleiteando a reparação do acidente; a segunda foi ajuizada em 23 de outubro de 1984, por 18 autores, em face do Estado de Minas Gerais, da Companhia de Desenvolvimento Urbano do Estado de

Figura 16 – Desabamento do Pavilhão da Gameleira

Foto: Antônio Carrera 04/02/1971/Agência O Globo[22]

---

[21] Pavilhão da gameleira, desabamento deixou 65 mortos e 50 feridos em 1971. *O Globo*, Rio de Janeiro, 04 fev. 2016. Disponível em: <http://acervo.oglobo.globo.com/fatos-historicos/pavilhao-da-gameleira-desabamento-deixou-65-mortos-50-feridos-em-1971-18608430>. Acesso em: 03 fev.2017

[22] Pavilhão da gameleira, desabamento deixou 65 mortos e 50 feridos em 1971. *O Globo*, Rio de Janeiro, 04 fev. 2016. Disponível em: <http://acervo.oglobo.globo.com/fatos-historicos/pavilhao-da-gameleira-desabamento-deixou-65-mortos-50-feridos-em-1971-18608430>. Acesso em: 03 fev.2017

Minas Gerais (CODEURB) e dos SERGEN. Depois de quase meio século do acidente e 32 anos após o ajuizamento da última ação, os processos ainda se encontram em curso. Embora contenha decisões favoráveis à indenização dos autores (ou a seus herdeiros) e à condenação em multas vultosas, nada foi realmente efetivado.

b) Incêndio na Vila Socó (SP), em 1984

O *Jornal Cidade de Santos*, do dia 26 de fevereiro de 1984, trouxe a seguinte notícia, que bem resume a extensão e a dramaticidade da tragédia:

> Milhares de litros de gasolina, procedentes de um vazamento numa das tubulações da Refinaria Artur Bernardes, transformaram a Vila São José (Vila Socó) num imenso mar de chamas, na madrugada de ontem, destruindo 500 barracos e matando dezenas de homens, mulheres, crianças e animais. A dor, a desolação e o desespero formam a imagem do local, onde nem a ação de 200 bombeiros de Santos – com a ajuda de São Bernardo do Campo e Santo André – conseguiu evitar a tragédia. A incredulidade e o excesso de burocracia de funcionários da refinaria foram as causas principais da tragédia, segundo denúncias de pessoas que tentaram acionar os bombeiros, quando foi constatado o vazamento, às primeiras da manhã de sexta-feira.

O vazamento de 700 mil litros de gasolina de um dos dutos que atravessava a Vila Socó fez com que o combustível se misturasse com a água do mangue sob as casas de palafitas, quando se seguiram explosões e um incontrolável incêndio. Dados oficiais divulgados dão conta de 93 mortos e mais de 4.000 feridos, enquanto informações divulgadas por veículos de imprensa noticiaram a morte de mais de 500 pessoas, baseados no número de alunos que deixou de comparecer à escola e na morte de famílias inteiras sem que ninguém reclamasse os corpos.

Não houve acordo e o processo ainda está em curso. As vítimas receberam apoio e indenização muito limitados desde a ocorrência do incêndio.

Figura 17 – Incêndio na Vila Socó

Foto da Edição do *Jornal Cidade de Santos*[23]

c) Contaminação radioativa com Césio-137 em Goiânia (GO), em 1987

Em 1987, Goiânia foi atingida por aquele que foi considerado o maior acidente radiológico do mundo. A tragédia envolvendo o Césio-137 deixou centenas de pessoas mortas por contaminação e outras tantas com sequelas irreversíveis. No âmbito radioativo, a tragédia só não foi maior do que a de Fukushima, no Japão, e a de Chernobyl. Passadas quase três décadas, os resíduos perderam metade da radiação, no entanto, o risco completo só deve desaparecer depois de, pelo menos, 275 anos.

Em 1995, foi proposta uma ACP pelo MPF em litisconsórcio ativo com o MPE/GO em face da União, da Comissão Nacional de Energia Nuclear, do Estado de Goiás, do Instituto de Previdência e Assistência Social do Estado de Goiás e outros, com o objetivo de condená-los ao pagamento de indenização e a diversas obrigações de fazer (como

---

[23] Incêndio de Vila Socó (Vila São José), em Cubatão/SP: Uma data para não esquecer. *Bairro do Campina Grande/SP*, São Paulo, 22 out. 2012. Disponível em: <https://campograndesantos.wordpress.com/96-incendio-de-vila-soco-vila-sao-joseem-cubataosp-uma-data-para-nao-esquecer/>. Acesso em: 03 fev. 2017.

a garantia do atendimento médico-hospitalar, técnico-científico, odontológico e psicológico das vítimas diretas e indiretas, até a terceira geração; recadastramento das vítimas para fins de recebimento de tratamento e da pensão vitalícia; elaboração de um programa especial de atendimento das necessidades biopsíquicas, educacionais e sociais das crianças contaminadas etc.).

Em 2000, os pedidos foram julgados parcialmente procedentes em primeira instância, mas o processo ainda segue em tramitação.

d) Reabastecimento do navio Bahamas no Porto do Rio Grande (RS) com 11,9 toneladas de ácido sulfúrico, em 1998

Trata-se de acidente ocorrido no Estado do Rio Grande do Sul, envolvendo o navio Bahamas, de propriedade da armadora suíça Chemoil, que chegou ao Porto do Rio Grande no dia 24 de agosto de 1998. O Bahamas carregava 11,9 toneladas de ácido sulfúrico, sendo que parte da carga vazou, inicialmente atingindo a sala de bombas da embarcação. Devido a problemas operacionais, a água inundou os tanques misturando-se ao ácido, produzindo uma mistura que, em contato com o metal do navio, gerou gases e risco de explosão. A embarcação foi abandonada pela tripulação.

O caso Bahamas gerou 50 processos, com 67 volumes e 11.359 páginas. A grande maioria foi arquivada e a proprietária faliu. Entre 1999 e 2000, os pedidos envolviam US$ 377 milhões. Hoje ainda restam em andamento quatro processos na Justiça Federal e oito na Justiça Estadual.[24] Existe uma sentença transitada em julgado da União contra a seguradora com relação à caução de US$ 500 milhões, ainda em fase de execução.

Recentemente, em maio de 2017, o Tribunal Regional Federal da 4ª Região (TRF-4) condenou a Petrobras, a Genesis Navegation, a Chemoil Internacional, a Bunge Fertilizantes e a Yara Brasil Fertilizantes a pagarem uma indenização de R$ 20 milhões pela tragédia, valor que será revertido ao Fundo de Defesa dos Direitos Difusos. Essa decisão, proferida em segunda instância, manteve a decisão da 1ª Vara de Rio Grande e negou pedidos de condenação da União, do IBAMA, do

---

[24] Há 10 anos, navio Bahamas ameaçava Rio Grande. *Jornal Agora*, Rio Grande do Sul, 24 ago. 2010. Disponível em: <http://edicoesanteriores.jornalagora.com.br/site/index.php?caderno=19&noticia=54820>. Acesso em: 03 fev. 2017.

Estado do Rio Grande do Sul e da Superintendência do Porto de Rio Grande.[25] O processo ainda está em fase recursal.

e) Derramamento de óleo na Baía de Guanabara, no Rio de Janeiro, em 2000

No dia 18 janeiro de 2000, o oleoduto que liga a Refinaria Duque de Caxias (REDUC), da Petrobras, ao Terminal da Ilha D'Água, vizinho à Ilha do Governador, se rompeu, derramando 1,3 milhão de litros de óleo na região. O episódio é considerado o segundo maior acidente ambiental na Baía de Guanabara. Os principais afetados foram os 20 mil pescadores artesanais que foram obrigados a interromper suas atividades e, até hoje, não receberam a indenização judicial de R$ 1,23 bilhão (correspondente a R$ 500 por mês, pelo prazo de dez anos, para cada pescador ou família).[26] O derramamento não causou apenas a poluição do espelho d'água da Baía de Guanabara, mas houve a contaminação das areias, de costões rochosos, muros de contenção, pedras, lajes e muretas das ilhas do Governador e de Paquetá.

Um TAC assinado entre o MPF e a Petrobras viabilizou a adoção de medidas visando à recuperação dos danos ambientais. À época, a Petrobras pagou uma multa de R$ 35 milhões ao IBAMA e destinou outros R$ 15 milhões para a revitalização da baía.[27]

O processo judicial relativo à ação coletiva ajuizada buscando a indenização dos pescadores ainda não foi concluído.

f) Vazamento de 4 milhões de litros de óleo na refinaria de Araucária (PR), em 2000

Em 2000, 4 milhões de litros de óleo vazaram nos rios Barigui e Iguaçu, durante a transferência do material por um oleoduto que ia do terminal de São Francisco do Sul, no litoral de Santa Catarina, para

---

[25] TRF4 condena Petrobras e empresas por derramamento de ácido no mar de Rio Grande em 1998, 01 jun. 2017. Disponível em: <https://g1.globo.com/rs/rio-grande-do-sul/noticia/trf4-condena-petrobras-e-empresas-por-derramamento-de-acido-no-mar-de-rio-grande-em-1998.ghtml>. Acesso em: 05 fev. 2018.

[26] Após 16 anos, pescadores ainda não foram compensados por vazamento da REDUC. *Agência Brasil*. Rio de Janeiro, 19 jan. 2016. Disponível em: <http://agenciabrasil.ebc.com.br/geral/noticia/2016-01/apos-16-anos-pescadores-ainda-nao-foram-compensados-por-vazamento-da-reduc>. Acesso em: 03 fev. 2017.

[27] Baía de Guanabara: vazamento da Petrobras completa 14 anos. *O Eco*. São Paulo, 18 fev. 2014. Disponível em: <http://www.oeco.org.br/reportagens/28021-baia-de-guanabara-vazamento-da-petrobras-completa-14-anos/>. Acesso em: 03 fev. 2017.

a Refinaria Getúlio Vargas, em Araucária (PR). O material vazou por duas horas, sem ter sido percebido.

Apenas 13 anos após o acidente é que foi prolatada a sentença que decidiu as três ações civis públicas ajuizadas pelo MPF, pelo MPE, pelo Instituto Ambiental do Paraná e pela Associação de Defesa do Meio Ambiente de Araucária. A condenação resultou na aplicação de sanções e na determinação de que a Petrobras recupere as áreas degradadas e pague indenizações em valores que ultrapassam R$ 610 milhões. Os processos ainda estão nas instâncias recursais.[28]

g) Rompimento de barragem em Cataguases (MG), em 2003

O acidente ocorreu em Cataguases, cidade localizada na Zona da Mata de Minas Gerais, no dia 29 de março de 2003, após o rompimento de uma barragem de resíduos sólidos na Fazenda Bom Destino, de propriedade da Indústria Cataguases de Papel, espalhando 900 mil metros cúbicos de um licor negro (material orgânico constituído basicamente de lignina e sódio) na Bacia Hidrográfica do Paraíba do Sul. O desastre provocou mortandade de peixes, interrupção do abastecimento de água em vários municípios dos Estados de Minas Gerais e do Rio de Janeiro e causou prejuízos em pequenas propriedades rurais situadas às margens do Ribeirão do Cágado, em uma extensão de aproximadamente 106 hectares.[29]

13 anos após, a barragem segue desativada e a Indústria Cataguases de Papel, responsável por ela, segue discutindo judicialmente o caso, tentando reverter a multa de R$ 50 milhões aplicada pelo IBAMA. O processo ainda não foi julgado.

O MPF, em 2005, ajuizou ACP pleiteando indenização e compensação por danos ecológicos, cumulada com pedido de indenização por danos morais difusos. A sentença foi proferida em 2007 e, desde então, o processo está em tramitação, com os recursos ainda não apreciados pelo Tribunal Regional Federal (TRF) da 2ª Região.

---

[28] Petrobras é condenada por vazamento de óleo no Paraná. Disponível em: <http://www1.folha.uol.com.br/mercado/2013/08/1325897-petrobras-e-condenada-por-vazamento-de-oleo-no-parana.shtml>. Acesso em: 24 fev. 2018.

[29] Em Cataguases, barragem rompida foi desativada após acidente em 2003. Disponível em: <http://g1.globo.com/mg/zona-da-mata/noticia/2015/11/em-cataguases-barragem-rompida-foi-desativada-apos-acidente-em-2003.html>. Acesso em: 14 fev. 2018.

h) Incêndio na boate Kiss em Santa Maria (RS), em 2013

Na madrugada de 27 de janeiro de 2013, uma tragédia comoveu o país: 242 pessoas foram mortas e 680 feridas no incêndio ocorrido em uma boate na cidade de Santa Maria, no estado do Rio Grande do Sul. O incêndio foi causado por um sinalizador disparado no palco em direção ao teto durante a apresentação de uma banda no local. A imprudência e as más condições de segurança são apontadas como as principais causas da tragédia (utilização de material inflamável, superlotação e inexistência de saída de emergência).[30]

Figura 18 – Incêndio na boate Kiss

Foto: Polícia Civil/Rio Grande do Sul[31]

Atualmente, cinco anos após a tragédia, 252 processos tramitam na Justiça Estadual pedindo reparação financeira por danos morais e materiais, dos quais apenas 26 foram julgados em primeira instância. Embora a maioria das ações tramite em Santa Maria, também há processos em andamento nas cidades vizinhas. Em Santa Maria, a

---

[30] Tragédia em Santa Maria: cinco anos do incêndio na boate Kiss. Disponível em: <https://oglobo.globo.com/brasil/tragedia-em-santa-maria-cinco-anos-do-incendio-na-boate-kiss-22334465>. Acesso em: 15 fev. 2018.

[31] Autoridades brasileiras podem ser condenadas por mortes em incêndio na boate Kiss, em 2013. Disponível em: <http://cbn.globoradio.globo.com/especiais/boate-kiss-a-tragedia-que-nao-terminou/2018/01/22/AUTORIDADES-BRASILEIRAS-PODEM-SER-CONDENADAS-POR-MORTES-EM-INCENDIO-NA-BOATE-KISS-EM-201.htm>. Acesso em: 15 fev. 2018.

maioria dos processos ainda aguarda a finalização de prova pericial para definição dos responsáveis pela indenização.[32]

A principal ação em tramitação foi ajuizada pela Defensoria Pública do Rio Grande do Sul, paralelamente às ações individuais, e busca indenização coletiva para as famílias das vítimas e para os sobreviventes da tragédia, mas ainda se encontra na primeira instância.

O cenário judicial decorrente dessa tragédia é especialmente confuso. Há diversas ações criminais em andamento, um incidente de federalização do processo em curso na Procuradoria-Geral da República[33] e até mesmo uma ação penal proposta pelo Ministério Público do Rio Grande do Sul em face de pais e mães de vítimas do incêndio na casa noturna por supostos crimes de calúnia e difamação, em razão de promotores de justiça terem se sentido ofendidos por críticas públicas realizadas por familiares ao trabalho desenvolvido pelo Ministério Público.[34]

O cenário cível, por outro lado, além da demora na tramitação, conta com um elemento adicional: o ajuizamento de uma ação por um dos sócios da boate Kiss, por meio da qual busca o pagamento de indenização por danos morais contra o Estado do Rio Grande do Sul, o Município de Santa Maria, o prefeito e um promotor de justiça, além de quatro servidores municipais e sete policiais da Brigada Militar.[35]

Os casos descritos acima mostram que longas batalhas judiciais quase nunca redundaram em resultados úteis para os impactados. Por isso, as advocacias públicas buscaram uma solução inovadora, que possibilitasse a preservação de empregos e priorizasse as vítimas. É fundamental a agilidade na busca de soluções para que se possa ter efetividade e justiça, tanto para a sociedade atual, como para as próximas gerações.

---

[32] O nó das indenizações: como estão os processos movidos por familiares das vítimas da Kiss. Disponível em: <https://gauchazh.clicrbs.com.br/geral/noticia/2018/01/o-no-das-indenizacoes-como-estao-os-processos-movidos-por-familiares-das-vitimas-da-kiss-cjctge7lq03ye01phm58rmg5l.html>. Acesso em: 15 fev. 2018.

[33] Janot avalia necessidade de propor federalização do processo da Kiss ao STJ, diz PGR. Disponível em: <https://g1.globo.com/rs/rio-grande-do-sul/noticia/janot-avalia-necessidade-de-propor-federalizacao-do-processo-da-kiss-ao-stj-diz-pgr.ghtml>. Acesso em: 15 fev. 2018.

[34] MP do RS denuncia familiares de vítimas da Kiss por calúnia. Disponível em: <http://g1.globo.com/rs/rio-grande-do-sul/noticia/2015/09/mp-do-rs-denuncia-familiares-de-vitimas-da-kiss-por-calunia.html>. Acesso em: 15 fev. 2018.

[35] Dono da boate Kiss quer danos morais de prefeito, promotor e bombeiros. Disponível em: <https://www.conjur.com.br/2016-jan-27/dono-kiss-danos-morais-prefeito-promotor-bombeiros>. Acesso em: 15 fev. 2018.

A solução para o caso exigia bem mais do que o pagamento de indenizações, mas reclamava, da mesma forma, um complexo feixe de atuações objetivando a recuperação ambiental e a garantia da dignidade das pessoas atingidas. Entretanto, apenas seria aceitável uma solução que proporcionasse tanto agilidade como possibilitasse a rápida efetivação dos planos. A variável "tempo" é sempre fundamental nesses casos e a efetividade das medidas depende da agilidade no desenho das linhas de atuação.

A dificuldade de realização de provas periciais; o elevado número de meios de impugnação postos à disposição dos réus; os dilatados prazos processuais; o grande número de recursos previstos na legislação e a dificuldade no acompanhamento do cumprimento das decisões judiciais são fatores que, somados, acabam por fazer da via judicial um caminho ineficaz para a solução definitiva de macroconflitos.

Todos os relatos que mostram como acidentes maiores foram tratados demonstram que, depois de décadas, os atingidos ficam desamparados; as indenizações não são pagas; o meio ambiente fica prejudicado etc. Alguns efeitos reflexos nocivos agravam ainda mais o quadro, ou seja, esses acidentes maiores geram um contingente de desempregados, dívidas fiscais não pagas e, não raramente, falência dos devedores.

Nesse compasso, fica evidenciado que é preciso ponderar, no caso concreto, se as ações judiciais, sobretudo em mega-acidentes, são mesmo um meio adequado para a solução de conflitos coletivos de grande magnitude.

O ajuizamento da ACP conjunta pelos entes públicos no caso do desastre de Mariana foi uma medida essencial para atender demandas emergenciais das comunidades impactadas e, da mesma forma, favoreceu e criou condições para a construção de uma solução estruturante definitiva, na medida em que propiciou um ambiente favorável para o diálogo entre os entes públicos e as empresas, além de a decisão judicial ter antecipado os efeitos da tutela e reconhecido a responsabilidade da SAMARCO e de suas controladoras, fixando algumas balizas prévias que foram observadas nas futuras tratativas entre as partes da ação. As condutas adotadas pela Advocacia Pública se revelaram as mais apropriadas para os momentos em que foram tomadas: primeiramente, a propositura da ACP e, posteriormente, a celebração do acordo (TTAC), que evitou que a solução da lide fosse postergada no tempo.

Evidentemente, os responsáveis pelo desastre precisam ser rigorosamente punidos na esfera penal – isso não se discute. Mas para isso, os mecanismos próprios do direito penal, manejados pelo Ministério

Público, são adequados. Entretanto, na esfera cível, para que o dano pudesse ser indenizado e compensado, era preciso a busca de uma solução mais original para o problema. Morosas batalhas judiciais são sempre ineficazes e produzem efeitos pífios e tardios (depois de décadas). A solução para o sofrimento dos atingidos, as ações emergenciais de prevenção, bem como a recuperação ambiental não poderiam ficar esperando por muito tempo. Uma atuação ágil, que pudesse deflagrar o processo de recuperação deveria ser imediatamente buscada.

A estruturação da solução consensual objetivava efetivar o real direito à justiça. Ao evitar longas e intermináveis disputas judiciais, a solução consensual tinha o objetivo de assegurar uma ágil e eficaz solução para a controvérsia, além de desafogar o Poder Judiciário, evitando a multiplicação de ações idênticas, dispersas em vários juízos.

Ninguém duvida que a existência de inúmeras ações judiciais, muitas com pedidos liminares, poderia colocar em xeque a satisfação de todos os pedidos formulados contra os mesmos réus, em prejuízo da proteção dos bens jurídicos em questão.[36]

A composição do conflito, tal como arquitetada, foi capaz de garantir uma solução eficaz e sustentável. Para os atingidos, o tempo a ser gasto na restauração da normalidade é um bem jurídico precioso. A cessação do sofrimento da comunidade atingida era medida imperiosa e urgente, sendo essa a preocupação central das tratativas. O acordo também visou promover a cooperação federativa e evitar, assim como nos casos de guerras fiscais, que posturas egoísticas pudessem pôr em situação de desigualdade os cidadãos brasileiros afetados em igual amplitude pelo evento danoso.

Da mesma forma que em ações judiciais, bem se sabe que a instituição de fundos, inclusive por meio de TAC, quase sempre redundam em fracassos. Os mais diversos fundos instituídos frequentemente ficam paralisados por anos, sem que os recursos sejam devidamente utilizados. Quando muito, o dinheiro é usado para a contratação de caras consultorias (uma vez que os órgãos de controle não contam com equipes técnicas capazes nem sequer de acompanhar e fiscalizar as obras e ações), muitas vezes sem licitação e sem a devida prestação de contas aos tribunais de contas. Tal como se dá com as demoradas ações judiciais, a experiência brasileira sempre deixou claro que a instituição

---

[36] O MPF, por exemplo, conseguiu uma decisão que determinava a contenção da lama para não atingir o mar. Já o MPE/ES obteve decisão favorável para que a lama fosse empurrada em direção ao mar, já que a cidade de Linhares vinha sendo inundada pelas águas barrentas.

de fundos, sobretudo judiciais, são alternativas igualmente ineficazes e que praticamente nunca funcionam de verdade.

Os tradicionais "bloqueios de recursos" para a instituição de fundos provocam a descapitalização das empresas responsáveis, retirando-lhes liquidez e condição de operação, propiciando desemprego, falência e, sobretudo, impossibilitando que as ações reparadoras sejam levadas a cabo por quem lhes deu causa. Criam tão somente uma inerte "montanha de dinheiro" a ser administrada por agentes públicos, que nunca foram devidamente treinados e preparados para tanto. Além do risco de corrupção e imoralidades, as experiências práticas comprovam que o resultado dessa alternativa de ação sempre foi a impunidade, o desemprego, a inação, enfim, a ineficiência total. Quase sempre, o resultado é um povo sem qualquer amparo, por longos períodos.

No caso da explosão, no Golfo do México, da plataforma Deepwater Horizon, pertencente à Transocean e operada pela British Petroleum (BP), o Governo Federal Norte-americano e o Governo dos Estados do Alabama, Flórida, Louisiana, Mississipi e Texas se juntaram para redigir um *consent decree*, que ficou pronto depois de mais de quatro anos do desastre. No Brasil, como se verá, após a realização de inúmeros debates técnicos, reuniões e consultas às comunidades locais e aos movimentos sociais, foi finalizado um TTAC, assinado em 2 de março de 2016, antes mesmo que o desastre completasse quatro meses.

CAPÍTULO 4

O PROCESSO DE CONSTRUÇÃO DO MAIOR ACORDO AMBIENTAL DA HISTÓRIA DO BRASIL

Após o deferimento da liminar na ACP ajuizada pelos entes públicos e depois de uma concreta sinalização de interesse na construção de um acordo por parte das empresas, iniciou-se uma sequência de reuniões preparatórias e encontros presenciais entre os representantes dos órgãos da Advocacia Pública (AGU, AGE/MG e PGE/ES) para alinhamento prévio e definição da metodologia de diálogo com as empresas. A primeira reunião com os dirigentes e advogados das mineradoras foi realizada no dia 19 de janeiro de 2016, 74 dias após o desastre, na sede da AGU, em Minas Gerais.

Figura 19 – Primeira reunião da AGU, AGE/MG e PGE/ES e todos os demais órgãos federais e estaduais com as mineradoras Samarco, Vale e BHP, na Sede da AGU/MG

Foto: Osvaldo Afonso/Imprensa MG

Desde o início, o objetivo foi buscar uma solução concertada e inovadora, evitando-se o trâmite de infindáveis e custosas ações judiciais, que, na história brasileira, não lograram chegar a um resultado final útil.

Já nessa primeira reunião com as empresas, acordou-se que havia a necessidade de se especializar grupos para que se pudesse avançar nas tratativas, buscando-se, assim, contemplar todas as complexas especificidades do processo, bem como evitar qualquer risco de supervalorização de alguns temas em detrimento de outros.

Nesse sentido, foram criados, imediatamente, quatro grupos de trabalho e de tratativas técnicas:

a) *Temas Socioeconômicos*, coordenado pela Casa Civil da Presidência da República e pela Secretaria de Estado de Desenvolvimento Regional, Política Urbana e Gestão Metropolitana do Estado de Minas Gerais;

b) *Temas Ambientais*, coordenado pelo Ministério do Meio Ambiente e pelo IBAMA;

c) *Governança, Gestão e Execução dos Programas a serem definidos*, coordenado pelos órgãos de advocacia pública; e

d) *Funding e Garantia da Execução*, coordenado pelos órgãos de advocacia pública.

Além da definição dos grupos temáticos, a AGU, AGE/MG e a PGE/ES definiram, prévia e globalmente, algumas premissas inegociáveis que deveriam nortear todas as tratativas vindouras, quais sejam:

a) O acordo a ser celebrado deveria prever a integral reparação do meio ambiente e das condições socioeconômicas, sem previsão de quaisquer limites ou tetos de gastos. Em outras palavras, não poderia haver limites financeiros para a reparação;

b) O acordo deveria representar a forma mais célere e efetiva para solução da controvérsia e para o atendimento dos anseios dos atingidos, ou seja, a solução por meio do acordo deveria se mostrar mais efetiva, célere e resolutiva que a estratégia judicial;

c) Deveriam ser previstos mecanismos que, efetivamente, pudessem assegurar a integral execução das obrigações pelas mineradoras, mesmo na hipótese de eventual falência da SAMARCO;

CAPÍTULO 4
O PROCESSO DE CONSTRUÇÃO DO MAIOR ACORDO AMBIENTAL DA HISTÓRIA DO BRASIL | 61

d) Não poderia haver nenhuma alegação de dificuldade financeira pelas empresas para a efetivação do plano de recuperação, razão pela qual garantias suficientes deveriam ser prestadas;

e) A VALE e a BHP, e não apenas a SAMARCO, deveriam assumir compromissos financeiros e garantir integralmente a execução de todas as ações;

f) Todos os impactos e impactados deveriam ser considerados (pessoas; famílias; comunidades; pescadores; pequenos agricultores; areeiros; micro e pequenas empresas; operadores do setor de turismo e negócios ligados ao esporte e lazer e demais segmentos econômicos; além dos povos indígenas e demais comunidades tradicionais);

g) Deveriam ser previstos mecanismos que garantissem ampla participação da comunidade, em todas as etapas (na discussão, no acompanhamento, no desenvolvimento e na execução, por meio de canais de comunicação e interação); da mesma forma, deveria ser garantido o mais amplo acesso à informação, transparente e pública, em linguagem acessível, adequada e compreensiva a todos os interessados;

h) Garantia irrestrita da transparência, tanto nas relações com o poder público quanto com as comunidades envolvidas;

i) Preferência para a contratação e utilização de mão de obra local para execução dos programas e projetos, buscando-se, assim, estimular a economia mineira e capixaba, de forma que a recuperação socioambiental potencializasse, por si só, a recuperação econômica da região;

j) As pessoas deveriam ser a prioridade de qualquer programa de recuperação ou compensação; todas as ações de indenização ou reparação dos prejuízos sofridos pelas pessoas da região deveriam ser executadas antes de qualquer outra obrigação prevista, inclusive das ambientais;

k) O acordo não poderia substituir, limitar ou comprometer a vontade individual dos impactados, ou seja, as indenizações previstas no acordo não poderiam impedir que as pessoas, caso não aceitassem as condições propostas, pudessem pleitear a indenização que entendessem devida por outras vias, inclusive a judicial;

l) A celebração do acordo não poderia prejudicar nem interferir na apuração da responsabilidade penal ou administrativa das empresas, de seus sócios ou de qualquer outro envolvido; da mesma forma, o acordo não poderia isentar as empresas do pagamento de multas por descumprimento da legislação;

m) O acordo não poderia resultar, direta ou indiretamente, no retorno das operações da SAMARCO, que continuaria necessitando de todas as licenças e autorizações regulares dos órgãos competentes;

n) O cenário ambiental e socioeconômico após o cumprimento do acordo deveria mostrar-se melhor do que aquele conhecido antes da tragédia;

o) Medidas compensatórias deveriam ser previstas.

Nesse compasso, desde que se pudessem satisfazer as premissas acima, a solução consensual tinha tudo para ser a mais efetiva e deveria, portanto, ser buscada. Além de poder assegurar a satisfação de todos os objetivos preconizados, a solução consensual permitiria celeridade e suprimiria longas e burocráticas etapas de um processo judicial, evitando o desgaste de anos, antecipando a tomada de providências no sentido da integral recuperação do meio ambiente.

Toda a discussão judicial acerca da responsabilidade civil da SAMARCO e da participação de suas controladoras, bem como o eventual debate em torno da tese da responsabilidade objetiva, da responsabilidade solidária ou da força maior como excludente de responsabilidade, dentre outras possíveis discussões jurídicas, seria ultrapassada, assim, com a celebração de um acordo nessas bases.

A partir da definição das premissas inegociáveis e da criação dos grupos de trabalho especializados, as reuniões seguiram durante 41 dias, entre os dias 21 de janeiro e 1º de março de 2016, alternando-se encontros com dirigentes, técnicos e advogados das empresas com reuniões internas dos órgãos de governo, dos membros da Advocacia Pública entre si, além de encontros com a Presidência da República, com os Governadores, Ministros e Secretários de Estado, bem como com o MPF e MPE, com a Defensoria Pública da União e com diversos outros agentes. Da mesma forma, ocorreram encontros com representantes da sociedade civil e dos atingidos.

A divisão dos trabalhos em diferentes grupos permitiu o avanço mais célere das tratativas e a discussão mais especializada e aprofundada dos pontos que precisavam ser contemplados pelo acordo. Atores com diferentes formações acadêmicas e profissionais puderam contribuir de maneira profícua para cada um dos tópicos. A busca de soluções para as questões relativas aos programas socioeconômicos e socioambientais contou com a participação fundamental dos técnicos dos entes públicos especializados, sem os quais não se conseguiria chegar às medidas necessárias para a reparação e mitigação dos danos ambientais e socioeconômicos e às medidas compensatórias mais efetivas para o caso de forma equilibrada e técnica.

Dificilmente um acordo complexo envolvendo diversos entes públicos e gigantes multinacionais poderia ser modelado e celebrado sem uma racionalização dos trabalhos e sem uma divisão de tarefas. Optou-se, assim, pela adoção de uma dinâmica de trabalhos similar àquela usualmente praticada pelos membros da comunidade internacional quando em negociações multilaterais (sobretudo para a celebração de tratados internacionais). Procedeu-se a uma divisão inicial, constituindo-se mesas específicas (comissões ou grupos de trabalho) para facilitar as discussões dos diferentes temas das tratativas. Posteriormente, na fase de redação, firmou-se uma minuta de texto única e as conclusões dos grupos foram nela consolidadas para, ao final, serem postas à deliberação dos representantes dos envolvidos.

A elaboração do diagnóstico, a definição das medidas necessárias e a modelagem do acordo contaram com intensa participação de especialistas, de agentes dos mais diversos órgãos públicos (da União, dos Estados e dos Municípios), de estudiosos e técnicos de universidades, de organizações não governamentais, de organismos internacionais, bem como da sociedade civil organizada e de pessoas diretamente impactadas.

A diversidade de interlocutores e a dimensão dos diálogos prévios à assinatura do acordo podem ser mais bem visualizadas na figura abaixo, representativa da soma de órgãos, instituições e entidades, públicas e privadas, que, de alguma forma, inclusive crítica, contribuíram com o aprofundamento dos debates, enriquecimento dos diagnósticos, especificação das prioridades, tendo ou não, ao final, concordado com a celebração do acordo dos entes públicos com as mineradoras:

Figura 20 – Interlocutores do Acordo

As comunidades impactadas foram ouvidas diretamente, sobretudo no curso dos trabalhos desenvolvidos pela força-tarefa criada pelo Governo de Minas Gerais por meio do Decreto nº 46.892/2015, oportunidade na qual puderam expor suas preocupações e perdas relacionadas ao desastre:

Figura 21 – Reunião em Mariana   Figura 22 – Reunião em Mariana

Foto: Governo de Minas Gerais[37]   Foto: Governo de Minas Gerais[38]

Figura 23 – Reunião em Governador Valadares   Figura 24 – Reunião em Barra Longa

Foto: Governo de Minas Gerais[39]   Foto: Governo de Minas Gerais[40]

---

[37] Força-tarefa Barragem de Fundão Mariana – MG. Relatório: Avaliação dos efeitos e desdobramentos do rompimento da Barragem de Fundão em Mariana-MG. Responsável: Grupo da Força-Tarefa – Decreto nº 46.892/2015. Belo Horizonte. Fevereiro/2016. Página 186. Disponível em: <http://www.cidades.mg.gov.br/images/NOTICIAS/2016/relatorio_final.pdf>. Acesso em: 04 abr. 2018.

[38] Força-tarefa Barragem de Fundão Mariana – MG. Relatório: Avaliação dos efeitos e desdobramentos do rompimento da Barragem de Fundão em Mariana-MG. Responsável: Grupo da Força-Tarefa – Decreto nº 46.892/2015. Belo Horizonte. Fevereiro/2016. Página 197. Disponível em: <http://www.cidades.mg.gov.br/images/NOTICIAS/2016/relatorio_final.pdf>. Acesso em: 04 abr. 2018.

[39] Força-tarefa Barragem de Fundão Mariana – MG. Relatório: Avaliação dos efeitos e desdobramentos do rompimento da Barragem de Fundão em Mariana-MG. Responsável: Grupo da Força-Tarefa – Decreto nº 46.892/2015. Belo Horizonte. Fevereiro/2016. Página 219. Disponível em: <http://www.cidades.mg.gov.br/images/NOTICIAS/2016/relatorio_final.pdf>. Acesso em: 04 abr. 2018.

[40] Força-tarefa Barragem de Fundão Mariana – MG. Relatório: Avaliação dos efeitos e desdobramentos do rompimento da Barragem de Fundão em Mariana-MG. Responsável: Grupo da Força-Tarefa – Decreto nº 46.892/2015. Belo Horizonte. Fevereiro/2016. Página 208. Disponível em: <http://www.cidades.mg.gov.br/images/NOTICIAS/2016/relatorio_final.pdf>. Acesso em: 04 abr. 2018.

Figura 25 – Reunião em Resplendor	Figura 26 – Reunião em Governador Valadares

Foto: Governo de Minas Gerais[41]	Foto: CBH-DOCE/Divulgação[42]

Antes da finalização das tratativas, uma reunião final com a comunidade de atingidos e com representantes do Movimento dos Atingidos por Barragens (MAB) foi realizada, em Belo Horizonte (MG), com a presença da Ministra de Estado do Meio Ambiente, do Advogado-Geral da União, do Procurador-Geral Federal, do Advogado-Geraldo Estado de Minas Gerais, do Procurador-Geral do Estado do Espírito Santo, do Promotor de Justiça com atuação no Município de Mariana, do Prefeito de Colatina e Presidente do Conselho da Bacia Hidrográfica do Rio Doce (CBH-DOCE), da Presidente do IBAMA, além de outras autoridades federais, estaduais e municipais.

---

[41] Força-tarefa Barragem de Fundão Mariana – MG. Relatório: Avaliação dos efeitos e desdobramentos do rompimento da Barragem de Fundão em Mariana-MG. Responsável: Grupo da Força-Tarefa – Decreto nº 46.892/2015. Belo Horizonte. Fevereiro/2016. Página 229. Disponível em: <http://www.cidades.mg.gov.br/images/NOTICIAS/2016/relatorio_final.pdf>. Acesso em: 04 abr. 2018.

[42] CBH-DOCE reivindica participação em decisões para recuperação de manancial. Disponível em: <https://www.em.com.br/app/noticia/gerais/2015/12/01/interna_gerais,713226/cbh-doce-reivindica-participacao-em-decisoes-para-recuperacao-de-manan.shtml>. Acesso em: 04 abr. 2018.

Figura 27 – Reunião em Belo Horizonte

Foto: Omar Freire/Imprensa MG[43]

Nessa reunião final, foram apresentados aos impactados detalhes dos programas ambientais e socioeconômicos discutidos com as mineradoras, bem como a forma de execução do acordo. Após os debates, contribuições dos atingidos foram agregadas ao acordo que foi assinado alguns dias após.

Da mesma forma, houve participação de parlamentares federais e estaduais, tanto na modelagem do acordo quanto posteriormente a sua assinatura. O tema também foi apresentado, debatido e estudado na Câmara dos Deputados e nas Assembleias Legislativas dos Estados de Minas Gerais e do Espírito Santo:

Figura 28 – Assembleia Legislativa de Minas Gerais	Figura 29 – Assembleia Legislativa do Espírito Santo

Foto: Clarissa Barçante[44]	Foto: Reinaldo Carvalho[45]

---

[43] Fonte: Agência Minas Gerais. Disponível em: <http://www.agenciaminas.mg.gov.br/noticia/comunidades-atingidas-pela-barragem-da-samarco-debatem-acordo-coletivo-com-uniao-e-estados>. Acesso em: 19 fev. 2018.

[44] Fonte: Assembleia Legislativa de Minas Gerais. Disponível em: <https://www.almg.gov.br/sala_imprensa/fotos/index.html?idAlb=10354&albPos=2>. Acesso em: 04 abr. 2018.

[45] Fonte: Assembleia Legislativa do Espírito Santo. Disponível em: <https://www.flickr.com/photos/assembleialegislativaes/27373334214/in/photolist-HGTuAb-JD5vNM-HGTupu-HGTueE-JD5udH-HGTuGo-JD5uzV-HGTu4E-HGTujE-HGTu9Q-JD5txV-HGTuxq-JD5tqv-

Figura 30 – Câmara dos Deputados

Foto: Luís Macedo/Câmara dos Deputados[46]

Finalmente, no dia 2 de março de 2016, apenas 116 dias após o desastre, o acordo, denominado Termo de Transação e de Ajustamento de Conduta (TTAC) foi assinado pela União, pelos Estados, pelas três mineradoras, contando a cerimônia com a presença da então Presidente da República, do então Vice-Presidente, dos Governadores dos Estados de Minas Gerais e do Espírito Santo, de Ministros de Estado, de Deputados Federais, Senadores da República, Prefeitos dos Municípios impactados e diversas autoridades.

JwcEwH-JD5ujK-JD5tBn-JD5tCV-JA2rNY-JA2rCY-JD5tNe-JA2rQw-JD5tFk-JwcD3v-JwcCZz-JD5tLv-JD5tSn-JA2rzm-HGTusW-JD5tXc-JwcD5e-JA2rjG-JwcD6g-HGTuC5-JwcD7D-JD5u2R--JA2rHh-JD5tyM-JwcCTT-HGTuN5>. Acesso em: 19 fev. 2018.

[46] Fonte: Banco de Imagens da Câmara dos Deputados. Disponível em: <https://www.camara.leg.br/internet/bancoimagem/banco/2016/03/img20160317135535010355.jpg>. Acesso em: 19 fev. 2018.

Figura 31 – Assinatura do Termo de Transação
e de Ajustamento de Conduta – TTAC

Foto: Roberto Stuckert Filho/PR[47]

Assim, foi celebrado, nos primeiros dias de março de 2016, o maior acordo ambiental da história brasileira, que deu lastro à criação de uma das maiores fundações (sem fins lucrativos) de cunho ambiental do mundo, destinada, especificamente, a cuidar e reparar as consequências do maior desastre ambiental da história brasileira recente.

De forma célere e transparente, os Governos Federal e dos Estados de Minas Gerais e do Espírito Santo elaboraram, com o indispensável apoio da força-tarefa das advocacias públicas, um extenso e complexo documento, prevendo diversos eixos temáticos e programas sociais, no campo socioeconômico e socioambiental, incluindo medidas compensatórias e reparatórias, com a necessária participação da população atingida nas decisões.

---

[47] Fonte: Palácio do Planalto. Disponível em: <https://www.flickr.com/photos/palaciodoplanalto/albums/72157667603044293/with/25412733631/>. Acesso em: 19 fev. 2018.

CAPÍTULO 5

O TERMO DE TRANSAÇÃO E DE AJUSTAMENTO DE CONDUTA (TTAC)

5.1 Das inovações do acordo: governança independente e fiscalização permanente do poder público

O sistema de governança necessário para a gestão dos programas socioambientais e socioeconômicos precisava ser equacionado. A questão era: qual a melhor forma e qual a melhor estrutura para o gerenciamento das medidas necessárias para reparar e compensar os prejuízos advindos da tragédia? As graves e múltiplas consequências do maior desastre da história ambiental brasileira exigiam a busca de saídas inovadoras que permitissem uma solução célere e efetiva para os prejuízos ambientais, econômicos e sociais, que, naturalmente, demandam um longo tempo para serem remediados, recuperados e compensados. Foram ventiladas várias ideias.

Uma primeira alternativa seria a de impor as medidas de reparação/compensação às empresas responsáveis pelo dano (SAMARCO, VALE e BHP), como usualmente é feito em acordos dessa natureza, sobretudo quando a via eleita é a determinação judicial. Outras possibilidades foram aventadas: a instituição de um "fundo público"; a de um "fundo privado"; a criação de uma sociedade de propósitos específicos (SPE).

Dentre os "fundos privados", a criação de um *trustfund* parecia melhor atender à necessidade coletiva de assegurar a reparação e a compensação pelos danos ocasionados pelo desastre em menor espaço de tempo, uma vez que a alternativa permitiria, por um lado, a gestão autônoma das ações necessárias para a mitigação do problema de forma independente da SAMARCO e, por outro, garantiria os recursos necessários para suportar os ônus financeiros dessas ações. Essa espécie de fundo é empregada, corriqueiramente, no âmbito internacional, para a gestão de passivos ambientais ou para a melhoria das condições ambientais. Um exemplo de *trustfund* é o *Trustfund for Environmentally and Socially Sustainable Development*, gerido pelo Banco Mundial e provido com recursos da Noruega e da Finlândia.

Entretanto, os *trustfunds* não foram recepcionados pelo direito brasileiro, razão pela qual essa alternativa foi descartada. Os demais tipos de fundos privados existentes no direito brasileiro têm, em sua essência, caráter empresarial, portanto, seu emprego não parecia razoável para o caso. No entanto, as características básicas do *trustfund* serviram de inspiração para a formatação do sistema de governança abraçado. A ideia de criar uma nova pessoa jurídica para a efetivação das medidas, de natureza privada e sem fins lucrativos, surgiu a partir de quatro constatações básicas.

Em primeiro lugar, a alternativa de deixar as próprias mineradoras executarem as medidas reparadoras, bem como a de se criar uma nova pessoa jurídica com estrutura empresarial foram afastadas. Os debates evidenciaram que uma empresa com finalidade exclusivamente empresarial não conseguiria, a contento, levar a cabo as ações necessárias à complexa tarefa de reparar e compensar o desastre ambiental decorrente do rompimento das barragens.

A proposta central sempre foi a de deixar o causador do dano efetivamente reparar aquilo que causou. Entretanto, a estrutura empresarial da SAMARCO (ou mesmo de nova empresa que fosse criada com propósitos específicos), que tem quadros técnicos próprios de uma sociedade empresária, é focada na obtenção de lucros e na maximização dos processos produtivos, de maneira que as decisões a serem tomadas em resposta ao desastre seriam, naturalmente, relegadas a um segundo plano, à luz de uma lógica própria de empresas (de mineração).

A sociedade de propósitos específicos (SPE), tal como as empresas mineradoras, tem natureza empresarial e precisa ser erigida segundo uma das formas de sociedades empresárias existentes no direito brasileiro. Por outro giro, a fundação pode assumir a forma de uma entidade sem finalidade lucrativa e ser constituída com uma dotação de bens para um objetivo definido por seu instituidor. As fundações podem ser instituídas com a finalidade, dentre outras, de assistência social, de cultura, de defesa e de conservação do patrimônio histórico e artístico e de defesa, preservação e conservação do meio ambiente e promoção do desenvolvimento sustentável. Portanto, os objetivos do acordo eram absolutamente compatíveis com o feixe de finalidades próprias de uma fundação.

Em segundo lugar, constatou-se que, se o poder público assumisse as ações concretas necessárias para reparar os danos advindos do desastre, poderia, assim, atrair para si a responsabilidade inerente aos causadores da tragédia. Da mesma forma, as ações reparatórias para um desastre dessa magnitude não poderiam esperar por lentos processos licitatórios, nem suportariam a rigidez das regras de direito financeiro a que qualquer órgão ou entidade de direito público deve se sujeitar. Para além da ineficiência, responsabilizar o Estado ou deixar que agentes públicos se ocupem das complexas tarefas de recuperação social, econômica e ambiental (contratação da dragagem dos rios; promoção do replantio; reconstrução de casas por meio de lentas licitações etc.) equivaleria a socializar parcela considerável dos custos, aliviando, assim, os encargos que deveriam recair exclusivamente sobre os verdadeiros responsáveis (as sociedades empresárias, que sempre lucraram com a exploração dos valiosos recursos minerais pertencentes ao povo brasileiro).

Essa constatação afasta, ainda, a ideia ventilada no momento das tratativas iniciais de criação de um "fundo público", que depende de lei para ser formado, que é regido por legislação federal e que deve observar estritamente as normas do direito financeiro aplicáveis a entes públicos.

A terceira constatação foi a de que seriam necessárias a afetação e destinação de valores significativos, dissociados do patrimônio da SAMARCO, exclusivamente para suportar as despesas que surgiriam com os programas a serem elaborados, desenvolvidos e executados com o objetivo de recuperar o meio ambiente e as condições socioeconômicas da área impactada pelo desastre. Apenas assim seria possível evitar que recursos inicialmente destinados para a recuperação das áreas afetadas fossem remanejados para outras finalidades.

Por fim, verificou-se que a extensão e a complexidade da tragédia demandavam a modelagem de instrumentos de interlocução e a partici-pação dos cidadãos, da sociedade civil, de instituições acadêmicas e dos entes públicos envolvidos na tomada de decisões. Essas necessidades não seriam supridas senão com a criação de uma pessoa jurídica própria, com estruturas peculiares de funcionamento, que pudesse viabilizar o diálogo de todos esses atores.

Concluiu-se que a melhor alternativa seria a criação de uma pessoa jurídica de direito privado sem fins lucrativos, pelas mineradoras, para a gestão das medidas necessárias para a reparação/compensação das áreas impactadas e dos danos causados à população. A ideia de se constituir uma fundação privada buscou aproveitar a dinamicidade do mercado, evitar lentos processos licitatórios e favorecer a célere reparação do dano ambiental. Procurou-se, assim, aproveitar ao máximo o caráter dinâmico da iniciativa privada, para possibilitar o atendimento das necessidades mais urgentes, do modo mais eficaz possível.

A fundação de direito privado, instituída e garantida pelas três empresas, com gestão inteiramente privada, independente e transparente, ficou, então, responsável pela execução, direta ou indireta, das medidas, ações e programas compensatórios e reparatórios, todos sujeitos à auditoria externa independente e à fiscalização dos órgãos do Ministério Público, dos órgãos e entidades públicas e da sociedade civil.

A execução dos programas previstos no TTAC se deu, inicialmente, por conta da própria SAMARCO e, depois, por meio da Fundação, denominada por suas instituidoras de RENOVA.[48] Tudo isso aconteceu antes mesmo da homologação do acordo em juízo. A propósito, o acordo, conforme previsto em suas cláusulas, surte efeitos e tem sua validade independentemente da homologação judicial e as ações previstas deveriam ser (e foram) imediatamente iniciadas.

Como consignado no estatuto da Fundação RENOVA, ela tem como objetivo a recuperação ambiental e socioeconômica da área impactada pelo rompimento da barragem de Fundão, conforme detalhado no TTAC.

Ao analisar a minuta do ato constitutivo da Fundação, a Curadoria de Fundações do MPE/MG aprovou o estatuto, como previsto pela legislação civil de regência, tendo reconhecido que suas finalidades se encontram inseridas dentro das previstas pelo Código Civil. Nesse sentido, a manifestação da Promotoria de Justiça de Tutela de Fundações de Belo Horizonte consagrou a inédita iniciativa do TTAC de constituição de uma fundação, conforme transcrição a seguir:[49]

> A criação da Fundação Renova é uma solução inédita no país, pensada no âmbito de uma ação judicial em que a União, o estado de Minas Gerais e o estado do Espírito Santo buscavam reparação de um evento

---

[48] A Fundação Renova tem sua atuação calcada em cinco pontos, que sintetizam os 17 eixos temáticos, nos quais se inseriram os 41 programas previstos no TTAC: (1) Atenção às pessoas (identificação de impactados e indenização, saúde e bem-estar, cultura, diálogo social, povos tradicionais e indígenas); (2) Restauração ambiental e produção aliada à conservação (gestão de uso dos solos, biodiversidade, manejo de rejeitos, educação ambiental); (3) Gestão hídrica responsável (gestão da água, saneamento básico); (4) Urbanização sustentável (reassentamento, infraestrutura); (5) Gestão eficiente (licenciamento ambiental, gestão da inovação, gestão de programas e riscos, comunicação).

[49] Disponível em: <http://www.fundacaorenova.org/relato-de-atividades/mensagens/>. Acesso em: 25 ago. 2017.

danoso de grande proporção, no caso, o rompimento da barragem de Fundão, em Mariana.

A magnitude do desastre fez com que a proposta de instituição de uma fundação de direito privado para conduzir as ações de reparação enfrentasse muitos questionamentos e frentes de oposição, sob a argumentação de que seria um escudo protetivo para as empresas responsáveis pelo evento.

Ao entendimento de que a Fundação estava sendo criada para fim de recuperação dos danos decorrentes do rompimento da barragem e não para suceder as instituidoras em eventual obrigação reparatória, sendo a suficiência do patrimônio inicial analisado não sob a premissa da reparação integral, mas em cotejo com os fins propostos, a Promotoria de Fundações de Belo Horizonte autorizou a instituição da Fundação Renova, por meio da Resolução PTFBH nº 16/2016, de 30 de junho de 2016.

A Fundação Renova é uma pessoa jurídica de direito privado, sem fins lucrativos, com autonomia administrativa, patrimonial, financeira e operacional, criada para ser o braço executivo das empresas mineradoras, que não possuem a expertise necessária para recuperar os impactos causados pelo rompimento da barragem.

A Fundação Renova nasceu com propósitos audaciosos: gerir e executar 42 programas socioeconômicos e socioambientais. Pesa sob seus dirigentes e sob os órgãos de controle a grande responsabilidade de potencializar o proveito social resultante de tal iniciativa.

Depois de um processo lento de transição, a Fundação agora está assumindo a plenitude desses programas de recuperação e tem total autonomia para imprimir o seu ritmo à execução destes, contando com o dinamismo, a flexibilidade e, sobretudo, a transparência, próprios do terceiro setor, buscando o envolvimento dos segmentos que foram afetados. Acreditamos que a Fundação Renova tem condições de executar mais rápido, com melhor qualidade e com menor custo os programas propostos e, assim, apresentar resultados mais satisfatórios para a sociedade.

O Ministério Público formulou sugestões pontuais em relação aos atos constitutivos da Fundação Renova, visando ao aprimoramento dos mecanismos de controle – inclusive social – e à asseguração da autonomia administrativa diante das instituidoras. Concluído o procedimento de constituição da entidade, mas ainda na fase de estruturação, o Ministério Público vem averiguando o cumprimento do compromisso de dotação patrimonial assumido pelas instituidoras, bem como a composição dos órgãos estatutários.

Na visão da Promotoria de Justiça de Tutela de Fundações de Belo Horizonte, a Fundação Renova se apresenta como oportunidade de conferir tratamento resolutivo à tutela coletiva, objetivo que somente será plenamente alcançado com a efetiva participação de todos os atores envolvidos no processo e das comunidades atingidas pela tragédia.

Valma Leite da Cunha
Promotora de Justiça

Marcelo de Oliveira Costa
Promotor de Justiça"

A ideia de criação de uma fundação nunca poderia ser levada a cabo pela via judicial, na medida em que a instituição de uma pessoa jurídica foge ao espectro das matérias que podem ser determinadas pelo Poder Judiciário. Somente por meio de tratativas extrajudiciais e de soluções consensuais é que foi possível tornar essa ideia uma realidade.

5.1.1 Instâncias internas de governança da Fundação

O TTAC prevê que a Fundação de direito privado dedicada ao trabalho tenha uma estrutura de governança própria, integrada por profissionais de formação técnica e com notória experiência profissional, compatível com a complexidade da tarefa e com o volume de recursos a ser gerido.

A proposta, no que diz respeito ao seu desenho estrutural, foi ousada e, sobretudo, inovadora. As estruturas dedicadas à operacionalização das medidas a serem adotadas para mitigar, reparar, recuperar e compensar os prejuízos advindos do desastre ambiental são inéditas e apresentam duas faces: uma estrutural privada, responsável pela execução dos programas previstos no acordo; outra estrutural pública, responsável pelo acompanhamento das ações executadas pela SAMARCO e, posteriormente, pela fundação de direito privado que foi criada para levar a cabo os projetos e propostas trazidas pelo acordo.

A Fundação, criada no Município de Belo Horizonte, é conduzida por uma Diretoria Executiva, a quem cabe elaborar, propor, viabilizar e executar os planos, programas e projetos aprovados pelo Conselho de Curadores e Comitê Interfederativo (CIF), além de adotar as ações especificas necessárias à implantação destes e de responder pelas atividades rotineiras da Fundação. Todos os membros da Diretoria Executiva devem ser eleitos e destituídos pelo Conselho de Curadores.

O Conselho de Curadores tem competência para aprovar, no âmbito da Fundação, os planos, programas e projetos propostos pela Diretoria Executiva, com a prévia oitiva do Conselho Consultivo. O Conselho de Curadores delibera a respeito dos atos de gestão estratégica da Fundação (planejamento anual e plurianual; orçamento e contratações etc.) e será composto, após o TAC firmado em 25 de junho de 2018 pelos Ministérios Públicos Federal e Estaduais, pelas Defensorias Públicas Federal e Estaduais, pelas empresas e pelos entes públicos, por 9 (nove) membros, sendo 6 (seis) designados pelas três empresas instituidoras, 1 (um) representante privado indicado pelo CIF e 2 (dois) membros indicados pela articulação das Câmaras Regionais dentre os atingidos ou técnicos por eles escolhidos. Na composição original prevista no TTAC, não havia a previsão de participação de atingidos.

A dimensão das consequências do rompimento da barragem e a complexidade da missão de restauração, tanto sob o aspecto socioeconômico quanto socioambiental, apontam para a necessidade de a gestão dos trabalhos ser feita apenas por profissionais experientes. Nesse sentido, para ocupar funções junto ao Conselho de Curadores e à Diretoria Executiva é exigida habilitação específica, salvo em relação aos membros do Conselho de Curadores indicados pela articulação das Câmaras Regionais. Portanto, apenas profissionais com capacidade técnica comprovada podem assumir a relevante função de tomar decisões estratégicas para a mitigação, reparação e compensação dos prejuízos ocasionados pela tragédia.

Buscou-se, assim, garantir a eficácia dos trabalhos e evitar a interveniência política na indicação de agentes para a ocupação de funções de direção na instituição privada. A prudência recomenda que o poder público não interfira na gestão interna da Fundação. Portanto, o poder público deve atuar tão somente como instância externa, valendo-se dos instrumentos legais e daqueles previstos no acordo, buscando garantir a imparcialidade necessária para o controle dos trabalhos.

Cabe ao Conselho Fiscal fiscalizar a gestão e proceder à apreciação das contas da Fundação, bem como verificar a conformidade das ações executadas, sob o ponto de vista contábil e financeiro. O Conselho Fiscal é composto por 7 (sete) membros, dentre os quais 1 (um) deve ser indicado pelo Conselho de Curadores da Fundação; 1 (um) indicado por cada uma das três instituidoras; 1 (um) pela União; 1 (um) pelo Estado de Minas Gerais e 1 (um) pelo Estado do Espírito Santo.

A Fundação conta, também, com um Conselho Consultivo composto, após a alteração introduzida pelo TAC firmado em 25 de junho de 2018, por 19 (dezenove) membros, indicados da seguinte forma: 4 (quatro) pelo Comitê da Bacia Hidrográfica do Rio Doce (CBH-DOCE); 7 (sete) pessoas atingidas; 2 (dois) representantes de organizações não governamentais; 3 (três) representantes de instituições acadêmicas; 2 (dois) representantes de entidades atuantes na área de Direitos Humanos; e 1 (um) representante de entidades atuantes na área de Desenvolvimento Econômico.

O Conselho Consultivo deve ouvir as associações legitimadas para a defesa dos direitos dos impactados e estabelecer canais de participação para a sociedade civil e para organizações interessadas, podendo convocar, ainda, reuniões específicas. É no Conselho Consultivo e nas suas câmaras especializadas que a participação da sociedade civil deve ocorrer da forma mais plena, cabendo ao órgão funcionar como canal de participação permanente, em especial na oitiva dos atingidos.

O Conselho Consultivo, essencialmente, deve estudar e opinar acerca dos planos, programas e projetos, bem como apontar propostas de solução para os problemas presentes e futuros, tendo em vista o caráter dinâmico dos danos causados pelo rompimento das barragens.

Os trabalhos da Fundação, nos termos da legislação brasileira, devem, ainda, ser acompanhados e fiscalizados pelo MPE/MG, por meio de sua Curadoria de Fundações.

A estrutura interna da Fundação pode ser representada da seguinte forma:

Figura 32 – Estrutura Interna da Fundação

5.1.2 Instâncias externas de fiscalização e acompanhamento da Fundação

Além do acompanhamento do CIF, todas as atividades desenvolvidas pela Fundação devem ser permanentemente fiscalizadas por uma auditoria externa independente, a ser escolhida dentre as 4 (quatro) maiores empresas do ramo no território nacional. Da mesma forma, o acordo prevê uma rigorosa política de *compliance*, inclusive no que diz respeito à prevenção de corrupção, com base em padrões internacionais.

A auditoria externa independente deve não apenas avaliar o cumprimento dos indicadores e das metas, mas também analisar a contabilidade da Fundação e as contas atinentes a cada um dos programas do acordo, bem como verificar a efetiva correspondência entre os projetos aprovados e sua execução. Em outras palavras, a auditoria externa independente deve, além de efetuar o controle contábil dos programas, proceder ao controle de resultados (no que diz respeito à execução dos projetos). Assim, com base nas cláusulas do TTAC, foi contratada a Ernest Young, após manifestação favorável do CIF.

O CIF é instância externa à Fundação, constituída, em sua composição original, por representantes dos entes públicos, incumbida de validar, acompanhar, monitorar e fiscalizar todas as ações executadas pela Fundação, apoiado pela auditoria externa independente, a quem compete manter interlocução permanente com a Fundação.

No processo de modelagem do acordo, ao longo das discussões, ficou patente a necessidade de se criar uma instância permanente de diálogo entre a Fundação e os órgãos públicos incumbidos legalmente de acompanhar as medidas de reparação e compensação das áreas e pessoas impactadas. Em primeiro lugar, é imperativo, no diálogo interfederativo, afastar eventuais divergências de posicionamentos na escolha das providências mais apropriadas para a solução de cada um dos problemas. Em segundo lugar, os órgãos públicos competentes dos entes federativos envolvidos, sejam os da área ambiental, sejam os da assistência social ou os do desenvolvimento econômico, isoladamente, não possuem condições de acompanhar continuamente os programas previstos no acordo.

A falta de um colegiado organizado nos moldes do CIF agravaria o risco de determinações conflitantes entre os órgãos públicos igualmente competentes em determinada matéria; o risco de conflito de deliberações entre órgãos públicos dotados de competências diversas; a possibilidade de alguns programas não serem acompanhados por nenhum órgão público; o risco de os órgãos decisores focarem sua atenção, exclusivamente, na solução dos alguns problemas específicos que mais lhes interessassem ou afetassem.

Há um vínculo intrincado entre todos os programas do acordo, de maneira que as medidas para solucionar os problemas advindos do desastre devem ser analisadas de maneira conjunta e não segmentada. A criação do CIF, por certo, não impede a existência de conflitos, mas favorece a harmonização dos programas e minimiza os embates, uma vez que promove a discussão conjunta dos entes públicos, evitando, assim, as divergências de posicionamento.

Para a modelagem do CIF, buscou-se inspiração nos comitês permanentes formados no âmbito internacional para o acompanhamento da execução de tratados internacionais. De forma similar, esses fóruns não se personificam em "pessoas jurídicas" dotadas de autonomia com relação aos países signatários dos compromissos, mas são "espaços de discussão e deliberação" que permitem e favorecem a articulação permanente dos partícipes na fiscalização do atendimento das cláusulas dos tratados internacionais, preservando a autonomia de cada um dos Estados signatários. Foi exatamente a necessidade de acompanhamento permanente dos programas, sem que se prejudicasse a autonomia dos entes federados brasileiros e sem desrespeitar a competência conferida aos órgãos públicos pela legislação, que motivou a instituição desse comitê.

Nesse compasso, o CIF inova ao oferecer um "espaço de discussão e deliberação" para a articulação permanente dos entes federados impactados, favorecendo a harmonização e a concatenação das medidas previstas nos programas, em prazo mais curto. O desenho pioneiro permite a tomada conjunta de decisões e a adoção de soluções harmônicas, evitando divergências entre os entes políticos da federação (algo que, naturalmente, ocorreria, se atuassem isoladamente) e permitindo a sinergia e a soma de esforços na solução das dificuldades que vierem a surgir durante o processo de trabalho.

Importante registrar que o CIF não se sobrepõe aos entes federados, ou seja, o colegiado não suprime a competência conferida pela legislação aos órgãos públicos. Trata-se tão somente de um "espaço de discussão e deliberação" conjunto criado para a análise e para a aprovação das medidas previstas no acordo, bem como para a fiscalização do cumprimento das cláusulas avençadas, sem afastar a necessidade de nova aprovação das medidas pelos órgãos competentes dos entes federados, se for o caso, observados os termos da legislação das pessoas políticas.

O CIF é um colegiado formado, inicialmente, conforme o TTAC, por 12 (doze) representantes da União, dos Estados de Minas Gerais e do Espírito Santo, dos municípios impactados e do Comitê da Bacia Hidrográfica do Rio Doce (CBH-DOCE), composto da seguinte forma: 2 (dois) representantes do Ministério do Meio Ambiente; 2 (dois) representantes de outras áreas do Governo Federal; 2 (dois) representantes do Estado de Minas Gerais; 2 (dois) representantes do Estado do Espírito Santo; 2 (dois) representantes dos municípios de Minas Gerais afetados; 1 (um) representante dos municípios do Espírito Santo prejudicados com o rompimento da barragem; e 1 (um) representante do CBH-DOCE. Por meio do TAC firmado em junho de 2018, ocorreu um aumento da composição do CIF em 4 (quatro) membros, para incluir 3 (três) pessoas atingidas ou técnicos por elas indicados, garantida a representação de pessoas dos Estados de Minas Gerais e do Espírito Santo, e 1 (um) técnico indicado pela Defensoria Pública. O CIF, com seu papel eminentemente deliberativo e fiscalizatório, foi modelado com o intuito de preservar o equilíbrio na representação dos entes federados.

Na prática, o colegiado foi imediatamente instituído após a celebração do TTAC, em 11 de abril de 2016, cabendo a presidência ao representante do IBAMA. Visando dar suporte aos trabalhos do CIF, foram instituídas 11 Câmaras Técnicas encarregadas, cada uma delas, especificamente, de cuidar dos seguintes assuntos: (1) Gestão de Rejeitos e Segurança Ambiental; (2) Segurança Hídrica e Qualidade de Água; (3) Reconstrução e Recuperação de Infraestrutura; (4) Comunicação, Participação Diálogo e Controle Social; (5) Economia e Inovação; (6) Restauração Florestal e Produção de Água; (7) Conservação e Biodiversidade; (8) Indígenas e Povos e Comunidades Tradicionais; (9) Saúde; (10) Educação, Cultura, Lazer e Informação; (11) Organização Social e Auxílio Emergencial.

A estrutura institucional arquitetada homenageia e promove o federalismo cooperativo, princípio basilar da ordem constitucional brasileira. Ações conjuntas e coordenadas afastam discordâncias entre os entes federados e permitem a soma dos esforços necessários para o enfrentamento de enormes dificuldades e desafios. Nesse sentido, não restam dúvidas de que o TTAC firmado constitui solução das mais inovadoras e que foge do "lugar-comum", possibilitando, assim, a manutenção e geração de empregos, bem como uma ágil ação de socorro às vítimas, favorecendo a efetiva reparação dos danos ambientais, sociais e econômicos.[50]

Desde sua instituição e até janeiro de 2018, o CIF editou 151 (cento e cinquenta e uma) deliberações, com determinações de conteúdo variado, dentre as quais: a determinação de readequação do desenho urbano proposto para o reassentamento de Bento Rodrigues, para atender às exigências legais de parcelamento do solo urbano, em atenção à manifestação da Câmara Técnica de Reconstrução e Recuperação de Infraestrutura do CIF;[51] a aprovação das bases mínimas para

---

[50] A avaliação do primeiro ano de desempenho do CIF comprovou o acerto da decisão de adoção dessa inédita forma de governança interfederativa, que tem se mostrado bastante diferente do "monstrengo leniente e burocrático" que muitos prenunciavam que seria (ou torciam nesse sentido).

[51] Deliberação nº 96, de 2017.

monitoramento da qualidade de água para consumo humano, a partir da análise da Câmara Técnica de Saúde do CIF;[52] a reprovação do estudo epidemiológico e toxicológico apresentado pela Fundação Renova, considerando pronunciamento da Câmara Técnica de Saúde do CIF;[53] a reprovação da proposta de procedimento operacional para recuperação de APPs degradadas e a determinação de seu refazimento a partir das determinações da Câmara Técnica de Restauração Florestal e Produção de Água do CIF;[54] o estabelecimento de prioridades na alocação de recursos para as ações de coleta e tratamento de esgoto nos municípios atingidos, observando a manifestação da Câmara Técnica de Segurança Hídrica e Qualidade de Água do CIF;[55] a determinação da inclusão no Programa de Auxílio Financeiro Emergencial do pagamento imediato de 94 pessoas identificadas pela Câmara Técnica de Organização Social do CIF;[56] a fixação de multa punitiva por obrigação descumprida e de multa diária enquanto persistisse o descumprimento de obrigações relacionadas à dragagem de rejeitos no Reservatório da UHE Risoleta Neves no prazo previsto no TTAC;[57] a aprovação do Procedimento Operacional Padrão – POP apresentado pela empresa de auditoria externa contratada – Ernst & Young;[58] a definição da destinação dos recursos da multa aplicada pelo CIF e paga pela SAMARCO, como decorrência de descumprimento de cláusulas do TTAC;[59] a determinação de ajustes na Política de Contratação Local da Fundação Renova.[60]

O levantamento acima demonstra a complexidade técnica do trabalho de acompanhamento e fiscalização do CIF e, mais do que isso, a absoluta independência técnica de seu processo deliberativo, certamente decorrente da "blindagem política" proporcionada por sua estrutura interna de governança e da pluralidade, inclusive interfederativa, de sua composição.

No que diz respeito à relação entre o CIF e a Fundação, a ideia que norteou o acordo é a de que os projetos necessários para atender aos programas socioeconômicos e socioambientais previstos devem ser elaborados pela Fundação e aprovados pelo CIF.

---

[52] Deliberação nº 95, de 2017.
[53] Deliberação nº 94, de 2017.
[54] Deliberação nº 89, de 2017.
[55] Deliberação nº 75, de 2017.
[56] Deliberação nº 48, de 2017.
[57] Deliberação nº 45, de 2017.
[58] Deliberação nº 38, de 2016.
[59] Deliberação nº 115, de 2017.
[60] Deliberação nº 146, de 2018.

Nos termos do acordo, o processo de validação dos programas e projetos deve ser o resultado de um diálogo coordenado entre o poder público e a Fundação. Nesse compasso, a RENOVA deve observar as diretrizes firmadas pelo CIF e submeter à validação do colegiado todos os programas e projetos. Ao examinar os programas e projetos submetidos a sua apreciação, o CIF poderá aprovar diretamente a proposta (normalmente após a oitiva de suas câmaras técnicas), indicar a necessidade de correções ou readequações, ou apresentar questionamentos às ações específicas a serem desenvolvidas pela Fundação.

Não cabe ao CIF elaborar projetos. A propósito, a elaboração de projetos pelo poder público provocaria, com certeza, atrasos na tomada de decisões, em virtude, sobretudo, das regras de direito público que são aplicáveis ao processo administrativo decisório. O resultado, por certo, seria a impossibilidade, no curto prazo, de desenho de alternativas de ação. Entretanto, evidentemente, se a Fundação não elaborar os projetos no prazo adequado, o CIF deve notificá-la, aplicando, quando couber, as multas previstas no TTAC.

O fluxograma abaixo mostra o processo decisório até a fase de aprovação de um projeto pelo CIF:

Figura 33 – Processo Decisório dos Projetos

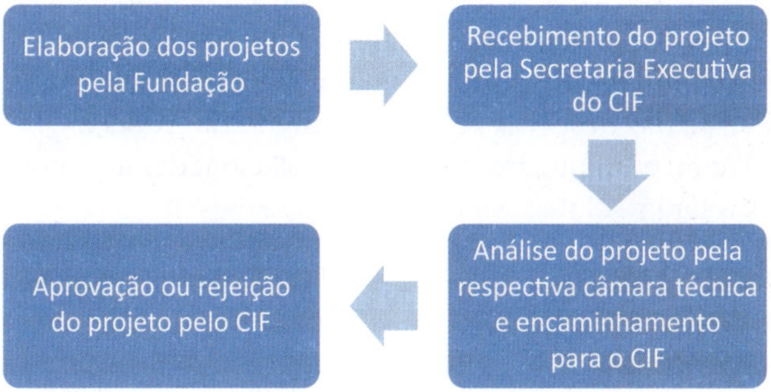

Ao CIF cabe traçar diretrizes que devem ser observadas pela Fundação na elaboração dos projetos e programas, bem como definir as prioridades tanto para o planejamento das ações, como para a execução dos projetos/programas pela Fundação. O CIF deve, ainda, acompanhar, por meio de suas câmaras técnicas, a execução dos projetos e programas que aprovar.

O desenho estrutural concretiza uma ideia simples: é o poder público que está em melhores condições para averiguar e definir, dentre as inúmeras ações que podem ser tomadas no curso do cumprimento do acordo, aquelas que são mais relevantes (para a população e para o meio ambiente). Se os programas previstos no TTAC têm prazos variados para sua execução e não podem ser executados na sua integralidade de maneira imediata em virtude de limitações materiais e técnicas, a definição de prioridades é, indubitavelmente, o primeiro papel a ser cumprido pelo CIF. A partir da tomada dessas decisões pelo CIF é que a Fundação pode planejar suas ações.

Na definição de prioridades cabe ao CIF dar prevalência às ações socioeconômicas, especialmente àquelas voltadas diretamente para a população impactada, bem como às medidas necessárias para a contenção da expansão dos danos ambientais e sociais decorrentes do desastre.

Como instrumento de planejamento das ações da Fundação, o TTAC previu a confecção anual de plano de ação e de orçamento. O plano de ação e os orçamentos anuais são modelados no ano anterior ao período em que serão aplicados e dependerão da aprovação do CIF. O plano de ação deve trazer os indicadores, as metas, os cronogramas e as ações específicas previstas para cada programa e que devem ser executadas no exercício seguinte, considerando os diagnósticos realizados. O orçamento deve trazer a previsão de despesas e o cronograma de aportes financeiros para a Fundação.

O TTAC se vale de sistemática e lógica semelhantes às estabelecidas pela legislação pátria para as leis orçamentárias anuais dos entes públicos (instituição de prioridades na Lei de Diretrizes Orçamentárias mais previsão das despesas na Lei Orçamentária Anual).

Existem, portanto, três momentos relacionados ao planejamento das ações a serem adotadas pela Fundação:

Figura 34 – Momentos de Planejamento das Ações

O planejamento das ações a serem desempenhadas anualmente pela Fundação, nos termos do TTAC, deve seguir, assim, o seguinte fluxo:

Figura 35 – Fluxo de Planejamento das Ações

No que diz respeito à relação entre o CIF e a Fundação, é possível a existência de conflitos e divergências de posicionamentos, como usualmente acontece em qualquer relação jurídica, razão pela qual o TTAC prevê regras para a solução de conflitos e divergências.

Se o CIF, ao examinar qualquer programa ou projeto, apontar a necessidade de correções, readequações ou mesmo se formular questionamentos às ações a serem levadas a cabo pela Fundação e se a RENOVA assentir com a deliberação, a questão está pacificada.[61] Entretanto, na hipótese de ausência de convergência de posicionamentos por meio do diálogo, o conflito deve ser submetido ao Poder Judiciário. A previsão contida no TTAC concernente à submissão da divergência a um Painel de Especialistas, como fase antecedente ao envio da questão ao Judiciário, foi excluída no TAC assinado pelo Ministério Público, pela Defensoria Pública, pelos entes federados e pelas empresas em 25 de junho de 2018.

Além do mais, o citado TAC previu a criação de mais três instâncias externas, quais sejam, as Comissões Locais, as Câmaras Regionais e um Fórum de Observadores. Enquanto as Comissões e as

---

[61] A divergência de posicionamentos entre o CIF e a Fundação já ocorreu no que diz respeito ao "procedimento operacional padrão" apresentado pela auditoria independente contratada pela RENOVA. Inicialmente, a proposta não foi aprovada pelo CIF, que entendeu que não haviam sido atendidos os requisitos impostos pelo TTAC. Posteriormente, a Fundação apresentou uma nova versão do programa ao CIF, que acabou por anuir com a proposta, de maneira que a questão foi resolvida por meio do diálogo entre os partícipes (Deliberações nº 22 e 38, de 2016).

Câmaras Regionais são compostas por pessoas atingidas, o Fórum de Observadores será composto por representantes da sociedade civil, de grupos acadêmicos, das pessoas atingidas e dos povos e comunidades tradicionais atingidos.

O Painel Consultivo de Especialistas **é** uma instância permanente e externa **à** Fundação, que deve fornecer opiniões técnicas não vinculantes para as partes, com o objetivo de auxiliar na busca de soluções para divergências existentes entre o CIF e a Fundação. O Painel deve ser constituído por 3 (três) especialistas: um primeiro que deve ser indicado pela Fundação e outro que deve ser indicado pelo CIF; esses dois membros, juntos, devem indicar o terceiro membro.

O Painel pode ser consultado a qualquer tempo e deve, quando provocado, emitir parecer técnico acerca da divergência ou do questionamento, com lastro nas boas práticas e nos termos da legislação brasileira aplicável. O Painel, assim, visa evitar que todos os conflitos e divergências sejam submetidos diretamente à avaliação do Judiciário. Da mesma forma, ao mesmo tempo, o Painel Consultivo de Especialistas deve fornecer ao órgão judicial, em caso de necessidade de apreciação de litígios, estudos técnicos fundamentados e firmados por especialistas.

Além dos órgãos legalmente imbuídos do poder/dever de acompanhar e fiscalizar as ações de recuperação e compensação (como o Ministério Público), as instâncias de controle previstas no TTAC (externas à Fundação) podem ser assim representadas:

Figura 36 – Instâncias Externas

CAPÍTULO 6

FUNDING PACTUADO E PENALIDADES PREVISTAS NO TTAC

Como se pode observar, na modelagem do TTAC houve um esforço enorme de superação dos procedimentos tradicionais e ineficazes, que usualmente são adotados. O processo tradicional de aporte forçado de recursos para a reparação e compensação do dano foi invertido, ou seja, ao invés de se bloquear recursos da empresa, a ideia foi a de deixar a Fundação constituída e financiada pelas empresas responsáveis efetivamente levar a cabo as ações necessárias para o cumprimento da missão, reparando e compensando. Os recursos a serem utilizados pela Fundação devem, assim, ser gradativamente aportados, à medida que os projetos forem se desenvolvendo, evitando-se, assim, a formação de "montanhas de dinheiro" imobilizadas.

Com relação ao financiamento dos programas previstos no TTAC, o acordo contém cláusulas expressas, com redação clara acerca da composição do patrimônio da Fundação. Em outras palavras, os aportes anuais a serem feitos pelas empresas estão claramente fixados e devem variar de acordo com as exigências dos projetos e medidas a serem executadas. Em 2016, o aporte previsto era de R$ 2 bilhões; em 2017 e 2018, deve ser alocado R$ 1,2 bilhão em cada ano.

Além desses recursos, foi acordado que seriam destinados mais R$ 500 milhões, de 2016 a 2018, a título de compensação, para atender às demandas dos municípios mineiros e capixabas com saneamento e destinação de resíduos sólidos. Também ficou estabelecido que a Fundação deve reservar (do montante anual de recursos aportados) R$ 240 milhões por ano, por um período de 15 (quinze) anos, a partir de 2016, dos respectivos orçamentos anuais, para a execução de projetos de natureza compensatória e de medidas compensatórias no âmbito dos programas. Os valores reservados a título de compensação e que não forem utilizados, no todo ou em parte, em um determinado exercício social, devem ser acrescidos ao montante fixado para o exercício seguinte.

Nos exercícios de 2019 até 2021, o valor dos aportes anuais deve ser redefinido no montante necessário para atender a demanda prevista para a execução dos projetos, entre R$ 800 milhões e R$ 1,6 bilhão por ano, a depender da necessidade dos projetos a serem executados em cada exercício.

A partir do exercício de 2022, o valor dos aportes será definido em importância suficiente e compatível com a previsão de execução dos projetos, ou seja, o orçamento anual deve ser revisto a cada três anos pelo prazo de 15 anos.

Considerando que a execução do TTAC se protrairá ao longo de anos e até de décadas, o acordo também previu mecanismos de atualização monetária dos valores, conforme variação do Índice de Preço ao Consumidor Amplo (IPCA) ou outro índice que vier a substituí-lo, a partir da assinatura do TTAC e seu respectivo pagamento.

Também é importante registrar que as despesas administrativas da Fundação (como as necessárias à sua manutenção; pagamento de folha de salário de empregados; aluguéis; eventuais tributos; material de expediente; despesas com honorários dos advogados e outras que gerem custos administrativos) não podem ser abrangidas pela estrutura de *funding* prevista. Portanto, os aportes acima mencionados se destinam tão somente à execução das despesas finalísticas da Fundação, cabendo à SAMARCO (e/ou às controladoras) fazer os aportes adicionais necessários para custear as despesas administrativas. Isso quer dizer que, em hipótese alguma, os valores destinados às despesas finalísticas podem ser utilizados, ainda que provisoriamente, para a execução de despesas administrativas.

Nesse compasso, caso sejam fixados, eventualmente, salários mais elevados para empregados, dirigentes ou conselheiros da RENOVA, ou mesmo se sua estrutura burocrática e de manutenção se mostrar excessivamente dispendiosa, em nenhuma hipótese esses custos podem prejudicar os investimentos de recuperação.

Embora tenham sido estabelecidas quantias para a constituição dos fundos da Fundação, o montante acordado para as indenizações e reparações não tem limite máximo. Em outras palavras, não foi fixado nenhum valor máximo a ser despendido com as ações necessárias para reparar os danos causados pelo rompimento das barragens. A obrigação prevista no acordo é com a integral execução dos programas e com a total reparação dos danos, independentemente dos valores. A recuperação dos danos causados, portanto, deve ser integral. Os valores previstos servem para o planejamento anual de execução e de investimento, mas não traduzem uma limitação nos valores a serem investidos ou aplicados.

Em caso de descumprimento dos prazos e das obrigações, as empresas sujeitar-se-ão à multa punitiva de até R$ 1 milhão para cada prazo ou obrigação descumprida e multa diária de até R$ 100 mil por item descumprido, enquanto persistirem os descumprimentos e violações. Caso constatado o descumprimento de qualquer obrigação, o CIF comunicará formalmente à inadimplente o descumprimento, fixando prazo razoável e compatível para o adimplemento ou para a justificativa do seu não cumprimento. Decorrido o prazo definido e permanecendo o descumprimento, a multa será aplicada pelo CIF.[62]

O acordo exige notificação anterior para que se possam aplicar as sanções. Essa exigência foi incluída em virtude das peculiaridades dos instrumentos de gestão previstos no TTAC, ou seja, o acordo exige notificação anterior à imposição de sanção porque existem instâncias permanentes para a aferição do cumprimento das obrigações e porque podem ocorrer dificuldades técnicas na apuração do descumprimento de certas cláusulas. Portanto, o TACC se diferencia dos termos de ajustamento de condutas usualmente celebrados em litígios ambientais porque nestes últimos inexiste uma estrutura permanente de acompanhamento das obrigações fixadas. A sistemática do TTAC é semelhante à adotada pela Administração Pública para a aplicação de sanções por descumprimento de cláusulas contratuais.

Nada impede que um mesmo fato configure, simultaneamente, violação das cláusulas do TACC e infração à legislação ambiental. Portanto, cabe ao CIF e aos órgãos ambientais competentes a aplicação das multas com independência.

O montante das multas aplicadas pelo CIF deve ser destinado a medidas compensatórias adicionais ligadas à melhoria das condições da Bacia do Rio Doce (que devem ser levadas a cabo pela RENOVA).[63] A

---

[62] No início de 2017, por exemplo, o CIF aplicou multa à RENOVA de R$ 1 milhão de reais, além de 50 mil por dia em que a obrigação permanecer sem cumprimento, em razão de atrasos no cumprimento dos prazos previstos no TTAC para limpeza e retirada dos rejeitos depositados no reservatório da Hidrelétrica Risoleta Neves, conhecida como Candonga (Deliberação nº 45, de 2017).

[63] Em setembro de 2017, o CIF deliberou quanto à destinação dos recursos da multa paga pela Samarco como decorrência dos atrasos no cumprimento dos prazos previstos no TTAC para limpeza e retirada dos rejeitos depositados no reservatório da Hidrelétrica Risoleta Neves, fixada na Deliberação nº 45, de 2017. A decisão do CIF foi pela destinação dos recursos aos Municípios de Mariana, Barra Longa e Santa Cruz do Escalvado, em partes iguais. Além disso, o CIF determinou que esses recursos deveriam ser aplicados em ações

providência visa contribuir para a melhoria do meio ambiente, evitando que os recursos decorrentes da aplicação das multas ingressem nos cofres públicos e acabem por não receber a destinação almejada.

A Fundação deve prestar contas anuais ao CIF quanto aos aportes realizados pelas empresas responsáveis. Nos termos das prestações de contas publicadas pela Fundação no final do exercício de 2017 (ou seja, menos de dois anos após a assinatura do TTAC), já foram aportados R$ 3,2 bilhões até dezembro 2017, sendo que R$ 2,9 bilhões já foram efetivamente gastos com os programas do TTAC (até dezembro de 2017).[64] Apenas para que se possa ter uma noção da dimensão dos recursos empregados (em menos de dois anos), vale comparar o montante decorrente do TTAC com os previstos no orçamento do IBAMA para ações finalísticas:[65]

IBAMA Ano Exercício	Programado IBAMA (dotação)	Disponibilizado IBAMA (limite)	Executado IBAMA (empenhado)
2015	R$ 162.207.180,00	R$ 162.207.180,00	R$ 130.011.989,80
2016	R$ 151.585.132,00	R$ 151.585.132,00	R$ 131.153.160,40
2017	R$ 148.233.233,00	R$ 140.991.709,00	R$ 127.699.461,33

Em outras palavras, os valores contabilizados pela Fundação para gestão e execução dos programas socioeconômicos e socioambientais, em menos de dois anos, são mais de 10 vezes superiores ao orçamento destinado a ações finalísticas do IBAMA nos últimos dois anos somados (2016 e 2017).

---

compensatórias adicionais aos programas previstos no TTAC, nos termos do parágrafo primeiro da Cláusula 250, conforme negociação direta da Fundação Renova com os referidos municípios (Deliberação nº 115, de 2017).

[64] Demonstrativo das Obrigações Financeiras de 2017. Disponível em: <https://sei.IBAMA.gov.br/documento_consulta_externa.php?id_acesso_externo=11021&id_documento=1941585&infra_hash=b9aef55844e61e7b8a6fffdb855288a7>. Acesso em: 06 fev. 2018.

[65] Secretaria de Orçamento Federal. SIOP Gerencial – Execução Orçamentária. Data de geração deste relatório: 15 fev. 2018.

CAPÍTULO 7

DOS PROGRAMAS SOCIOAMBIENTAIS E SOCIOECONÔMICOS E DEMAIS CLÁUSULAS DO ACORDO

Ao todo, ao longo das 260 cláusulas do acordo, foram esboçados 41 programas de reparação ambiental e socioeconômica (de curto, médio e longo prazo).

Os programas correspondem ao conjunto de medidas e ações necessárias à reparação, mitigação, compensação e indenização pelos danos advindos do desastre, a serem executadas conforme um plano fundamentado de maneira técnica, ampla e completa.

O TTAC foi dividido em dois grandes grupos de medidas e ações: programas socioeconômicos e programas socioambientais. Vale registrar que os programas socioeconômicos de caráter reparatório têm precedência sobre os demais programas. Por certo, essa divisão em dois grandes grupos não pode prejudicar a harmonia e a interlocução permanente que deve sempre existir entre as cláusulas do acordo.

Dentro de cada grupo de medidas socioeconômicas e socioambientais existem programas de natureza reparatória e os programas de cunho compensatório.

Os programas reparatórios compreendem medidas e ações que têm por objetivo mitigar, remediar e/ou reparar impactos (prejuízos) socioambientais e econômicos advindos do desastre. Os programas compensatórios abrangem medidas e ações que visam compensar impactos não mitigáveis, não remediáveis ou não reparáveis decorrentes da tragédia, por meio da melhoria das condições socioambientais e socioeconômicas das áreas impactadas.

Os programas foram definidos após exaustivas discussões que contaram com a participação de técnicos dos mais diferentes segmentos do poder público, levando em consideração a necessidade da população atingida e abarcando as diferentes consequências do desastre. Buscou-se inserir no TACC todo o plexo de ações que seriam necessárias para reparar, mitigar e/ou remediar os impactos advindos do desastre, bem como compensar os impactos não mitigáveis ou não reparáveis. Buscou-se, assim, proteger o meio ambiente, os direitos e os bens dos cidadãos, o patrimônio público e social, os bens de valor cultural, histórico e turístico.

Os programas traçam as linhas mestras que devem ser seguidas pela Fundação para cumprir os objetivos do acordo. Para que os programas previstos no TTAC possam ser efetivamente implementados, torna-se necessário o traçado de projetos que correspondam às ações e medidas aprovadas com base na sistemática exposta.

Existem, assim, dois níveis de planejamento das ações no TTAC: (i) os programas, que têm um caráter mais geral (primeiro nível), mas que demandam a posterior confecção de (ii) projetos (segundo nível), que, por sua vez, irão detalhar as formas, as características e os meios para se atingir os objetivos do TTAC. Essa sistemática de planejamento é a mais racional e eficaz, em virtude da impossibilidade de previsão antecipada e abstrata (quando da formulação do acordo) da forma e dos meios concretos de execução de cada uma das ações necessárias para mitigar, reparar ou compensar os prejuízos advindos do desastre.

A maioria das ações necessárias demanda a realização de estudos técnicos prévios, a aprovação pelos órgãos competentes e a oitiva da população atingida. Portanto, seria desarrazoado pretender delimitar precisamente, no âmbito de um acordo de ações de elevada complexidade, todos os procedimentos necessários. Sequer o processo de retirada dos rejeitos dos cursos d'água atingidos (orçado em bilhões de reais) poderia ser detalhado *a priori*, porque não existe uma solução técnica única passível de ser previamente estabelecida.

No TTAC, as obrigações da Fundação vieram estabelecidas no acordo, bem como os prazos para seu cumprimento, entretanto, a efetiva definição dos projetos foi deixada para um momento posterior. O TTAC, porém, estabeleceu o procedimento decisório (procedimentalização), firmando o processo para aprovação dos projetos (que compreende a manifestação da Fundação, a participação da população impactada, a oitiva do CIF, bem como a fase externa de aprovação pelos órgãos públicos competentes, se for o caso).

Considerando que os danos em desastres dessa natureza são dinâmicos, não seria prudente, ainda na celebração do acordo, delimitar e firmar obrigações para a área ambiental sem estudos mais detalhados e precisos acerca do melhor curso de ação a ser tomado para a restauração do meio ambiente. Possivelmente, esse é um dos grandes benefícios do acordo: trazer, em um curto espaço de tempo, um grande plano com a previsão de todas as obrigações necessárias para a reparação ambiental sem, contudo, comprometer a futura delimitação mais precisa das ações concretas e específicas que forem necessárias para a efetiva reparação do meio ambiente degradado pelo desastre.

Os programas trazem firmadas as obrigações da Fundação, estabelecendo apenas os valores mínimos a serem despendidos na execução do acordo, em especial porque o TTAC pretende a reparação integral do dano socioambiental e socioeconômico. Os valores previstos traduzem aportes anuais necessários para a execução de programas e projetos de curto, médio e longo prazo, considerando, de forma realista, a impossibilidade de reparação imediata de todos os danos causados pelo desastre de uma só vez.

Apenas a título de exemplo, pode-se verificar que é inviável tecnicamente instituir e implantar imediatamente um programa amplo de manejo de rejeitos em áreas fluviais, estuarinas e costeiras, com escavação, dragagem, transporte e disposição final adequada (ou tratamento *in situ*), sem uma prévia realização de estudos mais detalhados e sem a definição do melhor curso de ação para o programa. Da mesma forma, é consabido que a própria execução das medidas definidas demanda um prazo mais alongado em virtude das próprias dificuldades de engenharia.

Apenas o Programa de Coleta e Tratamento de Esgoto e de Destinação de Resíduos Sólidos, de cunho compensatório, veio com a previsão expressa dos recursos financeiros específicos envolvidos. A medida compensatória adicional é extremamente importante para os municípios localizados na Bacia do Rio Doce, na medida em que permite uma redução no lançamento de resíduos nos cursos d'água, com a consequente melhoria da qualidade dos recursos hídricos da região. Esse Programa é o único que não será executado diretamente pela Fundação, mas pelos municípios afetados, por empresas governamentais, por concessionários, por consorciados ou por outras pessoas jurídicas (na forma admitida pelo direito). A necessidade de prévia fixação do valor da compensação para esse Programa se deve ao fato de esse tipo de intervenção demandar um volume significativo de recursos financeiros, embora possa proporcionar uma melhoria significativa na qualidade dos recursos hídricos à disposição de toda a sociedade.[66]

---

[66] No âmbito dessa obrigação, a Fundação Renova destinou, ainda inicialmente, em dezembro de 2016, R$ 51.895.016,76 aos municípios às margens do Rio Doce, entre a usina Risoleta Neves e Regência, no Espírito Santo, para a elaboração de planos básicos de saneamento básico,

O TTAC se pautou por alguns princípios e diretrizes fundamentais: (1) transparência; (2) execução responsável e eficaz dos programas e (3) participação popular, os quais devem nortear toda a execução dos programas, que foram deixados a cargo de uma fundação privada, cujo patrimônio seria formado por aportes financeiros das empresas responsabilizadas. O programa de recuperação, por sua vez, veio acompanhado de um arrojado sistema de governança, estrutura e gerenciamento, para melhor consecução dos objetivos postos.

Para a celebração do TTAC foram considerados os impactos sofridos por todas as pessoas, famílias e comunidades, incluindo os pescadores, pequenos agricultores, areeiros, micro e pequenas empresas, operadores do setor de turismo e negócios ligados ao esporte e lazer e demais segmentos econômicos, além das comunidades indígenas e demais povos, comunidades ou populações tradicionais.

De igual modo, foi assegurada aos impactados, bem como às comunidades e aos movimentos sociais, a participação em discussões e no desenho das linhas de ação, por meio de canais de comunicação e interação, além do acesso à informação ampla, transparente e pública.

A viabilidade do intricado programa de monitoramento, estruturação de projetos e de acompanhamento do plano de restauração (e compensação) depende, em última análise, de uma atuação colaborativa e coordenada dos diversos atores estatais, de ambas as esferas estadual e federal (Ministério Público, Advocacia Pública, órgãos governamentais, prefeituras), bem como do efetivo envolvimento da sociedade civil organizada. Por isso, bem como em razão do caráter nacional do TTAC e de sua complexidade técnica, o instrumento prevê a participação da comunidade acadêmica, da população atingida, dos entes públicos impactados e de suas autarquias e fundações públicas, bem como de organizações da sociedade civil. Sem a colaboração dos poderes democráticos, dos mais diversos atores sociais e de especialistas, os problemas e os danos podem se prorrogar por tempo indeterminado, em flagrante prejuízo da população carente, que não pode esperar.

Quanto às ações, foram definidos 23 Programas Socioeconômicos, que podem ser assim resumidos:

---

projetos de sistema de esgoto sanitário, implementação de obras de coleta e tratamento, erradicação de lixões e implantação de aterros sanitários regionais. Em 2017, a Fundação realizou dois depósitos na conta específica desse programa, nos valores de R$ 105.493.739,23 e R$ 106.615.650,00, nos meses de junho e dezembro, respectivamente.

1. PROGRAMA DE LEVANTAMENTO E DE CADASTRO DOS IMPACTADOS

Objetivo: identificar, em sua totalidade, os impactos sociais, culturais, econômicos e ambientais, por meio de instituição independente, a partir de orientação do poder público.

2. PROGRAMA DE RESSARCIMENTO E DE INDENIZAÇÃO DOS IMPACTADOS

Objetivo: reparar e indenizar os impactados, em condições e valores a serem discutidos e negociados direta e individualmente com cada um, respeitadas sua opinião e liberdade de manifestação, com o apoio da Defensoria Pública e permanente acompanhamento do poder público.

3. PROGRAMA DE AUXÍLIO FINANCEIRO EMERGENCIAL AOS IMPACTADOS

Objetivo: prestar auxílio financeiro emergencial à população impactada que tenha sofrido comprometimento em sua renda em razão da interrupção de suas atividades produtivas ou econômicas, até o restabelecimento das condições para retomada das atividades.

4. PROGRAMA DE RECONSTRUÇÃO DE BENTO RODRIGUES, PARACATU DE BAIXO E GESTEIRA

Objetivo: desenvolver ações para a recuperação, reconstrução e realocação das comunidades, nas localidades de Bento Rodrigues, Paracatu de Baixo e Gesteira. No âmbito do Programa, devem ser definidos, em conjunto com as comunidades, a nova localização para o reassentamento; as áreas a serem adquiridas; o projeto urbanístico e diversos outros pontos. Deve, ainda, ser recuperada ou reconstruída a infraestrutura de energia, de água, de saneamento, de arruamento, de pavimentação, de drenagem e de acessos, bem como deve ser feito o reassentamento das edificações de uso público, tais como escolas, unidades de saúde, praças, quadras e templos religiosos.

5. PROGRAMA DE RECUPERAÇÃO DAS DEMAIS COMUNIDADES E INFRAESTRUTURAS IMPACTADAS, INCLUSIVE BARRA LONGA

Objetivo: recuperar ou reconstruir outras comunidades e/ou infraestruturas impactadas, caso sejam detectadas, zelando, sobretudo, pelo restabelecimento de acessos; pela reconstrução de pontes; de drenagens; reconstrução ou reforma de igrejas e de outros templos religiosos; de campos de futebol e de espaços de prática esportiva de acesso público; de centros comunitários; de praças e de locais públicos de lazer; de poços artesianos; de unidades habitacionais; de estruturas de educação e saúde; de estruturas de captação, tratamento e distribuição de água; de estruturas de captação e de tratamento de esgoto afetadas e de prédios públicos.

6. PROGRAMA DE PROTEÇÃO SOCIAL

Objetivo: promover ações socioassistenciais, socioculturais e de apoio psicossocial, com acompanhamento das famílias e pessoas impactadas.

7. PROGRAMA DE RECUPERAÇÃO DAS ESCOLAS E REINTE-GRAÇÃO DA COMUNIDADE ESCOLAR

Objetivo: reconstruir ou recuperar escolas impactadas, além de adquirir mobiliário, equipamentos e materiais necessários, providenciando os meios para reintegração dos respectivos alunos e profissionais às rotinas escolares. Também devem ser desenvolvidas ações de apoio psicopedagógico para alunos e profissionais das escolas impactadas.

8. PROGRAMA DE APOIO À SAÚDE FÍSICA E MENTAL DA POPULAÇÃO IMPACTADA

Objetivo: prestar apoio técnico ao monitoramento da saúde da população exposta e executar ações de atenção primária e secundária; de vigilância em saúde ambiental e epidemiológica; de saúde do trabalhador; sanitárias; de assistência farmacêutica e laboratorial; de atenção à saúde mental. Também, durante o prazo mínimo de 10 anos, deve ser desenvolvido estudo epidemiológico e toxicológico para avaliar riscos e correlações com o desastre, bem como executar ações para mitigá-los.

9. PROGRAMA DE RETOMADA DAS ATIVIDADES AQUÍCOLAS E PESQUEIRAS

Objetivo: desenvolver ações específicas de apoio aos pescadores impactados, buscando a recomposição das suas áreas produtivas e das condições para produção, incluindo o fornecimento de equipamentos e infraestrutura para a conservação, industriali-zação e comercialização do pescado, bem como de assistência técnica aos afetados e às respectivas cooperativas e associações, de modo a viabilizar a retomada das atividades. Da mesma forma, cabe à RENOVA proporcionar ajuda financeira aos pescadores até a condição de pesca ser equivalente à situação anterior. Se a retomada da atividade de pesca não for possível, deverão ser ofertados cursos de qualificação profissional em outras áreas, bem como assistência técnica nos termos da PNATER.

10. PROGRAMA DE RETOMADA DAS ATIVIDADES AGROPE-CUÁRIAS

Objetivo: recuperar as atividades dos produtores impactados, com disponibilização de áreas para aqueles que tiveram suas atividades agropecuárias inviabilizadas; recomposição das áreas produtivas; assistência técnica aos produtores, cooperativas e associações de modo a viabilizar a retomada de suas atividades; ajuda financeira aos produtores até a condição de produção ser equivalente à situação anterior; implantação de técnicas de manejo para aumentar a produtividade; restabelecimento das estruturas de captação de água para irrigação e dessedentação animal; fornecimento de alimentação para animais nas propriedades rurais impactadas. Sempre que a retomada da atividade não for possível, deverão ser ofertados cursos de qualificação profissional em outra atividade e assistência técnica nos termos da PNATER.

11. PROGRAMA DE RECUPERAÇÃO E DIVERSIFICAÇÃO DA ECONOMIA REGIONAL COM INCENTIVO À INDÚSTRIA

Objetivo: adotar estratégias para o desenvolvimento de outras atividades econômicas na região e que promovam a diminuição de sua dependência com relação à indústria minerária; estimular o surgimento de novas indústrias que se valem de alternativas tecnológicas de base sustentável e que sejam capazes de promover uma maior integração produtiva da população; estabelecer linhas de crédito produtivo; apoiar tecnicamente o plano de diversificação econômica da região; fazer um diagnóstico das potencialidades de incentivo às atividades econômicas; promover ações para recuperação da imagem dos produtos locais etc.

12. PROGRAMA DE RECUPERAÇÃO DE MICRO E PEQUE-NOS NEGÓCIOS NO SETOR DE COMÉRCIO, SERVIÇOS E PRODUTIVO

Objetivo: recuperar micro e pequenos negócios nos setores de comércio, serviços e produtivo, localizados de Fundão até Candonga, Regência e Povoação, bem como ajudá-los financeiramente até a retomada das condições para o exercício das atividades econômicas originais. Na impossibilidade de retomada das atividades econômicas, apoiar os pequenos empreendedores na geração de novo negócio em substituição ao anterior.

13. PROGRAMA DE ESTÍMULO À CONTRATAÇÃO LOCAL

Objetivo: favorecer e priorizar a contratação de mão de obra local, bem como estimular o uso das redes locais de fornecedores para as ações que forem desenvolvidas pela RENOVA, de Fundão à Regência; priorizar as compras locais; fazer o levantamento da oferta de produtos e serviços locais.

14. PROGRAMA DE PROTEÇÃO E DE MELHORIA DA QUALIDADE DE VIDA DOS POVOS INDÍGENAS

Objetivo: oferecer atendimento especializado aos povos indígenas dos territórios KRENAK, TUPINIQUIM e GUARANI, respeitando suas formas próprias de organização social, costumes, usos e tradições; assegurar a participação dos povos indígenas e da FUNAI em todas as fases de planejamento e de execução do Programa.

15. PROGRAMA DE PROTEÇÃO E DE MELHORIA DA QUALIDADE DE VIDA DE OUTROS POVOS E COMUNIDADES TRADICIONAIS

Objetivo: oferecer atendimento especializado aos povos e comunidades tradicionais, dentre as quais as Comunidades Remanescentes do Quilombo de Santa Efigênia, em Mariana (MG).

16. PROGRAMA DE COMUNICAÇÃO, PARTICIPAÇÃO, DIÁLOGO E CONTROLE SOCIAL

Objetivo: assegurar a participação popular e o controle social nos processos de identificação e detalhamento de todos os programas e projetos previstos no acordo, garantindo à população acesso à informação ampla e transparente, em linguagem acessível, como condição necessária; criar canais permanentes de interação com a sociedade, com mesas de diálogo e demais espaços dialogais; implementar ouvidorias e central 0800 para o atendimento da população.

17. PROGRAMA DE ASSISTÊNCIA AOS ANIMAIS

Objetivo: prestar assistência aos animais extraviados e desalojados, incluindo animais domésticos; resgatar animais impactados e os encaminhar a centros de recolhimento, alimentação e assistência médica veterinária; promover eventos para adoção de animais não retirados pelos seus tutores etc.

18. PROGRAMA DE RECUPERAÇÃO DO RESERVATÓRIO DA UHE RISOLETA NEVES

Objetivo: executar as ações necessárias para o desassoreamento do reservatório da UHE Risoleta Neves e recuperar suas condições operacionais.

19. PROGRAMA DE PRESERVAÇÃO DA MEMÓRIA HISTÓRICA, CULTURAL E ARTÍSTICA

Objetivo: recuperar bens culturais e preservar o patrimônio cultural de valor histórico, arqueológico e artístico das comunidades de Bento Rodrigues, Paracatu de Baixo e Gesteira.

20. PROGRAMA DE APOIO AO TURISMO, CULTURA, ESPORTE E LAZER

Objetivo: elaborar diagnóstico dos impactos causados pelo acidente ao turismo, cultura, esporte e lazer nos municípios impactados, após discussão com as comunidades. Com base no referido diagnóstico, desenvolver ações de implantação de equipamentos de esporte e lazer, bem como de memoriais; modernizar bibliotecas públicas; instalar equipamentos culturais; prestar apoio técnico à implementação do plano de turismo, incluindo publicidade.

21. PROGRAMA DE APOIO À PESQUISA PARA DESENVOLVIMENTO E UTILIZAÇÃO DE TECNOLOGIAS SOCIOECONÔMICAS APLICADAS À REMEDIAÇÃO DOS IMPACTOS

Objetivo: fomentar e financiar a produção de conhecimento relacionado à recuperação das áreas impactadas, por meio de linhas de pesquisa de tecnologias aplicadas; internalizar as tecnologias desenvolvidas para o processo de recuperação; fomentar pesquisas voltadas para a utilização econômica e disposição de rejeitos; fomentar a formação educacional e profissional em temáticas correlatas àquelas atinentes ao trabalho de recuperação das áreas atingidas.

22. PROGRAMA DE RESSARCIMENTO DOS GASTOS PÚBLICOS EXTRAORDINÁRIOS

Objetivo: ressarcir o poder público pelos gastos extraordinários decorrentes do desastre, após o ressarcimento e a indenização das pessoas impactadas.

23. GERENCIAMENTO DO PLANO DE AÇÕES

Objetivo: definir mecanismos e processos de gestão, monitoramento e avaliação dos trabalhos nas áreas impactadas, incluindo o desenvolvimento de sistemas de informação, de banco de dados e a definição de indicadores, em conformidade com o processo de governança estabelecido no TTAC.

O acordo também estabeleceu a obrigação de as empresas executarem 18 Programas Socioambientais, como se pode verificar:

1. PROGRAMA DE MANEJO DOS REJEITOS DECORRENTES DO ROMPIMENTO DA BARRAGEM DE FUNDÃO, ESCA-VAÇÃO, DRAGAGEM, TRANSPORTE, TRATAMENTO E DISPOSIÇÃO
Objetivo: fazer o manejo dos rejeitos decorrentes do rompimento da barragem de Fundão, conforme os resultados dos estudos técnicos previstos; elaborar projetos, propor e dar execução a ações que visem à recuperação das áreas fluviais, estuarinas e costeiras; a escavação, dragagem, transporte e disposição final adequada dos rejeitos e/ou tratamento.

2. PROGRAMA DE IMPLANTAÇÃO DE SISTEMAS DE CON-TENÇÃO DOS REJEITOS E DE TRATAMENTO DOS RIOS IMPACTADOS
Objetivo: construir e operar estruturas emergenciais de contenção de sedimentos entre a Barragem de Fundão e a UHE Risoleta Neves; implementar técnicas e procedimentos visando à contenção de rejeitos e o tratamento da água, aprovados pelos órgãos ambientais; reduzir gradativamente a turbidez dos Rios Gualaxo do Norte, Carmo e Doce, até a UHE Risoleta Neves, para níveis máximos de 100 (cem) *Nefelometric Turbidity Unit* (NTU), na estação seca, no prazo máximo de 3 (três) anos.

3. PROGRAMA DE RECUPERAÇÃO NOS MUNICÍPIOS DE MARIANA, BARRA LONGA, RIO DOCE E SANTA CRUZ DO ESCALVADO, INCLUINDO BIORREMEDIAÇÃO
Objetivo: promover a revegetação inicial, emergencial e tempo-rária, visando à diminuição da erosão laminar e eólica (com extensão total de 800 hectares) e recuperar 2.000 hectares de vegetação nos Municípios de Mariana, Barra Longa, Rio Doce e Santa Cruz do Escalvado.

4. PROGRAMA DE RECUPERAÇÃO DE ÁREAS DE PRESERVA-ÇÃO PERMANENTE (APP) E ÁREAS DE RECARGA DA BACIA DO RIO DOCE E CONTROLE DE PROCESSOS EROSIVOS
Objetivo: recuperar APPs degradadas do Rio Doce e rios tribu-tários, em uma extensão de 40.000 hectares, investindo, no

mínimo, R$ 1.100.000.000,00 (um bilhão e cem milhões de reais) no Programa.

5. PROGRAMA DE RECUPERAÇÃO DE 5.000 NASCENTES
Objetivo: recuperar 5.000 nascentes em áreas a serem definidas pelo Comitê de Bacia Hidrográfica do Doce (com uma recuperação mínima de 500 nascentes por ano).

6. PROGRAMA DE COLETA E TRATAMENTO DE ESGOTO E DE DESTINAÇÃO DE RESÍDUOS SÓLIDOS
Objetivo: disponibilizar R$ 500 milhões (adicionais) para utilização pelos municípios impactados na elaboração de planos de saneamento básico; na elaboração de projetos de sistema de esgotamento sanitário; na implementação de obras de coleta e tratamento de esgotos; na erradicação de lixões e na implantação de aterros sanitários regionais.

7. PROGRAMA DE MELHORIA DOS SISTEMAS DE ABASTECIMENTO DE ÁGUA
Objetivo: construir, nos municípios que sofreram interrupção no abastecimento de água, sistemas alternativos de captação visando reduzir a dependência do abastecimento direto pelo rio impactado.

8. PROGRAMA DE CONSERVAÇÃO DA BIODIVERSIDADE AQUÁTICA, INCLUINDO ÁGUA DOCE, ZONA COSTEIRA E ESTUARINA E ÁREA MARINHA IMPACTADA
Objetivo: avaliar o estado de conservação das espécies de peixes nativas da Bacia do Rio Doce e adotar medidas para a recuperação e conservação da fauna aquática.

9. PROGRAMA DE FORTALECIMENTO DAS ESTRUTURAS DE TRIAGEM E REINTRODUÇÃO DA FAUNA SILVESTRE
Objetivo: construir e aparelhar centros de triagem e reabilitação de animais silvestres, além de assegurar recursos para a manutenção operacional da estrutura por 3 (três) anos.

10. PROGRAMA DE CONSERVAÇÃO DA FAUNA E FLORA TERRESTRE
Objetivo: execução de programa de conservação da fauna e flora terrestre, a partir dos resultados indicados em estudo (já previsto).

11. PROGRAMA DE EDUCAÇÃO AMBIENTAL E PREPARAÇÃO PARA AS EMERGÊNCIAS AMBIENTAIS
Objetivo: implantar medidas de educação ambiental, em parceria com as prefeituras dos municípios envolvidos, bem como

implantar medidas de incremento da estrutura de apoio aos sistemas de emergência e alerta a partir de uma atuação integrada à Defesa Civil nos Municípios de Mariana e Barra Longa.

12. PROGRAMA DE INFORMAÇÃO PARA A POPULAÇÃO

Objetivo: implantar um centro de informações técnicas na região, que deve concentrar informações ambientais relativas à área, além da criação e manutenção de bases físicas regionais em Minas Gerais e no Espírito Santo, destinadas a comunicar e informar à população quanto aos aspectos ambientais.

13. PROGRAMA DE COMUNICAÇÃO NACIONAL E INTERNACIONAL

Objetivo: desenvolvimento de um programa de comunicação regional, nacional e internacional, por meio de sítio eletrônico, em no mínimo três idiomas, abrangendo as ações e programas desenvolvidos por força do TTAC.

14. PROGRAMA DE GESTÃO DE RISCOS AMBIENTAIS

Objetivo: elaboração de estudo técnico para identificar riscos ambientais decorrentes das atividades da SAMARCO que possam impactar a Bacia do Rio Doce, bem como propor ações preventivas e mitigatórias associadas a esses riscos.

15. PROGRAMA DE INVESTIGAÇÃO E MONITORAMENTO DA BACIA DO RIO DOCE, ÁREAS ESTUARINAS, COSTEIRAS E MARINHAS IMPACTADAS

Objetivo: realizar monitoramento (qualitativo e quantitativo) sistemático de água e sedimentos, de caráter permanente, abrangendo também a avaliação de riscos toxicológicos e ecotoxicológicos na região.

16. PROGRAMA DE CONSOLIDAÇÃO DE UNIDADES DE CONSERVAÇÃO

Objetivo: custear estudos referentes aos impactos no Parque Estadual do Rio Doce (MG), na Reserva Biológica de Comboios, na Área de Proteção Ambiental Costa das Algas e no Refúgio de Vida Silvestre de Santa Cruz, e implementar as ações de reparação que se façam necessárias, conforme os estudos realizados. Além disso, custear ações referentes à consolidação do Parque Estadual do Rio Doce e o Refúgio de Vida Silvestre de Santa Cruz.

17. PROGRAMA DE FOMENTO À IMPLANTAÇÃO DO CADASTRO AMBIENTAL RURAL E DOS PROGRAMAS DE REGULARIZAÇÃO AMBIENTAL

Objetivo: apoiar e dar suporte técnico para o cadastramento das propriedades rurais no Cadastro Ambiental Rural, além de fomentar a elaboração e a implementação dos respectivos Programas de Regularização Ambiental.

18. GERENCIAMENTO DO PLANO DE AÇÕES

Objetivo: definir mecanismos e processos de gestão, monitoramento e avaliação, incluindo sistemas de informação, banco de dados, definição de indicadores, em conformidade com o procedimento de governança estabelecido no TTAC.

Os programas socioambientais não se limitam a fazer retornar as condições ambientais à situação anterior à data do rompimento da barragem de Fundão, mas foram previstas ações voltadas à melhoria da qualidade do meio ambiente e dos recursos hídricos. Da mesma forma, os programas socioeconômicos foram desenhados para melhorar as condições existentes antes do rompimento da barragem, de modo a permitir que a geração atual e as futuras possam usufruir de um ambiente mais adequado à vida na região.

Apenas a título de exemplo, no contexto do "programa de economia regional", foi lançado o "Mariana – Presente e Futuro" para identificar e impulsionar as potencialidades econômicas do município, com o objetivo de colocar Mariana entre os dez primeiros lugares no ranking do Índice de Desenvolvimento Humano Municipal (IDH-M) do Brasil, até 2030. Atualmente, Mariana figura em 52º lugar em Minas Gerais e na 719º do país.[67]

É consabido que a Bacia do Rio Doce já vinha sofrendo negativamente com intervenções humanas e com a deterioração de seus recursos ambientais e hídricos, ao longo dos anos, entretanto, a ruptura da barragem de Fundão provocou um duro golpe ao meio ambiente local, com o lançamento de milhões de metros cúbicos de rejeitos de mineração. Nesse compasso, é absolutamente necessária a previsão de medidas mais incisivas, em diferentes frentes, voltadas à melhoria da qualidade do meio ambiente na região.

Foram previstos no TTAC programas ligados à fauna, à flora e aos recursos hídricos, além de ações ligadas à educação, à comunicação, à informação, à preservação e à segurança ambiental, bem como à gestão e ao uso sustentável da terra.

---

[67] Atlas do Desenvolvimento Humano no Brasil. Disponível em: <http://www.atlasbrasil.org.br/2013/pt/ranking>. Acesso em: 15 fev. 2018.

A própria divisão dos programas aponta para os diferentes grupos de ações na seara ambiental albergados pelo acordo. Os diversos programas mostram diversas linhas de atuação que devem ser perseguidas, tais como a gestão dos rejeitos e a recuperação da qualidade da água; a restauração florestal e a produção de água; a conservação da biodiversidade; a segurança hídrica e a qualidade da água; a educação, a comunicação e a informação ambiental; a preservação e segurança ambiental; a gestão e uso sustentável da terra. Os programas abrangem medidas que buscam uma interferência positiva nos fatores químicos, físicos e biológicos do ambiente natural.

Com relação à restauração florestal e à produção de água, foi previsto um programa destinado à revegetação inicial, emergencial e temporária, por gramíneas e leguminosas, visando à diminuição da erosão laminar e eólica, com extensão total de 800 hectares, além da recuperação 2.000 hectares nos Municípios de Mariana, Barra Longa, Rio Doce e Santa Cruz do Escalvado.

Um dos programas mais importantes e que busca a melhoria da qualidade ambiental é o Programa de Recuperação das *Áreas* de Preservação Permanente (APPs) e Áreas de Recarga da Bacia do Rio Doce, que objetiva recuperar, preferencialmente, **áreas** de preservação degradadas do Rio Doce e rios tributários, em uma extensão de 40.000 hectares. Dessa extensão de APPs degradadas, 10.000 hectares deverão ser recuperados por meio de reflorestamento e 30.000 hectares por meio da indução da regeneração natural.

A área total a ser recuperada pode ser superior aos 40.000 hectares se as ações de recuperação custarem menos que R$ 1,1 bilhão (o que provavelmente acontecerá). É que foram fixados no TTAC uma área mínima de recuperação e um valor mínimo de dispêndio com o programa. Portanto, se mesmo após a recuperação dos 40.000 hectares remanescerem recursos financeiros, novas ações de reflorestamento e/ou regeneração devem ser levadas a cabo, até que se atinja o valor previsto. Essa ação acarretará, certamente, a ampliação da cobertura vegetal na área adjacente ao Rio Doce, gerando melhorias na qualidade do ar, no controle das enchentes e na conservação do solo, dentre outros benefícios ao meio ambiente.

Com relação aos cursos d'água, o Programa de Recuperação de 5.000 Nascentes irá permitir a melhoria da qualidade e o aumento da quantidade dos recursos hídricos disponíveis na região.

No que diz respeito ao eixo temático atinente à conservação da biodiversidade, ligado à proteção da fauna terrestre e aquática, foram previstos três programas: Programa de Conservação da Biodiversidade

Aquática; Programa de Fortalecimento das Estruturas de Triagem e Reintrodução da Fauna Silvestre e Programa de Conservação da Fauna e Flora Terrestre.

O Programa de Conservação da Biodiversidade Aquática envolve a elaboração e implantação de medidas para recuperar e conservar a fauna aquática nos cursos de água doce, na zona costeira e estuarina e na área marinha impactada, incluindo a realização de estudo populacional da ictiofauna de água doce da calha e tributários do Rio Doce; a avaliação do estado de conservação das espécies de peixes nativas da bacia e a adoção de medidas para a recuperação e conservação da fauna aquática da Bacia do Rio Doce.

O Programa de Fortalecimento das Estruturas de Triagem e Reintrodução da Fauna Silvestre envolve a construção e o aparelhamento de dois Centros de Triagem e Reabilitação de Animais Silvestres (CETAS), de acordo com Termo de Referência a ser emitido pelo IBAMA (com respectiva lista de equipamentos), sendo uma unidade em Minas Gerais e outra no Espírito Santo.[68]

No âmbito socioeconômico, as medidas contempladas pelo TTAC foram claramente especificadas nos programas, abrangendo os seguintes eixos temáticos: organização social; infraestrutura; esporte; cultura e lazer; saúde; inovação e economia. Cada um desses eixos contém um conjunto de programas, abrangendo medidas destinadas a garantir a proteção de interesses difusos, coletivos e individuais homogêneos.

Os programas socioeconômicos têm amplo alcance e albergam medidas ligadas à reparação de danos ao patrimônio público e ao patrimônio de particulares, pessoas físicas ou jurídicas, sem olvidar da proteção de direitos difusos (como a memória histórica, cultural e artística), além de medidas voltadas para estimular a retomada da capacidade produtiva da região.

Possivelmente, uma das mais importantes e prioritárias medidas firmadas no TTAC vem prevista no Programa de Ressarcimento e de Indenização aos Impactados, que se destina a reparar e a indenizar os impactados que comprovem prejuízos e danos, ou que demonstrem a impossibilidade de fazê-lo. Da mesma forma, o importante Programa de Auxílio Financeiro Emergencial aos Impactados prevê o pagamento de um auxílio mensal imediato à população que tenha sofrido comprometimento em sua renda em virtude da interrupção de suas atividades produtivas ou econômicas em decorrência do desastre. A SAMARCO

---

[68] Deliberação nº 131, de 2017.

já havia iniciado, antes da celebração do acordo, o pagamento de uma quantia mensal aos impactados, portanto, o Programa garante a manutenção desse auxílio e não prejudica a continuidade da execução dos compromissos celebrados anteriormente à assinatura do TTAC.

O TTAC prevê a implementação de um Programa de Negociação Coordenada, que se utilizará do "Cadastro dos Impactados" também previsto no TTAC. O cadastro abarca pessoas físicas e jurídicas (neste último caso, apenas micro e pequenas empresas), famílias e comunidades, bem como o levantamento das perdas materiais e das atividades econômicas impactadas. Os parâmetros para as indenizações e a elegibilidade dos impactados para o Programa de Negociação Coordenada serão propostos pela RENOVA e serão submetidos à validação do CIF. Assim, nem todos os cadastrados deverão receber o benefício indenizatório previsto no TTAC, embora possam ser beneficiados por outros programas.

O Programa prioriza a reparação dos impactados residentes nos Municípios e Distritos de Mariana, Barra Longa, Rio Doce, Santa Cruz do Escalvado, Mascarenhas, Regência e Povoação, que correspondem ao conjunto de cidadãos que foram afetados de maneira mais direta e imediata em decorrência do rompimento da barragem de Fundão.

Por certo, diversos problemas práticos surgirão no curso da negociação coletiva, em especial em virtude de eventuais negativas a pedidos de indenização a pessoas que sofreram danos em decorrência do desastre. Nesse ponto, o papel do CIF é fundamental, devendo atuar, ainda, os órgãos dos Ministérios Públicos e das Defensorias Públicas, além das associações e de outros atores que possam impedir que impactados deixem de receber a indenização que lhes forem devidas.

A adesão ao Programa de Negociação Coordenada é obviamente facultativa, de maneira que não está eliminada a possibilidade de o cidadão se valer de seu direito de acesso à Justiça para a propositura de demandas individuais buscando a reparação dos danos sofridos. Essa possibilidade, porém, não afasta o direito desses indivíduos de se beneficiarem das demais cláusulas do acordo.

A Fundação, ainda, deverá garantir assistência jurídica gratuita aos impactados que não estiverem representados por advogados independentes e isentos, o que pode ser viabilizado por meio de parcerias com a Defensoria Pública e com a Ordem dos Advogados do Brasil.

Uma das consequências mais graves do evento diz respeito aos indivíduos que tiveram seu sustento comprometido em virtude do lançamento de rejeitos nos rios. Inúmeros profissionais ligados a diversas atividades econômicas da cadeia produtiva foram lesados pelo desastre.

O rompimento da barragem provocou a perda da capacidade produtiva de bens imóveis; a inviabilização econômica de diversos estabelecimentos (incluindo os que exploram atividades extrativas ou produtivas); a perda de fontes de renda, de trabalho ou de autossubsistência das quais dependiam economicamente diversos trabalhadores e a inviabilização do acesso a recursos naturais e pesqueiros, afetando o modo de vida de diversas pessoas. Diversos indivíduos que retiravam seu sustento da exploração direta dos cursos d'água foram gravemente atingidos, tais como pescadores; agricultores que tiveram sua atividade prejudicada pela impossibilidade de utilização das águas da região impactada; areeiros; profissionais do setor de turismo e de negócios ligados ao esporte e lazer etc.

O TTAC previu o pagamento de indenização a todos aqueles que sofreram prejuízos econômicos com o desastre. A linha mestra de todos os programas é a mesma: estabelecer a obrigação das empresas de adotarem medidas para a retomada das atividades empresariais, sem prejuízo da indenização pelos danos sofridos. Entretanto, foi verificada a necessidade de desenho de alguns programas específicos para a retomada e a recuperação de determinadas atividades econômicas que necessitam de auxílio especial para que os profissionais possam retornar ao desempenho de suas atividades. Nesse sentido, foram feitas algumas subdivisões em alguns programas com base nas peculiaridades dos segmentos profissionais, de forma a otimizar as ações por atividade profissional. Com relação às atividades aquícolas e pesqueiras, por exemplo, o TTAC prevê a necessidade de recomposição das áreas produtivas e das condições para produção dos pescadores, abrangendo equipamentos e infraestrutura para a conservação, industrialização e comercialização do pescado, além da prestação de assistência técnica aos pescadores e às suas cooperativas e associações, a fim de viabilizar a retomada das atividades.

O Programa de Retomada das Atividades Agropecuárias, por sua vez, ajuda os produtores impactados por meio da disponibilização de área aos produtores que tiveram suas atividades agropecuárias permanentemente inviabilizadas; da recomposição das áreas produtivas passíveis de restauração e das condições para produzir, incluindo solo, animais, equipamentos e instalações; da assistência técnica aos produtores, cooperativas e associações impactados, de modo a viabilizar a retomada de suas atividades; da ajuda financeira aos produtores impactados; da oferta de cursos de qualificação profissional em outra atividade sempre que a retomada da atividade não for possível; da recuperação de pastagens nas áreas impactadas, quando tecnicamente viável; da formação de pastagens equivalentes em outras áreas da propriedade em substituição às pastagens tecnicamente não recuperáveis; da substituição de pastagens por outras fontes de alimentação animal com maior produtividade que possam ser cultivadas na propriedade impactada; da implantação de técnicas de manejo na tentativa de aumentar a produtividade da propriedade; do restabelecimento das estruturas de captação de água para irrigação e dessedentação animal impactadas ou, não sendo possível o retorno à situação anterior, do desenvolvimento de alternativas ao restabelecimento das estruturas de captação de água e fornecimento de alimentação para animais nas propriedades rurais diretamente impactadas, até recuperação da pastagem.

O Programa direcionado para a recuperação de micro e pequenos negócios nos setores de comércio, serviços e produtivo localizados nos Distritos de Fundão até Candonga, incluindo Regência e Povoação, abrange ações para reconstrução de estabelecimentos atingidos, reposição dos insumos necessários à retomada da operação do negócio e fomento à retomada da produção.

O Programa de Recuperação e Diversificação da Economia Regional com Incentivo à Indústria prevê: o estabelecimento de linhas de crédito produtivo mediante equalização e constituição de fundo garantidor; o apoio técnico ao desenvolvimento do plano de diversificação econômica da região de Germano; o diagnóstico das potencialidades e o incentivo às atividades econômicas; ações para recuperação da imagem dos produtos locais; o estímulo ao associativismo e ao cooperativismo; o fomento de novas indústrias e serviços para atendimento de demandas nas áreas atingidas.

Enfim, como se pode verificar, os programas socioeconômicos e socioambientais são multidisciplinares, dinâmicos e abrangentes. Da mesma forma, cada um dos programas foi elaborado de forma a permitir superveniente densificação e suplementação de conteúdo obrigacional por meio de deliberações do CIF (a partir de diálogos sociais e governamentais), com base em diagnósticos e estudos técnicos que forem sendo produzidos.

CAPÍTULO 8

CRÍTICAS RECEBIDAS APÓS A ASSINATURA DO ACORDO

Um dia após a celebração do acordo, em 3 de março de 2016, a revista Época publicou uma matéria trazendo "Os 5 pontos considerados injustificáveis pelo MPF no acordo",[69] por meio da qual foram expostas as principais críticas ao TTAC celebrado. Ato contínuo, a AGU, a AGE/MG e a PGE/ES publicaram uma resposta às críticas, dúvidas e incompreensões, no mesmo periódico eletrônico.[70]

Resumidamente, as críticas podem ser agrupadas em cinco pontos: (1) o acordo definia um limite global de gastos; (2) o TTAC trazia um limite anual de recursos a serem aportados; (3) o acordo eximia a VALE e a BHP de responsabilidades; (4) o TTAC terceirizava o investimento em saneamento; (5) o acordo ignorava a responsabilidade do Estado.

8.1 O acordo não define um limite de gastos global

Os críticos do TTAC, pelo menos nos termos trazidos pela revista, afirmam:

O acordo limita o quanto a mineradora pode gastar na recuperação e compensação em R$20 bilhões no prazo de 15 anos. Desde o primeiro

---

[69] OS 5 pontos considerados injustificáveis pelo MPF no acordo entre Dilma e Samarco. **Época.** Rio de Janeiro, 03 mar. 2016. Disponível em: <http://epoca.globo.com/colunas-e-blogs/blog-do-planeta/noticia/2016/03/os-5-pontos-considerados-injustificaveis-pelo-mpf-no-acordo-entre-dilma-e-samarco.html>. Acesso em: 03 fev. 2017.

[70] AGU: acordo com a Samarco evita morosidade da justiça e beneficia os atingidos. **Época.** Rio de Janeiro, 09 mar. 2016. Disponível em: <http://epoca.globo.com/colunas-e-blogs/blog-do-planeta/noticia/2016/03/agu-acordo-com-samarco-evita-morosidade-da-justica-e-beneficia-os-atingidos.html>. Acesso em: 03 fev. 2017.

momento nós questionamos o poder público: de onde saiu esse valor de R$20 bilhões? Até hoje não foram apresentados estudos para chegar a esse valor. É importante mencionar que o carreamento de rejeitos da barragem continua. O dano continua acontecendo e nós ainda não temos um diagnóstico preciso sobre o dano. Nesse cenário de indefinição, o poder público negocia uma limitação de valores? Isso é injustificável do ponto de vista técnico. A gente nem mesmo identificou o dano total e o poder público já está passando o recibo para as empresas.

Acontece que, diferentemente do que se afirma na revista, as medidas reparatórias previstas, tanto no que diz respeito aos danos ambientais, como aos danos socioeconômicos, não possuem qualquer teto ou limite. As empresas mineradoras, nos expressos termos do TTAC, devem arcar com os gastos necessários para a reparação integral de todos os danos, independentemente do valor. O acordo tão somente firma um limite global para as medidas compensatórias, mas não existe teto ou limite de gastos para as medidas de reparação.

O TTAC claramente diferencia as medidas reparatórias das medidas compensatórias. As medidas e ações reparatórias são as que visam recuperar, reparar e remediar os danos decorrentes (e derivados) do rompimento da barragem de Fundão, inclusive as que se destinam a indenizar os impactados. Os programas compensatórios visam à melhoria das condições socioambientais e socioeconômicas das áreas impactadas, quando a reparação não seja possível.

As medidas compensatórias, em regra, são previstas para compensar um dano que não pode ser reparado ou para melhorar as condições em relação ao cenário anterior. Para tanto, a título de compensação, foi previsto o valor de R$ 4,1 bilhões de reais. Apenas a título de exemplo, verifica-se no TTAC que, embora o desastre tenha provocado a destruição de 2 mil hectares de mata, além do reflorestamento dessa área a título de reparação, as empresas devem promover o reflorestamento (e/ou a regeneração) de 40 mil hectares a título de compensação. Além dessa medida compensatória, o acordo prevê diversas outras, como a recuperação de 5.000 nascentes; o financiamento de obras de saneamento básico; erradicação de lixões etc.

A inexistência de qualquer limitador para os aportes a serem feitos pelas empresas nas ações de recuperação está expressamente previsto no TTAC. A própria Fundação Renova realça essa informação em seu portal eletrônico:

Os RECURSOS REPARATÓRIOS não têm limite máximo de valor, ou seja, deverão ser implementadas as ações reparatórias necessárias e não deverão ficar limitadas aos aportes anuais estabelecidos de forma preliminar no TTAC. Compreendem medidas e ações de cunho reparatório que têm por objetivo mitigar, remediar e/ou reparar impactos socioambientais e socioeconômicos.[71]

A crítica, portanto, não tem o menor fundamento porque, além de firmar o dever de as mineradoras repararem todos os danos decorrentes do desastre, o TTAC cria mecanismos que possibilitam tornar a Bacia do Rio Doce e as condições socioeconômicas da região melhores do que eram antes do desastre.

O MPF, possivelmente para evitar críticas quanto às estimativas de valores, propôs uma ACP em face das empresas (bem como contra a União, Estados de Minas Gerais e do Espírito Santo) reclamando a cifra de R$ 155 bilhões de reais. Os valores foram estimados fazendo-se um paralelo com o acordo celebrado nos Estados Unidos relativo ao acidente da plataforma Deepwater Horizon. Ao contrário, no TTAC, os números foram estimados de forma mais precisa pelo IBAMA e pelos órgãos governamentais competentes, considerando as peculiaridades do desastre e a realidade brasileira.

Entretanto, como já afirmado, o acordo não estabelece um teto de dispêndios, mas um piso e uma cronologia de gastos. Nesse compasso, com o devido respeito, a crítica não faz sentido e o debate é infrutífero e improdutivo.

8.2 Não há um limite anual para aporte de recursos

Na revista, os críticos dizem:

> Também tem uma limitação anual no acordo. No primeiro ano, a Samarco fará um aporte de R$2 bilhões, no ano seguinte R$1,2 bilhão, e assim por diante. Essa limitação anual é injustificada. É preciso que seja gasto a quantidade necessária de acordo com as exigências técnicas. Se a recuperação exigir R$5 bilhões no primeiro ano, que sejam R$5 bilhões.

Como já detalhado, o acordo não está assentado em valores, mas em programas socioambientais e socioeconômicos. As empresas

---

[71] Disponível em: <http://www.fundacaorenova.org/relato-de-atividades/dados-financeiros/>. Acesso em: 25 ago. 2017.

devem, nos termos do TTAC, executar integralmente todos os programas previstos, custem o quanto custarem.

Para que o ritmo dos trabalhos e o tempo de execução dos programas não ficassem a critério discricionário das empresas mineradoras responsáveis, foram previstos valores de aportes anuais de recursos. Os recursos financeiros anuais previstos no TTAC dizem respeito a valores mínimos de aportes que devem feitos para a Fundação RENOVA, independentemente dos gastos necessários para a execução dos programas. Não se trata, portanto, de um "teto" de gastos, mas de um "piso" para aportes. O objetivo foi o de impedir que as mineradoras aportassem recursos insuficientes para a RENOVA, ou seja, o de evitar que, anualmente, a Fundação fosse obrigada a executar os programas necessários em ritmo mais lento (ou em quantidade inferior à projetada) por falta de recursos.[72] A crítica, mais uma vez, *data venia*, é infundada.

Nesse sentido, para garantir o adequado ritmo dos trabalhos, o TTAC prevê os recursos financeiros mínimos necessários para os anos de 2016, 2017 e 2018. Nesses três primeiros anos, o acordo exige um aporte inicial de R$ 4,9 bilhões. Como já explicado acima, já foram contabilizados R$ 3,2 bilhões nos programas do TTAC até dezembro 2017 (menos de dois anos da assinatura do acordo).

A partir de 2019, o acordo prevê a possibilidade de revisão dos programas, apenas para dar máxima efetividade às atividades de reparação e compensação. Assim, os valores mínimos a serem aportados, a partir de então, serão variáveis e dependerão das revisões que forem feitas nos programas, que devem, antes de tudo, ser aprovadas pelo Poder Público. Entretanto, para os três anos subsequentes (2019, 2020 e 2021), foi estabelecido um valor mínimo de referência anual de R$ 1,2 bilhão, que também pode ser ampliado, dependendo das ações, medidas e projetos que forem previstos para execução naqueles anos.

Finalmente, a partir de 2022, o valor dos aportes anuais dependerá da segunda revisão trienal dos programas, não se submetendo a qualquer teto. Em outras palavras, a partir de 2022, as empresas mineradoras devem aportar os valores necessários para a reparação integral do acidente, pelo tempo que for necessário.

---

[72] Vale repetir a transcrição existente no próprio portal eletrônico da Fundação Renova: "Os RECURSOS REPARATÓRIOS não têm limite máximo de valor (...) e não deverão ficar limitadas aos aportes anuais estabelecidos de forma preliminar no TTAC". Disponível em: <http://www.fundacaorenova.org/relato-de-atividades/dados-financeiros/>. Acesso em: 25 ago. 2017.

Os valores a serem aportados são muito significativos. Por outro giro, é preciso ficar gizado que os recursos, nos termos estabelecidos no TTAC, precisam ser efetivamente gastos. É dizer: o TTAC não se limitou a estabelecer os usuais e singelos bloqueios de valores das empresas (solução tradicionalmente dada para lides judiciais), nem a criar fundos (que usualmente ficam paralisados por anos), mas, efetivamente, firmou um plano de ação e estabeleceu cláusulas que permitem a efetiva execução do acordado.

8.3 O acordo não exime as responsabilidades da VALE e da BHP

Nos termos da crítica trazida pela revista:

> O acordo trata de forma benéfica a VALE e a BHP. Essas empresas são corresponsáveis pelo dano ambiental e socioeconômico, mas o texto sempre trabalha com a lógica de que as obrigações são só da Samarco. Caso a Samarco não consiga realizar os aportes de recursos, aí será cobrado da VALE e da BHP. O poder público abriu mão de uma das principais garantias de reparação integral, que é a responsabilização direta da VALE e da BHP. A Samarco é uma empresa grande, em termos nacionais, mas seu patrimônio não é comparável ao da VALE e da BHP, que são as maiores mineradoras do mundo. Além disso, a Samarco está paralisada e não se sabe se ela pretende retomar as operações nem quanto tempo isso levaria.

O TTAC não afasta qualquer responsabilidade (penal ou administrativa) das mineradoras e de seus dirigentes, nem mesmo garante o retorno das operações da SAMARCO. A propósito, como ressabido, a SAMARCO, desde então, busca atender aos requisitos administrativos de segurança para conseguir o licenciamento ambiental para que possa voltar a funcionar.

Nos termos do TTAC, as empresas mineradoras VALE e BHP, ao lado da SAMARCO, comprometeram-se expressamente a executar todas as ações e medidas necessárias à recuperação integral do meio ambiente e das condições socioeconômicas, com a obrigação de efetuar aportes anuais bilionários.

É sabido que as alternativas tradicionalmente acolhidas em conflitos dessa natureza (disputa judicial ou criação de fundos) fazem com que anos (décadas) sejam perdidos antes de se vislumbrar alguma solução (isso quando se chega a alguma solução). A demora na resolução da questão, porém, significa sofrimento para os impactados e impunidade para os causadores do dano. A agilidade na reparação dos danos, assim, é uma questão de justiça. No acordo, a fase litigiosa é suprimida, evitando-se o desgaste de anos de disputas (10 a 15 anos, pelo menos). Assim, o TTAC possibilita a antecipação da tomada de providências no sentido da integral recuperação do meio ambiente.

Por meio do acordo, a VALE e a BHP, e não apenas a SAMARCO, assumiram compromissos financeiros significativos e passam a ser garantidoras integrais da execução de todas as ações. Portanto, o acordo não "limpa a barra" da VALE e da BHP, como afirmado, mas, ao contrário, fez com que as mineradoras assumissem responsabilidade integral e foi, ainda, capaz de afastar uma discussão judicial que poderia levar décadas. O que é certo é que a melhor solução para o caso jamais poderia ser uma solução demorada.

8.4 O acordo não terceiriza o investimento em saneamento

Os críticos do TTAC afirmam:

> Esse foi um dos pontos mais sensíveis da negociação. Óbvio que, se não existe saneamento nos municípios, isso é uma omissão do poder público. Os advogados não concordavam em terceirizar essa responsabilidade para as empresas. Nas negociações, se chegou a esse valor de R$500 milhões a título de compensação pelo dano. Também não existem elementos técnicos para justificar. Por que R$500 milhões? Por que não R$400 milhões ou R$650 milhões? Não há parâmetro técnico para isso.

Por certo, esse foi um dos pontos mais sensíveis e polêmicos nas negociações, em especial porque as empresas não queriam assumir os custos de projetos de saneamento básico, esgoto sanitário e destinação de resíduos sólidos, que são incumbências das municipalidades. Na realidade, essas são medidas compensatórias que não guardam relação direta e imediata com o rompimento da barragem e com os danos provocados. Entretanto, a recuperação não estaria completa se os corresponsáveis pela catástrofe ambiental fossem compelidos tão somente a remover rejeitos. Os planos deveriam abranger, além das ações diretas de remediação, outras medidas que pudessem tornar toda a bacia hidrográfica capaz de restaurar seus recursos bióticos e abióticos de maneira sustentável, bem como restabelecer a forma de vida das populações impactadas. Uma das medidas adequadas é exatamente a que possa

CAPÍTULO 8
CRÍTICAS RECEBIDAS APÓS A ASSINATURA DO ACORDO | 115

reduzir, na bacia do rio, os efeitos da poluição decorrente da ausência de programas de coleta e tratamento de esgoto e de resíduos sólidos.

Antes do desastre, a Bacia do Rio Doce contava com apenas 10% de cobertura de saneamento, fazendo com que os rios da bacia recebessem, diariamente, uma carga expressiva de sedimentos, matéria orgânica e compostos fosforados e nitrogenados. O investimento massivo em saneamento propicia uma rápida melhoria na qualidade da água de forma a compensar a degradação causada pelo desastre (que permanecerá por muitas décadas).

Para a restauração completa de um ecossistema impactado é importante considerar suas funções e processos dinâmicos, em conjunto com a reprodução e o crescimento dos organismos, responsáveis por sua capacidade autorrenovadora (autogênica). Nesse sentido, é imprescindível o restabelecimento da capacidade do ecossistema de recuperar seus atributos estruturais e funcionais que sofreram danos (resiliência). É imperativo que também se implementem ações que restituam, dentro de um espaço temporal adequado, o equilíbrio dinâmico do sistema, garantindo a recuperação dos ciclos biogeoquímicos e dos fluxos energéticos nas cadeias tróficas.

Ficou acordado com as empresas que as ações não poderiam ficar adstritas ao corpo hídrico afetado, mas deveriam abranger a Bacia Hidrográfica do Rio Doce como um todo (como unidade de planejamento para as ações de recuperação). Em outras palavras, era necessário combater toda a degradação que afetasse os rios tributários e o leito principal. Para tanto, as empresas devem disponibilizar recursos financeiros, no valor de R$ 500 milhões de reais,[73] aos municípios da calha do Rio Doce para custeio na elaboração de planos de saneamento básico; para a elaboração de projetos de sistema de esgotamento sanitário; para a implementação de obras de coleta e tratamento de esgotos; para a erradicação de lixões e para a implantação de aterros sanitários regionais.

Não cabe às empresas a execução dessas ações, nem a seleção de projetos, nem a escolha dos municípios que devem ser contemplados. As empresas estão obrigadas apenas à disponibilização dos referidos

---

[73] No âmbito dessa obrigação, a Fundação Renova destinou, ainda inicialmente, em dezembro de 2016, R$ 51.895.016,76 aos municípios às margens do rio Doce, entre a usina Risoleta Neves e Regência, no Espírito Santo, para a elaboração de planos básicos de saneamento básico, projetos de sistema de esgoto sanitário, implementação de obras de coleta e tratamento, erradicação de lixões e implantação de aterros sanitários regionais. Em 2017, a Fundação realizou dois depósitos na conta específica desse programa, nos valores de R$ 105.493.739,23 e R$ 106.615.650,00, nos meses de junho e dezembro, respectivamente.

recursos. Portanto, não há qualquer terceirização. Quem executará as obras são os municípios ou as empresas por eles regularmente contratadas. Cabe às empresas apenas disponibilizar os recursos financeiros que foram negociados.

8.5 O acordo não ignora a responsabilidade do Estado

Finalmente, os críticos do TTAC entendem que:

> O acordo não leva em consideração a responsabilidade do Estado pela reparação dos danos. Nossos tribunais afirmam que o Estado também responde pelos danos que decorrem de omissão. Num caso como esse, é indiscutível que houve omissão do poder público no licenciamento, na fiscalização, no acompanhamento dos projetos. Vamos continuar buscando que o poder público assuma sua responsabilidade. É importante destacar que o acordo tem sim pontos positivos. Se ele fosse compreendido como uma garantia mínima de proteção dos afetados e recuperação do meio ambiente, seria um belo instrumento jurídico. Mas ele se propõe a ser um instrumento definitivo sobre o assunto. A partir do momento em que esse acordo for homologado, nada mais poderá ser discutido sobre a questão. O MPF vai buscar na Justiça para que o acordo seja uma garantia mínima, para que tenha ações adicionais, que não seja um documento definitivo.

Diferentemente do afirmado, o TTAC não afasta direta ou indiretamente a responsabilidade dos órgãos públicos ou de seus agentes. A propósito, essa questão não foi o objeto da discussão levada a cabo nem na ACP ajuizada pelos entes públicos, nem no acordo firmado.

Com a devida vênia, é um absurdo pretender que os entes federados assumam responsabilidades civis, ou seja, que os entes empreguem recursos públicos para suportar despesas advindas de danos provocados pelas empresas. Os recursos públicos decorrem, essencialmente, do recolhimento de tributos, portanto, responsabilizar os entes federados significa dizer que os contribuintes brasileiros devem arcar com os danos causados pelas mineradoras. O que se quis com o TTAC foi fazer com que as empresas mineradoras, que deram causa ao dano, arcassem com todos os prejuízos, sem onerar o povo brasileiro. Não se pode admitir que o próprio contribuinte brasileiro (e, sobretudo, mineiro e capixaba), que foi prejudicado pela lama tóxica, possa ser responsabilizado pelos danos.

8.6 Outras críticas surgidas logo após a assinatura do TTAC

Além das críticas acima detalhadas, houve insurgência de atores com fundamento em quatro argumentos centrais que, com a devida vênia, são infundados.

a) Não subscrição do TTAC pelo Ministério Público

Algumas críticas vêm no sentido de que a celebração do acordo sem a presença dos "Ministérios Públicos" enfraqueceria o poder de fiscalização das ações previstas no acordo, além de não ter a mesma legitimidade que possuiria com a assinatura do *parquet*.

Em primeiro lugar, é importante frisar que o Estado não depende da concordância dos órgãos do Ministério Público para adotar as medidas necessárias para o atendimento do bem comum. Nenhum órgão ou instituição pode ter a pretensão do exclusivismo das soluções. Em segundo lugar, a participação do Ministério Público seria e sempre foi muito bem aceita. A propósito, seus órgãos foram convidados para participação em reuniões e debates sobre o assunto, desde o primeiro momento. Em terceiro lugar, o acordo foi assinado no âmbito de uma ação ajuizada pelo poder público e não daquela ajuizada pelo Ministério Público, que deverá continuar atuando nas ações que ajuizou e poderá, ainda, ajuizar tantas outras que julgar pertinentes.

Não faz sentido imaginar que para a adoção de providências tais como as tomadas pelo poder público fosse necessária a concordância de todos os órgãos. O resultado seria, invariavelmente, a paralisia estatal. Por outro giro, a integração ou não do Ministério Público ao acordo não interfere em seu poder de fiscalização. Ao contrário, pode-se mesmo afirmar que todos os órgãos estatais envolvidos, das diversas esferas da federação, devem acompanhar e fiscalizar o cumprimento do acordo. Um bom exemplo nesse sentido é a Defensoria Pública da União, que celebrou termo de cooperação com a União e com os Estados para atuação nos programas previstos no acordo e atuará no acompanhamento e fiscalização do cumprimento do acordo, apesar de não ter participado da elaboração do TTAC.

Enfim, a participação do Ministério Público no TTAC talvez fosse benéfica e esperada, mas sua ausência não prejudica (nem prejudicou) o acordo. O que não pode acontecer é que eventuais divergências institucionais, por mais bem-intencionadas que sejam, redundem em debates judiciais infindáveis, que podem se arrastar por anos (ou décadas), prejudicando aqueles que não podem mais esperar (a população atingida).

b) Participação social

Entenderam alguns que não houve satisfatória participação dos atingidos antes da celebração do acordo e que sua execução estaria se dando à revelia das posições da comunidade. Ocorre que o TTAC trouxe somente as linhas gerais de atuação, sem maiores detalhamentos e sem a densificação dos projetos. A participação da coletividade é que conferirá densidade ao conteúdo do acordo e moldará a forma de seu cumprimento e as prioridades na execução.

Para melhor compreensão, vale tomar um exemplo: o TTAC prevê um programa específico para "proteção e recuperação da qualidade de vida dos povos indígenas", por meio do qual se ajustou que as empresas executarão um programa para oferecer atendimento especializado aos povos indígenas do território KRENAK e das terras indígenas de COMBOIOS, TUPINIQUIM e CAIEIRAS VELHAS II.[74] O TTAC define diretrizes gerais do que precisa ser contemplado: medidas de apoio emergencial, monitoramento da qualidade da água, do abastecimento, da bovinocultura, o apoio financeiro etc. Prevê também que uma empresa de consultoria independente deverá analisar os impactos socioambientais e socioeconômicos do desastre sobre os povos indígenas, elaborar um plano de ação permanente e diversas outras medidas. Entretanto, e o mais importante, a premissa central da ação é que todo o programa deverá ser construído em conjunto com os indígenas, em tratativas e negociações que contem com a participação da FUNAI[75] e que o conteúdo do programa deverá respeitar as formas próprias de organização social, costumes, usos e tradições dos povos indígenas. Em outras palavras, o acordo estabelece obrigações para as empresas, mas prevê que o programa ao qual elas se obrigaram deve ser construído em conjunto com os indígenas, respeitando seu modo de vida, suas tradições e cultura, sempre com a intermediação dos órgãos estatais. Com o TTAC, portanto, garantiu-se a participação de todos os interessados, seja na fase de construção dos programas, seja no momento de sua execução.

Mas é preciso deixar gizado que o TTAC, também, foi esboçado, previamente, com participação efetiva das comunidades e dos representantes políticos das municipalidades atingidas. A Fundação ainda prevê, em sua estrutura, um Conselho Consultivo que tem como função precípua possibilitar a mais intensa participação da sociedade civil; da

---

[74] Cláusula 39 do TTAC.
[75] Cláusula 39, parágrafo único, do TTAC.

CAPÍTULO 8
CRÍTICAS RECEBIDAS APÓS A ASSINATURA DO ACORDO | 119

mesma forma, devem as Câmaras Setoriais do CIF fazer uma interlocução constante com os afetados. Nesse sentido, a crítica, definitivamente, não tem fundamento.

Na execução do TTAC, o funcionamento da Fundação Renova, sobretudo no cumprimento do programa "Diálogo Social", provou que a alternativa posta no TTAC era adequada. Diversas ações de comunicação e diálogo social foram implementadas: (1) fóruns permanentes de diálogo com as comunidades impactadas, que permitam a definição de temas prioritários, antecipação de cenários de conflito e espaços de resolução; (2) reuniões de prestação de contas no Município de Mariana para reportar o avanço dos programas; (3) fomento e diálogo com as comunidades para a organização de festividades vinculadas às suas manifestações culturais tradicionais (Festa de São Bento/Bento Rodrigues e Festa do Menino Jesus/Paracatu de Baixo); (4) comunicação formal do início do funcionamento da Fundação Renova com a participação do Presidente e Diretor, em reuniões de diálogo no território de Barra Longa.

A população vem recebendo informações sobre as medidas de segurança e discutindo as ações da Fundação Renova no âmbito do projeto "Diálogos com a Comunidade", em reuniões com todas as comunidades impactadas, desde o início de 2016. No total, até dezembro de 2017, foram realizadas 2.054 reuniões, em atendimento a 58.112 pessoas. Em 2017, a Ouvidoria da Fundação recebeu, em média, 70 novas manifestações por mês, em média, sendo 63% registradas pelo telefone, 24% pelo site e 13% pelo e-mail da Ouvidoria. Do total, 56% são de Minas Gerais e 44% são do Espírito Santo. O canal 0800 é o mais buscado, com aproximadamente 2.400 chamados por dia.[76]

No dia 7 de maio de 2016, representantes de 223 das 226 famílias que moravam em Bento Rodrigues elegeram e decidiram o local onde o novo distrito será construído. Com 92% dos votos, a área denominada Lavoura, situada a 8 km de Mariana, foi a escolhida.

Da mesma forma, os representantes de 103 famílias de Paracatu de Baixo, distrito de Mariana, no dia 3 de setembro de 2016, elegeram o novo local para a reconstrução da comunidade impactada. Com 65% dos votos válidos, a área denominada Lucila foi a escolhida. A área possui 84,8 hectares e está localizada no distrito de Monsenhor Horta, em Mariana. A primeira concepção urbanística dos novos espaços está em fase de elaboração por uma empresa contratada e deve ser validada pela comunidade; as obras devem ser concluídas até março de 2019.

---

[76] Disponível em: <http://www.fundacaorenova.org/wp-content/themes/fundacao-2016/arquivos/RelatorioAtividades.pdf>. Acesso em: 25 ago. 2017.

Os representantes de 55 famílias de Gesteira, distrito de Barra Longa, por sua vez, também elegeram, em 25 de junho de 2016, o local para reconstrução de suas casas e do espaço público impactado pela barragem (igreja, campo de futebol etc.). Com 95% dos votos a área denominada Macacos, com 7 hectares, foi a escolhida. A entrega final das obras deve ocorrer no início de 2018.

Em síntese, não se pode afirmar que inexista participação popular ou social, de forma que esse argumento não merece prosperar.

Todavia, mais importante do que participar é ter sua participação efetivamente considerada e acatada. É isso que está acontecendo. O projeto urbanístico de Bento Rodrigues, que consiste no desenho do novo distrito e na definição do seu tamanho e limites, além da distribuição das ruas e quadras, construído em conjunto com a comunidade, foi aprovado, por unanimidade, em 28 de janeiro de 2017, em assembleia geral.[77] O quadro abaixo ilustra o resultado da participação da coletividade e a construção conjunta de alternativas:[78]

BENTO RODRIGUES ORIGINAL	NOVA BENTO RODRIGUES
54 hectares	375 hectares
23,5 km de distância de Mariana (MG)	8 km de distância de Mariana (MG)
Ocupação sem planejamento prévio, início datado do século XVII	Ruas com duas vias e calçada de pedestres
Lotes de tamanhos variados	Lotes com, no mínimo, 250 m² em atendimento à legislação municipal
	Terreno escolhido por mais de 90% da população
	Fonte de abastecimento de água próxima e sem contaminação
	Solo adequado para plantio e criação animal
	Novas praças e áreas de convivência
	Vizinhanças mantidas
	Áreas verdes preservadas

---

[77] Disponível em: <http://www.fundacaorenova.org/noticia/projeto-urbanistico-conceitual-de-bento-rodrigues-e-aprovado-por-unanimidade/>. Acesso em: 25 ago. 2017.

[78] Disponível em: <http://www.fundacaorenova.org/wp-content/themes/fundacao-2016/arquivos/relatorioatividades.pdf>. Acesso em: 25 ago. 2017.

Os dados acima falam por si e o projeto da Nova Bento Rodrigues, aprovado por unanimidade pela comunidade, serve para esvaziar as críticas quanto à extensão e à efetividade da participação social prevista no TTAC.

c) Previsão de constituição de uma fundação de direito privado.

Alguns entendem que a ineficaz alternativa de constituição de fundos públicos alimentados por bloqueios de numerário da empresa ainda é a melhor solução. Entretanto, a execução do TTAC provou que a alternativa albergada pelo acordo é muito superior às medidas tradicionais de bloqueio. Na verdade, é consabido que os fundos mantidos em depósito judicial tão somente se tornam vultosas massas de recursos acumuladas em bancos, por anos. A experiência mostra que nunca se consegue executar nem sequer 5% dos valores depositados, sobretudo, ainda, apenas com a contratação de caras consultorias.

A propósito, não é possível a execução imediata de todas as ações necessárias para a recuperação da área e da população impactada. Em especial as ações de caráter ambiental demandam um prazo mais alongado para a definição do melhor curso de ação, para a aprovação pelos órgãos técnicos competentes e para a efetiva execução do plano material de intervenções físicas. Nesse compasso, em especial quando se trata de obrigações de grande porte e de elevada complexidade técnica, não faz sentido retirar toda a liquidez das empresas, impactando totalmente sua capacidade operacional e de geração de empregos e de recursos, para se fazer uma "montanha inerte de dinheiro", mas o que importa é um cronograma de dispêndio de recursos.

d) Suposta responsabilidade do poder público na recuperação ambiental

Alguns órgãos do MPF entendem, nos termos de ACP ajuizada, na qual se busca uma indenização de R$ 155 bilhões, que os entes públicos também são responsáveis pelas obrigações de reparação do desastre ao lado das empresas. Com a devida vênia, é absurda a inclusão dos entes federados no polo passivo da ACP. O que se quis com o TTAC foi fazer com que as empresas mineradoras que deram causa ao dano arcassem com todos os prejuízos, sem prejudicar o povo brasileiro. Se a ideia de Estado traduz a de um determinado povo (em um território e com poder de império), o que se consegue com a ACP é fazer com que o próprio contribuinte brasileiro, que foi prejudicado pela lama tóxica, agora, seja obrigado a responder pelos danos!

Não se pôde constatar, pelo menos até então, qualquer culpa de agentes públicos. Se, eventualmente, qualquer servidor público puder ser responsabilizado, deve ser severamente punido, entretanto, o próprio povo prejudicado não pode ter de reparar danos que não causou. Isso não faz sentido.

Se a tese fosse acolhida, a população brasileira seria lesada duas vezes: a primeira, em decorrência do desastre e a segunda, porque recursos públicos que seriam destinados a diversas finalidades de interesse público e que beneficiariam a população, em especial recursos destinados a investimentos (por esses serem o principal grupo de recursos atingidos quando o Estado se depara com contingências), teriam de ser direcionados para ações de reparação e compensação ambiental e social que deveriam ser assumidas pelas empresas.

Após a exclusão de várias autarquias públicas e do Estado do Espírito Santo da lide, a ACP está apensa à da União e dos Estados, em processo de tentativa de conciliação no juízo de primeiro grau. A União e os Estados não admitem o afastamento do TTAC celebrado e não abrem mão da estratégia firmada de constituição da fundação privada.

Se batalhas judiciais são improdutivas e se a alternativa de fundos e depósitos definitivamente não funciona, embora com falhas e insuficiências, não se pode negar que projetos e ações foram colocados em prática com o TTAC.

As críticas acima, em verdade, refletem certo conservadorismo jurídico-cultural e resistência à mudança de paradigmas, sobretudo quando se analisa o processo decisório da Administração Pública diante do empoderamento e da multiplicidade de órgãos de controle. Não sem razão, infelizmente, os agentes administrativos costumam demonstrar um desmedido receio de decidir, ainda mais quando a decisão afasta-se do padrão sempre utilizado, deixando o gestor menos imune ao aparato de controle.

Esse cenário forjou, durante décadas, uma "administração pública do medo",[79] caracterizada essencialmente por dois aspectos, absolutamente nefastos: (i) a falta de inovação na Administração Pública, afinal, o resultado decorrente da nova alternativa ainda é, invariavelmente, desconhecido e, se negativo, poderá atrair severa punição dos órgãos de controle. Como consequência e forma de

---

[79] O Direito Administrativo do Medo: a crise da ineficiência pelo controle. Fernando Vernalha Guimarães. Disponível em: <http://www.direitodoestado.com.br/colunistas/fernando-vernalha-guimaraes/o-direito-administrativo-do-medo-a-crise-da-ineficiencia-pelo-controle>. Acesso em: 15 fev. 2018.

autopreservação, o gestor prefere fazer o mesmo que seus antecessores sempre fizeram, embora ciente de que não funcionará; (ii) processos administrativos burocráticos intermináveis, com máxima postergação, travestida de busca de segurança técnica e jurídica para decidir, até que a medida reste inviabilizada. Em outras palavras, é mais fácil não fazer, mantendo-se na zona de conforto do precedente, porque quem não faz normalmente fica ileso perante os órgãos de controle.[80]

Caso tivessem a União e os Estados de Minas Gerais e do Espírito Santo optado por seguir a via tradicional, litigando em juízo desarticuladamente, buscando penhoras e bloqueios das empresas, requerendo alvarás para execução dos programas, desintegrando a capacidade de diálogo institucional com as mineradoras, dificilmente algum resultado, para além do emergencial, teria sido alcançado e, paradoxalmente, menos sujeitos a críticas estariam.

Soluções inovadoras e até mesmo heterodoxas, sobretudo no setor público, não são fáceis de serem aceitas e assimiladas. O que ficou evidenciado é que as alternativas encontradas no TTAC são, indubitavelmente, céleres e inovadoras. Embora tudo aponte para uma maior eficiência das medidas consensuais, quando comparada às lentas batalhas judiciais, na garantia do resultado útil e na proteção dos direitos violados, constata-se certa resistência por parte de alguns atores que, especialmente diante de novidades, insistem nas soluções tradicionais improdutivas. A experiência brasileira dos últimos anos evidenciou que os mecanismos ordinários e tradicionais para enfrentamento de fatos excepcionais não funcionam e que o resultado é sempre um povo sem amparo e a impunidade.

Não há solução blindada às críticas, nem imune à identificação posterior de falhas, mas há segurança de que a solução traduzida por meio do TTAC representa a melhor alternativa para a tragédia. Apenas o tempo será capaz de demonstrar a viabilidade das alternativas inovadoras e suas vantagens em comparação com as soluções tradicionais, paralisantes e ineficientes.

---

[80] Administração Pública do Medo. Joel de Menezes Niebuhr e Pedro de Menezes Niebuhr. Disponível em: <https://www.jota.info/opiniao-e-analise/artigos/administracao-publica-do-medo-23112017>. Acesso em: 18 fev. 2018.

CAPÍTULO 9

O INÍCIO DO CUMPRIMENTO DO TTAC E O QUESTIONAMENTO DA SUA HOMOLOGAÇÃO JUDICIAL

A chave do sucesso do plano de recuperação, elaborado em tempo recorde e com a necessária consistência técnica, estava na articulação entre os entes federados, que mantiveram diálogo e cooperação constantes, juntamente com o interesse das empresas de chegarem a um acordo. Esse alinhamento favoreceu o traçado de um plano inovador de governança e a previsão de mecanismos que possibilitassem o rápido atendimento das partes afetadas, preservando as atividades econômicas, os empregos e a produção de riqueza local. O projeto final foi estruturado e apresentado à homologação, poucos meses após o desastre.

Ocorre que esse projeto coletivo foi questionado na Justiça Federal pelo MPF, que havia participado de várias rodadas de negociação, mas que não havia concordado com algumas cláusulas do TTAC. O acordo, mesmo assim, foi homologado pelo Tribunal Regional Federal da 1ª Região, pela Desembargadora Federal encarregada de conciliações na segunda instância federal, que proferiu decisão de homologação, em maio de 2016, acrescentando tão somente a necessidade de participação dos Tribunais de Contas no CIF.

Posteriormente, uma das câmaras do TRF da 1ª Região anulou a homologação do acordo com base no argumento de que teria havido supressão de instância. A invalidação da homologação (e não do TTAC, frise-se) se deveu a razões estritamente formais e o argumento do TRF1 foi o de que a homologação caberia a um juiz de primeiro grau, devendo os autos, portanto, retornarem à primeira instância.

O TTAC firma expressamente em suas cláusulas que o acordo independe de homologação judicial, ou seja, que continua valendo entre as partes independentemente da chancela judicial. Assim, tudo o que foi acordado permanece intacto e a Fundação pode seguir seu trabalho. A propósito, a existência da Fundação (independentemente da homologação e da própria validade do TTAC) foi reconhecida pelo próprio MPE/MG em virtude da aprovação de seu estatuto de constituição. O juízo da 12ª Vara Federal, no qual o feito tramita, não prolatou decisão final, mas abriu procedimento de conciliação (ainda em curso). O TTAC, porém, vem sendo executado e efetivamente desenvolvido, sob pena de aplicação das penalidades previstas às empresas.

CAPÍTULO 10

RESULTADOS PRELIMINARES DA EXECUÇÃO DO TTAC. COMPROVAÇÃO DO ACERTO DA SOLUÇÃO

Como já afirmado, o TTAC foi assinado em 2 março de 2016 e a Fundação Renova foi constituída alguns meses depois, em 30 de junho de 2016, iniciando suas atividades em 2 de agosto de 2016. Apesar do curto período transcorrido desde então, em dezembro de 2017 muitas realizações, decorrentes das obrigações assumidas no TTAC, já podem ser constatadas,[81] o que demonstra o acerto da solução consensual célere.

Conforme prestações de contas publicadas pela Fundação no final do exercício de 2017, já foram contabilizados R$ 3,2 bilhões nos programas do TTAC, dos quais R$ 2,9 bilhões já foram efetivamente aplicados até dezembro de 2017. Eis alguns dos programas em execução até o presente momento com seus resultados preliminares:

a) Levantamento e Cadastro dos Impactados

Algumas providências emergenciais se fizeram necessárias e, a partir do cadastramento dos impactados (que se deu em dois momentos), algumas ações foram executadas. Em um primeiro momento, um cadastro emergencial foi feito entre os meses novembro de 2015 e maio de 2016, por meio de quatro campanhas. Tendo em vista a urgência de se atribuir um auxílio emergencial, as campanhas foram realizadas por diferentes empresas que fizeram cadastros diversos. As bases de dados foram enviadas para o CIF, que determinou que se fizesse a unificação do cadastro para que fosse possível realizar os cruzamentos e análises.

---

[81] Relatório Anual de Atividades da Fundação Renova – 2017. Disponível em: <https://sei.IBAMA.gov.br/documento_consulta_externa.php?id_acesso_externo=11021&id_documento=1941559&infra_hash=343d9cc2219200e267903f1d60ddfd55>. Acesso em: 07 fev. 2018.

Em um segundo momento, informações mais precisas precisavam ser recolhidas, ou seja, as informações relativas às famílias já registradas no cadastro emergencial precisavam ser depuradas. O Cadastro Integrado devia contar com dados socioeconômicos mais detalhados e, ainda, com um levantamento minucioso dos danos sofridos. Nesse compasso, iniciado em agosto de 2016, o Cadastro Integrado exigiu a realização de entrevistas de campo e o levantamento mais detalhado dos impactos. Essas informações servem de base para o cálculo das indenizações (Programa de Indenização Mediada) a serem pagas aos impactados. O cadastro, porém, precisa estar sempre aberto a novos registros e, para tanto, a Fundação criou uma central telefônica de atendimento (ligações gratuitas, via 0800).

O programa de Levantamento e Cadastro contabilizou, até dezembro de 2017, mais de 30 mil solicitações de cadastro, das quais 26 mil já foram realizadas.

b) Ressarcimento e Indenização dos Impactados

O Programa de Indenização Mediada é uma alternativa de indenização aos moradores das localidades que tenham sido impactados, feito de maneira transparente, com tratamento igualitário, possibilitando um resultado mais ágil, sem os trâmites, custos e desgastes de uma ação judicial. Durantes os meses de agosto a outubro de 2016 foram mantidos diálogos com representantes da população impactada, defensorias públicas, órgãos técnicos e poder executivo municipal para construção de vários parâmetros do programa.

Esse programa teve como um dos principais focos até o momento o atendimento ao público vitimado pelo desabastecimento e pela interrupção na distribuição de água potável, bem como daqueles que sofreram danos gerais, decorrentes de perda de bens e renda. Até dezembro de 2017, mais de 265 mil pessoas foram atendidas no âmbito do programa, das quais 98% aceitaram a proposta e, dessas, 81% já receberam a indenização.

Em 2017, como forma de conferir segurança e uniformidade às negociações, a Fundação Renova e a Câmara Técnica de Organização Social do CIF aprovaram a metodologia para cálculo do chamado lucro cessante, no sentido de que os valores já pagos pelo Auxílio Financeiro Emergencial não podem ser deduzidos do valor indenizatório. Além disso, o valor da indenização decorrente dos danos morais, dos danos materiais e dos lucros cessantes devem ser negociados e pagos nos mesmos prazos.

O volume de recursos em indenizações pagas apenas como decorrência do desabastecimento e da interrupção na distribuição de água potável já superou R$ 130 milhões. Em relação ao demais danos, havia 7.093 negociações em andamento em dezembro de 2017, com 2.386 propostas já aceitas, além de 441 antecipações de indenização concluídas com pescadores, areeiros e impactados do setor do turismo.

c) Auxílio Financeiro Emergencial

Uma das obrigações mais emergenciais do TTAC é a necessidade de a Fundação prestar auxílio financeiro à população impactada que teve comprometimento de sua renda em razão de interrupção de suas atividades produtivas ou econômicas, em decorrência do rompimento, até o restabelecimento das condições para retomada das atividades produtivas ou econômicas.

Até dezembro de 2017, mais 8 mil cartões de auxílio financeiro já estavam ativos, com 8.282 auxílios pagos, que resulta em mais de 19 mil pessoas assistidas, entre titulares e dependentes.

Como não poderia deixar de ser, os impactados pertencentes às populações tradicionais também foram atendidos pelo Programa de Auxílio Financeiro Emergencial. Até dezembro de 2017, 1.576 famílias integrantes de comunidades tradicionais estão sendo atendidas pelo programa, sendo 130 famílias quilombolas, 213 famílias de faiscadores e 1.233 famílias indígenas.

O auxílio contempla o pagamento mensal de um salário mínimo para cada pessoa do núcleo familiar prejudicada em sua atividade laborativa em decorrência direta do rompimento da barragem mais um adicional de 20% do salário mínimo para cada um dos dependentes, além de uma cesta básica (segundo o Dieese do estado afetado). O valor médio do benefício proporcionado pelo cartão é de, aproximadamente, R$ 1.200,00.

d) Comunicação, Participação, Diálogo e Controle Social

Como já afirmado, a Fundação é obrigada a criar canais permanentes de comunicação e interação com a sociedade, instituir mesa de diálogo e negociação permanente, construir e manter de sítio virtual na internet e espaços dialogais físicos com as comunidades, além de centrais 0800 de atendimento à população.

Até dezembro de 2017, foram realizadas 2.054 reuniões, em atendimento a 58.112 pessoas. Em 2017, a Ouvidoria da Fundação recebeu, em média, 70 novas manifestações por mês, sendo 63% registradas pelo telefone, 24% pelo site e 13% pelo e-mail da Ouvidoria. Do total, 56% são de Minas Gerais e 44% são do Espírito Santo. O canal 0800 é o mais buscado, com aproximadamente 2.400 chamados por dia.

A maior parte dos interessados demonstrou interesse ou reclamou da "negligência na assistência à comunidade", "o recebimento indevido de auxílio financeiro" e questões relativas à "saúde, segurança e condições de trabalho".

e) Fomento à Economia Local

Uma clara diretriz estabelecida no TTAC é de que a Fundação deverá dar preferência para a contratação e utilização de mão de obra local para execução dos programas e projetos, buscando-se, assim, estimular a economia mineira e capixaba, de forma que a recuperação socioambiental potencialize, por si só, a recuperação econômica da região. Esse programa vem sendo desenvolvido em três frentes: promoção e diversificação econômica dos municípios dependentes da mineração, criação de mecanismos de estímulo ao desenvolvimento das cadeias produtivas locais e restituição da capacidade produtiva a micro e pequenos negócios.

Em 2017, foi lançada uma parceria da Fundação com o Banco de Desenvolvimento de Minas Gerais (BDMG) e o Banco de Desenvolvimento do Espírito Santo (BANDES), com carteira de R$ 40 milhões para financiamento de capital de giro de micro e pequenos empreendedores, com condições especiais de juros e prazos, nos 39 municípios impactados. Até dezembro de 2017, essa iniciativa somava 177 empréstimos oficializados, com recursos de mais de R$ 5 milhões.

Até dezembro de 2017 também foram realizadas 19 oficinas de estímulo à contratação local, para apresentar as perspectivas de negócios e os critérios de contratação, além de captar cadastros de empresas nos 39 municípios impactados. Até então, 57% dos convites para participação de concorrências na Fundação foram feitos a empresas locais e 50% dos contratos foram firmados em empreendimentos na região impactada pelo rompimento.

f) "Mariana – Presente e Futuro"

No contexto do programa de economia regional, em julho de 2017 foi lançado o "Mariana – Presente e Futuro" para identificar e impulsionar as potencialidades econômicas de Mariana e com o objetivo de colocar o Município de Mariana entre os dez primeiros lugares no *ranking* do Índice de Desenvolvimento Humano Municipal (IDH-M) do Brasil até 2030. Atualmente, Mariana figura em 52º lugar em Minas Gerais e na 719º do país.[82]

---

[82] Atlas do Desenvolvimento Humano no Brasil. Disponível em: <http://www.atlasbrasil.org.br/2013/pt/ranking>. Acesso em: 15 fev. 2018.

A iniciativa foi construída coletivamente entre a gestão pública, a sociedade civil, empresas e instituições, prevendo perspectivas de crescimento e desenvolvimento diversificadas, sustentáveis, sociais e ambientalmente justas, além do aperfeiçoamento da gestão pública. A partir de suas metas e estratégias, o programa vislumbra formas para o crescimento planejado do município, gerando mais empregos e renda, ao mesmo tempo em que garantirá qualidade de vida aos moradores.

g) Reconstrução de Bento Rodrigues, Paracatu de Baixo e Gesteira

O TTAC obrigou as mineradoras a desenvolver ações para a recuperação, reconstrução e realocação das comunidades, nas localidades de Bento Rodrigues, Paracatu de Baixo e Gesteira, além de outras comunidades e/ou infraestruturas impactadas.

No âmbito do programa, deveriam ser definidos, em conjunto com as comunidades, a nova localização para o reassentamento; as áreas a serem adquiridas; o projeto urbanístico e diversos outros pontos. Naturalmente, também deveria ser recuperada ou reconstruída a infraestrutura de energia, de água, de saneamento, de arruamento, de pavimentação, de drenagem e de acessos, bem como deveria ser feito o reassentamento das edificações de uso público, tais como escolas, unidades de saúde, praças, quadras, pontes, templos religiosos, espaços de prática esportiva, centros comunitários e poços artesianos, sempre buscando restabelecer os modos de vida e a organização das comunidades prejudicadas pela tragédia.

O reassentamento vem sendo conduzido de maneira semelhante nas três comunidades mais afetadas, envolvendo 385 famílias, respeitando as especificidades de cada uma, preservando seus hábitos, relações de vizinhança e tradições culturais e religiosas.

Uma inarredável exigência estabelecida para a reconstrução das três comunidades é que as novas estruturas deveriam seguir um padrão de excelência da política pública, ou seja, não se admitiriam falhas urbanísticas típicas dos municípios brasileiros. A ideia é que se construam "comunidades-modelo" no que diz respeito à disposição e organização, aos equipamentos públicos, aos espaços de lazer, ao saneamento, aos acessos, às fontes de abastecimento de água, ao paisagismo e a todos os demais aspectos que conformam um modelo de cidade.

Nesse sentido, a Nova Bento Rodrigues, por exemplo, terá 375 hectares (diferentemente dos 54 ha originais), estará há apenas 8 km de Mariana (diferentemente dos 23 km originais), terá ruas com duas vias e calçada de pedestres, lotes com, no mínimo, 250 m² em atendimento à legislação municipal, fonte de abastecimento de água próxima e sem contaminação, solo adequado para plantio e criação animal, praças e áreas de convivência e áreas verdes preservadas. Além disso, a localidade da nova Bento foi escolhida por mais de 90% da população.

Em dezembro de 2017, o projeto de Lei que altera o Plano Diretor de Mariana foi aprovado pela Câmara Municipal e sancionado pelo prefeito. Com a mudança, cerca de 160 dos 375 hectares do terreno onde a nova vila de Bento Rodrigues será construída, será de expansão urbana e abrigará o loteamento para construção de casas e demais infraestruturas urbanas. O restante do terreno permanecerá como área rural e será destinado a sitiantes e à preservação ambiental.

O projeto urbanístico desenvolvido pela Fundação com o objetivo de atender às necessidades levantadas pelas 225 famílias de Bento e preservar as relações de vizinhança foi apresentado em 23 oficinas, por meio de maquetes físicas desenvolvidas para melhor compreensão de todos, com participação de 499 pessoas.

A reconstrução e a recuperação de infraestruturas danificadas é outra obrigação da Fundação. Até o final de 2017, 655 obras de infraestrutura foram concluídas, como a reconstrução de 16 bens públicos – praças, alamedas e escolas, 241 km de acessos recuperados e 211 km de cercamentos de propriedades rurais refeitos.

Em Barra Longa, 91 casas, 28 estabelecimentos comerciais e 102 quintais e lotes foram reformados, além da reconstrução de cinco casas.

h) Gestão Hídrica

A Fundação obrigou-se a desenvolver o Programa de Monitoramento Qualiquantitativo Sistemático de Água e Sedimentos do Rio Doce, Zona Costeira e Estuários (PMQQS), o que significa dizer que o Rio Doce deve ser o sistema hídrico mais monitorado do Brasil. Nesse sentido, para gerar dados para acompanhar a recuperação do rio, em seu estuário e zona costeira foram instaladas 22 estações automáticas e 92 pontos de monitoramento.

O programa de monitoramento tem duração prevista de pelo menos dez anos. São avaliados 120 parâmetros físicos, químicos e biológicos e as informações alimentam um banco de dados utilizado para nortear políticas de gestão da qualidade da água no rio, numa ação inédita no país. Cerca de 80 mil dados já foram compilados e compartilhados com os órgãos ambientais.

Desde 2016, os níveis de metais no curso d'água do Rio Doce têm se mantido na normalidade, em valores semelhantes aos encontrados antes do rompimento da barragem. Nas últimas avaliações realizadas em

2017 nenhum parâmetro registrou violação do limite para abastecimento para consumo humano.

i) Recuperação de Nascentes

Como já informado anteriormente, para a restauração completa do ecossistema impactado, além das intervenções corretivas diretas, também era preciso estimular a capacidade autorrenovadora da natureza. Estabeleceu-se, portanto, a obrigação de recuperação de pelo menos 5.000 nascentes em áreas a serem definidas pelo Comitê da Bacia Hidrográfica do Doce. Nesse contexto, 511 já estão cercadas e em processo de recuperação.

A recuperação de nascentes vem sendo desenvolvida em parceria com o Comitê da Bacia Hidrográfica do Rio Doce (CBH-DOCE), que define os locais e a quantidade de nascentes contempladas, juntamente com os comitês dos afluentes (CBH-Piranga, CBH-Suaçuí e CBH-Pontões e Lagoas do Doce). O programa disponibilizou, em 2017, 306 mil mudas de espécies de Mata Atlântica, plantadas ao redor dessas nascentes.

j) Recuperação do Reservatório da UHE Risoleta Neves

O retorno operacional da Usina de Candonga depende da execução das ações necessárias para o desassoreamento do reservatório da UHE Risoleta Neves. Aproximadamente 1 milhão de metros cúbicos já foram dragados. Além disso, já foram iniciadas as obras de terraplenagem e implantação da linha de tubulação que fará o transporte do material dragado de Candonga até o local adquirido pela Fundação para receber o rejeito, com capacidade de armazenar até 7 milhões de metros cúbicos.

Vale acrescentar que a determinação contida no TTAC quanto à dragagem dos primeiros 400 metros do reservatório da UHE até dezembro de 2016 foi descumprida pela SAMARCO, o que resultou na aplicação de multa punitiva pelo CIF, além de multa diária enquanto persistisse o descumprimento da obrigação.[83] Após o indeferimento dos recursos interpostos pela SAMARCO,[84] o valor da multa punitiva (R$ 1 milhão de reais) e o da multa diária (R$ 50 mil reais) foram consolidados[85] e tiveram sua aplicação destinada para ações compensatórias adicionais.[86]

---

[83] Deliberação CIF nº 45, de 2017.
[84] Deliberação CIF nº 54, de 2017.
[85] Deliberação CIF nº 80, de 2017.
[86] Deliberação CIF nº 115, de 2017.

k) Segurança das Estruturas Remanescentes e Contenção de Rejeitos

A segurança das estruturas remanescentes após o rompimento também faz parte do escopo do TTAC. O programa de contenção de rejeitos atua para evitar o carreamento do rejeito que ficou armazenado na barragem de Fundão – 12,9 milhões de metros cúbicos – e deixar o sistema de barramento mais seguro. Várias obras de revisão de diques já existentes e construção de diques emergenciais foram executadas em 2017. Entre elas, a conclusão do dique S4 e das obras de reforço dos diques Sela, Selinha, Tulipa e Santarém. Houve ainda a conclusão do barramento de Nova Santarém e a elevação em 709,5 metros do dique S3, do qual foram removidos 600 metros cúbicos de rejeito.

Além desses dados preliminares, também podem ser destacadas outras informações, tais como:[87]

1) Reabilitação de 101 tributários;

2) Controle de erosão e reconformação das margens em 1.628 hectares de planícies entre Mariana e Rio Doce;

3) 71 mil laudos de análise de água foram emitidos;

4) 830 hectares foram emergencialmente revegetados, sobretudo nos Municípios de Mariana e Barra Longa;

5) Aproximadamente 13 mil toneladas de silagem para alimentação rural foram distribuídas para as áreas impactadas, como complementação às quase 6 mil toneladas de forragem plantadas nas propriedades;

6) Dois mil bens arquitetônicos de igrejas, como peças sacras e documentos, nas áreas impactadas, foram resgatados;

7) Os municípios de Mariana, Barra Longa, Santa Cruz do Escalvado e Rio Doce têm agora um sistema de alerta instalado pela SAMARCO em caso de outra emergência ambiental relacionada às barragens. Adaptado à nova legislação vigente, o sistema é composto por 31 sirenes, instaladas ao longo de 2016;

8) Desde o início das atividades da Fundação Renova, não houve qualquer interrupção no fornecimento e a água oferecida às populações pelas estações de tratamento municipais está em

---

[87] Disponível em: <http://www.fundacaorenova.org/wp-content/themes/fundacao-2016/arquivos/relatorioatividades.pdf>. Acesso em: 25 ago. 2017.

conformidade com todos os requisitos de potabilidade, o que tem sido verificado regularmente pelas autoridades;
9) Melhoria de 14 estações de tratamento de água e seis adutoras entregues.

Para que se tenha uma ideia visual dos avanços, ainda que parciais, obtidos em decorrência da execução dos programas socioambientais e socioeconômicos previstos no TTAC, seguem algumas fotos comparativas da área impactada antes das ações reparatórias e após o início de sua execução, todas extraídas dos relatórios da Fundação Renova:

Figuras 37 e 38 – Fotos do Rio Gualaxo do Norte em 04/01/2016 e 14/04/2017, extraídas de relatório de execução das ações da Fundação Renova

Fonte: Divulgação Fundação Renova.[88]

Figuras 39 e 40 – Fotos de ponte destruída no distrito de Águas Claras, em Mariana, em 24/11/2015 e 23/08/2017, extraídas de relatório de execução das ações da Fundação Renova

Fonte: Divulgação Fundação Renova.[89]

---

[88] Disponível em: <http://www.fundacaorenova.org/>. Acesso em: 19 fev. 2018.
[89] Disponível em: <http://www.fundacaorenova.org/>. Acesso em: 19 fev. 2018.

Figuras 41 e 42 – Fotos de Baixo Guandu, em 16/11/2015 e 02/09/2017, extraídas de relatório de execução das ações da Fundação Renova

Fonte: Divulgação Fundação Renova.[90]

Figuras 43 e 44 – Foz do Rio Doce, em Regência, em 22/11/2015 e 06/09/2017

Foto "antes": Fred Loureiro/Secom/ES[91]
Foto "depois": Divulgação Fundação Renova, extraída de relatório de execução das ações da Fundação Renova.[92]

Se, por um lado, as realizações acima apontadas confirmam a efetividade do TTAC, por outro, alguns atrasos na execução das obrigações

---

[90] Disponível em: <http://www.fundacaorenova.org/>. Acesso em: 19 fev. 2018.
[91] Disponível em: <https://fotospublicas.com/marinha-retira-sigilo-sobre-informacoes-do-desastre-causado-por-barragem-da-samarco-sa-em-mariana-mg/>. Acesso em: 19 fev. 2018.
[92] Disponível em: <http://www.fundacaorenova.org/>. Acesso em: 19 fev. 2018.

previstas devem servir de alerta para o aumento de fiscalização e do exercício do poder punitivo por parte das autoridades públicas. Não se pretende, no presente texto, afirmar que o trabalho não possui falhas, nem dizer que a recuperação do Rio Doce anda a todo vapor. Exatamente por isso é que a atuação dos órgãos governamentais ambientais deve ser enérgica e rigorosa.

A propósito, além das multas por descumprimento do TTAC, que já foram aplicadas, em razão do atraso no cumprimento das medidas, reforçando os valores a serem usados nas compensações ambientais, o acordo não afasta a imposição de penalidades por parte dos entes públicos.

Até dezembro de 2017, o Estado de Minas Gerais já havia lavrado 37 autos de infração, sendo 31 deles após a celebração do acordo, em valor total que supera R$ 370 milhões, em razão da sonegação de dados ou informações; pela continuidade de vazamento de rejeitos; pela operação de atividade poluidora; pelo descumprimento de condicionantes da licença de operação etc.[93] Da mesma forma, o IBAMA tem exercido constante e firme fiscalização, inclusive com a aplicação de severas multas. Pela autarquia ambiental federal, a SAMARCO foi notificada 73 vezes e recebeu 24 autos de infração até dezembro de 2017, sendo 19 após a assinatura do acordo, em valores que ultrapassam R$ 340 milhões. Finalmente, o Instituto Estadual de Meio Ambiente e Recursos Hídricos do Espírito Santo – IEMA expediu 19 intimações, 19 advertências e quatro autos de infração até novembro de 2016.

Esses dados demonstram que o acordo não arrefeceu o poder fiscalizatório e punitivo do Estado, nem comprometeu a isenção e a independência de sua atuação. Com o início do trabalho do CIF, aumentou o esforço coletivo por parte do poder público para buscar a realização de ações efetivas tanto por parte da SAMARCO, em um primeiro momento, quanto da Fundação Renova, em um segundo momento, para a recuperação da área atingida, a prevenção de novos danos e a indenização dos danos gerados aos impactados. Até janeiro de 2018, o colegiado já havia realizado 22 reuniões ordinárias, além de diversas reuniões extraordinárias, bem como expedido 151 deliberações sobre os mais variados temas, como a definição da lista de unidades de conservação que deverão ser objeto de estudo para avaliação da incidência e magnitude dos impactos gerados pelo rompimento da

---

[93] O primeiro auto de infração aplicado (de nº 68513, de 12/11/2015), no valor de R$ 112.690.376,32 já está sendo exigido. Em menos de um ano, foi decidido em primeira e segunda instâncias administrativas, não cabendo mais recurso e a multa é devida e exigível.

barragem de Fundão; a aprovação do Procedimento Operacional Padrão – POP apresentado pela Ernst & Young (empresa de auditoria independente responsável pelo acompanhamento dos programas do TTAC); a aprovação dos critérios de validação do Cadastro Integrado do Programa de Levantamento e de Cadastro dos Impactados.[94]

Em diversas oportunidades o CIF considerou a atuação da SAMARCO ou da Fundação insuficientes ou insatisfatórias. Ainda em junho de 2016,[95] por exemplo, o CIF apontou real risco de carreamento de rejeitos quando do início do período chuvoso iminente, dada a ausência de conclusão, naquela oportunidade, das estruturas de contenção dos rejeitos. Naquele momento, a maior parte das recomendações feitas não estava sendo plenamente cumprida. Até dezembro de 2016, o alto número de locais sem nenhuma intervenção era preocupante: conservação do solo (71%); drenagem (62%); contenção (53%). Essas ações, porém, eram essenciais para a contenção dos sedimentos e para impedir o carreamento de rejeitos para os corpos hídricos.

Depois do rompimento da barragem, em 2015, os rejeitos foram, em sua maior parte, contidos pela Usina Hidroelétrica Risoleta Neves (Candonga), que evitou, assim, que o mar de lama atingisse integralmente as águas do Rio Doce, alcançando cidades de grande porte, como Governador Valadares, que possui mais de 250 mil habitantes e se situa às margens do rio. Apesar das rigorosas manifestações do CIF, ocorreu um atraso significativo no início da dragagem emergencial dos primeiros 400 metros a montante da Usina de Candonga. O CIF não admitiu a alteração do prazo final dos trabalhos e exigiu que se intensificassem os esforços, em especial porque, até 14 de outubro de 2016, haviam sido dragados somente 427 mil m³. Com o atraso na dragagem e na remoção de rejeitos, a possibilidade de carreamento de novos elementos, no período chuvoso 2016-2017, colocou em alerta os órgãos governamentais, uma vez que não se podia descartar o risco de ruptura da própria estrutura da usina, o que seria uma catástrofe de dimensões bíblicas.

O descumprimento do TTAC nesse ponto, inclusive, resultou na primeira aplicação de multa diretamente pelo CIF.[96] O recurso interposto

---

[94] Comitê Interfederativo (CIF). *IBAMA*. Distrito Federal, 21 nov. 2016. Disponível em: <http://www.IBAMA.gov.br/index.php?option=com_content&view=article&id=699&Itemid=587>. Acesso em: 03 fev. 2017.

[95] Deliberação nº 03, de 2016.

[96] Deliberação CIF nº 45, de 2017.

CAPÍTULO 10
RESULTADOS PRELIMINARES DA EXECUÇÃO DO TTAC. COMPROVAÇÃO DO ACERTO DA SOLUÇÃO | 139

pela SAMARCO foi indeferido e a multa foi efetivamente exigida, tendo sua aplicação destinada para ações compensatórias adicionais.[97]

Nesse compasso, decorridos pouco mais de dois anos do desastre, ainda não há motivos para celebrar os resultados obtidos. Há falhas claras na execução do acordo, mas também há medidas previstas no TTAC para o enfrentamento dessa questão. A propósito, os indicadores que apontam falhas de execução apenas são possíveis de serem aferidos em razão da existência de parâmetros de cumprimento de obrigações definidos no TTAC.

Em novembro de 2017, no aniversário de dois anos da tragédia, diversos veículos de comunicação publicaram balanços, comentários e reportagens sobre os avanços e dificuldades na recuperação social, econômica e ambiental da região, sobretudo após a assinatura do TTAC. Um desses veículos foi a *Folha de S.Paulo*, que se utilizou de seu editorial para tratar do assunto:[98]

> Dois anos após a tragédia que soterrou o subdistrito de Bento Rodrigues, em Mariana (MG), e enlameou a bacia do rio Doce com uma montanha de rejeitos do tamanho do Corcovado, vai se provando acertada a iniciativa de criar um órgão independente para comandar a mitigação do maior desastre da mineração mundial.
>
> A Fundação Renova, que começou a funcionar dez meses depois do rompimento da barragem de Fundão, tem dotação mínima de R$11 bilhões da Samarco e suas controladoras (Vale e BHP Billiton) para reparações e compensações até 2030. Já gastou R$1,8 bilhão.
>
> Em pouco mais de um ano, a Renova reuniu considerável portfólio de realizações. Enviesado, porém.
>
> A recuperação do ambiente afetado caminha mais rapidamente que o previsto. Um conjunto de 101 tributários do Doce teve suas margens estabilizadas e recompostas. O esforço de revegetação progride bem, mesmo onde o lodo derramado permanece sobre o solo.
>
> Bem mais difíceis de regenerar, porém, são as chagas sociais.
>
> Os 8.274 cartões distribuídos para pagamento de auxílio emergencial de um salário mínimo não configuram mais que um paliativo. Despenderam-se cerca de R$500 milhões em indenizações, mas o cadastramento anda devagar, por complexa a comprovação de residência, renda perdida e prejuízos.
>
> As 362 famílias por reassentar padecem de discriminação em Mariana, cuja população anseia pelos empregos antes providos pela Samarco. Se

---

[97] Deliberação CIF n° 115, de 2017.

[98] Efeito Mariana. *Folha de S.Paulo*. Disponível em: <http://www1.folha.uol.com.br/opiniao/2017/11/1932799-efeito-mariana.shtml?loggedpaywall#>. Acesso em: 09 fev. 2018.

tudo der certo, os ressarcimentos e os novos vilarejos de Bento Rodrigues, Paracatu de Baixo e Gesteira estarão concluídos até 2019.

O escopo da Renova, entretanto, vai muito além. O termo de ajustamento de conduta que lhe deu origem prevê ampla compensação socioambiental. Sua missão é nada menos que ressuscitar, por assim dizer, o Doce e seu vale, começando pela universalização de coleta e tratamento de esgotos.

Mais até que a mineração, séculos de pecuária extensiva e consequente erosão de encostas assorearam o rio. A fundação se compromete a reflorestar 470 km² na região e recuperar 5.000 nascentes.

Produzir os 30 milhões de mudas necessárias nem é o maior desafio, mas sim engajar a população e dezenas de entidades – associações, sindicatos, órgãos públicos – num processo que não se limite ao meramente assistencial.

A estratégia adotada até aqui impõe laboriosa busca de consensos. Só no Comitê Interfederativo ao qual a Renova responde há sete dezenas de organizações. Incluindo as 42 câmaras técnicas que a assessoram, já se realizaram 1.715 reuniões com 53 mil participantes.

Ninguém imaginou que sanear o estrago feito pela Samarco seria simples nem rápido. Há, sim, chance de que o arranjo institucional inovador logre o que a muitos terá parecido infactível: remediar tamanha agressão ao ambiente com um mínimo de justiça social.

O sentimento trazido pelo editorial da *Folha de S.Paulo* é compartilhado pelos autores da presente obra. Há falhas na execução e ainda resta muito a fazer, mas o que se fez, invariavelmente, decorreu da ousadia institucional e do arranjo inovador que moldou os consistentes programas constantes no TTAC.

Em um país onde os desastres nunca são devidamente remediados, existe sim a esperança de que algo de bom aconteça, apesar de todas as críticas.

CAPÍTULO 11

DA CONVERGÊNCIA SUPERVENIENTE ENTRE O MINISTÉRIO PÚBLICO E OS ENTES FEDERADOS. PROPOSTA DE REPACTUAÇÃO PARCIAL DO TTAC

Desde o início das tratativas que deram origem ao TTAC, as Advocacias Públicas exigiram que fosse ressalvada e privilegiada uma ACP que havia sido proposta na comarca de Mariana pelo órgão do MPE/MG local. Nesse sentido, os valores mantidos em depósito judicial, no total de R$ 300 milhões, foram preservados e destacados do volume total de recursos que deveria ser aportado à Fundação. Os danos causados ao Município de Mariana exigiam atuações pontuais e emergenciais e o MPE/MG havia avançado em seu trabalho (digno de encômios, frise-se) e estava próximo o bastante, na comarca, dos atingidos, que necessitavam de atenção especial.

O TTAC, porém, buscou oferecer um "colchão protetivo" mais amplo, uma solução global para os problemas que afetavam várias comarcas, de dois Estados. A ideia foi a de modelar um plano maior de recuperação da Bacia do Rio Doce e de atendimento das necessidades da população (brasileira) afetada pela tragédia. As advocacias públicas (AGU, AGE/MG e PGE/ES), assim, buscaram, para tanto, o apoio de todos os órgãos e entes públicos e tentaram convergir todos os esforços, em especial, procuraram juntar ao conhecimento jurídico a expertise dos órgãos e das entidades públicas especializadas.

O TTAC, que não traz limites de gastos com reparações (vale sempre frisar), é uma tentativa de solução holística para as consequências do desastre. O acordo foi firmado pelas empresas e pelos órgãos e entidades da Administração Pública Federal e dos Estados de MG e do ES, sob a chancela de suas advocacias públicas. Embora tenham participado das reuniões e dos debates, os órgãos do Ministério Público não assinaram o TTAC. Assim, obviamente, o acordo constituía-se em um verdadeiro e significativo "colchão protetor" para os impactados e para os trabalhos de recuperação, que poderiam se iniciar imediatamente. O TTAC, assim, cumpria seu papel fundamental: possibilitar uma solução técnica, ampla, suficiente e, sobretudo, rápida. Entretanto, o TTAC não impediria ou prejudicaria nenhum trabalho subsequente dos órgãos do Ministério Público.

Nos anos subsequentes ao desastre e após a assinatura do TTAC, os diferentes órgãos do Ministério Público realizaram tentativas de conciliação direta com as empresas mineradoras, logrando êxito em celebrar acordos sobre questões pontuais ligadas à tragédia. Uma solução final mais abrangente para os problemas decorrentes do rompimento da barragem de Fundão foi buscada por intermédio do Termo de Ajustamento Preliminar (TAP), firmado em 18 de janeiro de 2017 pelo MPF e pelas empresas mineradoras, segundo o qual seriam contratadas entidades para atuarem como peritas, assessorias e/ou assistentes técnicas com a finalidade de efetuar diagnósticos socioambiental e socioeconômico, bem como avaliar/monitorar os programas do TTAC, tudo isso visando celebrar um Termo de Ajustamento de Conduta Final que fosse homologado em juízo.

No final de 2017, uma maior aproximação dos órgãos do Ministério Público (federal e estaduais) e das advocacias públicas (federal e estaduais) favoreceu uma convergência de posicionamentos quanto às medidas a serem adotadas para o enfrentamento das consequências do desastre. Ressalve-se que os trabalhos e os projetos previstos no TTAC, durante esse debate, não poderiam e nem deveriam ser interrompidos.

Ultrapassando algumas críticas anteriormente efetuadas, o Ministério Público, de forma construtiva, propôs o avanço no diálogo com vistas a promover a adaptação de alguns pontos específicos do TTAC, o que foi prontamente recepcionado pelos órgãos da Administração Pública. Essa nova fase de tratativas, com o Ministério Público e com todas as partes signatárias do TTAC, com o escopo de fazer mudanças pontuais no acordo visa ao aperfeiçoamento da solução anteriormente adotada pelos entes federados, que buscaram, sempre, uma solução conciliatória, célere e definitiva para o litígio.

As linhas mestras e as premissas principais do TTAC são mantidas e confirmadas nessa nova fase do debate e no processo conciliatório, deixando evidenciado, portanto, que o instrumento serviu (e vem servindo) ao seu propósito. Resta claro, assim, que o TTAC trouxe a melhor alternativa para fazer frente ao complexo quadro apresentado no momento de sua celebração, que exigia uma resposta rápida e efetiva por parte dos entes públicos.

O acordo sempre foi encarado pelas advocacias públicas como um "colchão protetivo" a partir do qual seriam adotadas medidas para reparar, mitigar e compensar os danos ambiental e socioeconômico. Nesse sentido, o TTAC foi modelado para permitir avanços. Portanto, eventuais ganhos para a sociedade por meio de ampliações das obrigações das empresas e do aprofundamento dos mecanismos de controle/fiscalização das atividades da Fundação sempre seriam bem-vindos. O TTAC nunca afastou a possibilidade de serem adotadas providências complementares pelo Ministério Público e pelos cidadãos, não servindo de empecilho para nenhum processo de convergência e de repactuação parcial.

Por certo, uma composição final entre as empresas, os entes federados, o Ministério Público e a Defensoria Pública confere, com certeza, uma maior segurança jurídica para a resolução do problema. Iniciaram-se, assim, rodadas de negociações, com a participação dos órgãos das Advocacias Públicas estaduais e federal, dos Ministérios Públicos estaduais e federal, das Defensorias Públicas estaduais e da União, dos entes federados e das empresas, visando obter alterações em regras pontuais do TTAC, mantidos os pilares do acordo (como a gestão dos programas por fundação criada pelas empresas e o acompanhamento das ações de recuperação/reparação/compensação pelo CIF). O importante é que todo esse debate e todo esse processo de conciliação ocorrem sem prejudicar os trabalhos e os projetos previstos no TTAC; todas as tratativas avançam enquanto a Fundação cumpre o TTAC.

O processo de repactuação do acordo foi dividido em duas etapas: (a) a primeira envolve ajustes no processo de governança previsto no TTAC e a criação de regras para o processo de negociação para repactuação dos programas socioeconômicos e socioambientais; (b) a segunda está ligada à repactuação de alguns pontos dos programas do TTAC.

A primeira etapa foi concluída no dia 25 de junho de 2018, tendo as partes celebrado um TAC (anexo) contendo algumas modificações em relação aos termos do TTAC, aperfeiçoando o modelo de governança da Fundação Renova. O TAC foi assinado pelo MPF, pelos Ministérios Públicos do Estado de Minas Gerais e Espírito Santo, pelas Defensorias Públicas da União e dos Estados de Minas Gerais e do Espírito Santo, pela AGE/MG, pela PGE/ES, pela AGU, além das empresas Samarco Mineração S.A., Vale S/A e BHP Billiton Brasil LTDA. Esse novo termo, que se consubstancia, na essência, em um aditivo ao TTAC, tem o objetivo de alterar o processo de governança do TTAC para definição e execução dos programas, projetos e ações de integral reparação dos danos causados; aprimorar os mecanismos de efetiva participação das pessoas atingidas pelo rompimento da barragem; e estabelecer o processo de negociação visando à eventual repactuação dos programas já em curso sob a responsabilidade da Fundação Renova.

O TAC prevê a ampliação da participação social na execução do TTAC, com a criação de instâncias de acompanhamento do acordo integradas por membros da sociedade e por atingidos e a previsão de regras mais específicas quanto a determinados mecanismos previstos no acordo. Busca-se também a modificação da composição de estruturas de controle e o aumento do número das instâncias externas de controle. O alargamento dos canais de diálogo social é positivo e permite, por exemplo, que o trabalho zeloso e profissional que é efetuado pelo CIF seja acompanhado de maneira mais próxima pela sociedade. No que diz respeito às instâncias de controle, é sabido que a fiscalização das ações é fundamental e sempre deve ser aprimorada, entretanto, é preciso sempre se ter o cuidado de não engessar o trabalho da Fundação e do CIF.

O novo TAC preconiza uma série de princípios a serem seguidos na nova fase, entre eles a centralidade da pessoa atingida no processo de governança, o fortalecimento da atuação conjunta e articulada das esferas de governo na proteção dos direitos das pessoas atingidas; transparência nas ações e acesso amplo e adequado à informação; a proteção dos povos indígenas, tradicionais e quilombolas. Por certo, trata-se de adequado aprimoramento do TTAC.

No que diz respeito à governança, o novo acordo prevê a criação de novas estruturas para garantir a efetiva participação dos atingidos nas decisões referentes à reparação dos danos causados pelo rompimento da barragem. A principal modificação trazida pelo novo acordo é a participação das pessoas atingidas em diversas instâncias decisórias e consultivas. Isso se dará pela criação de Comissões Locais, Câmaras Regionais e um Fórum de Observadores, bem como pela garantia do direito dos atingidos de poder contar com o apoio de assessorias técnicas.

As Comissões Locais serão formadas por pessoas atingidas residentes nos municípios ou que tenham sofrido danos nas áreas atingidas. Inicialmente serão formadas 19 comissões, que contarão com apoio técnico, cursos e treinamentos para participar do processo. Já as Câmaras Regionais constituirão fóruns de discussão, organização participativa e de interlocução com a Fundação Renova. O Fórum dos Observadores terá natureza consultiva e irá acompanhar e analisar os

CAPÍTULO 11
DA CONVERGÊNCIA SUPERVENIENTE ENTRE O MINISTÉRIO PÚBLICO E OS ENTES FEDERADOS. PROPOSTA... | 145

resultados dos diagnósticos e das avaliações realizados pelos especialistas contratados pelo MPF, além de acompanhar os trabalhos da Fundação Renova, podendo apresentar críticas e sugestões.

No novo TAC, o CIF teve sua composição alterada, contando, agora, além da participação de representantes da União, dos Estados de Minas Gerais e do Espírito Santo, dos municípios afetados e do Comitê da Bacia do Rio Doce, com três pessoas atingidas (ou especialistas por elas indicados) e um técnico indicado pelas Defensorias Públicas. As Câmaras Técnicas, criadas para auxiliar o CIF em suas atividades, também passarão a contar com representantes da Defensoria Pública e do Ministério Público, assim como de dois atingidos em cada uma delas.

O Conselho dos Curadores da Fundação Renova passará a contar com mais dois membros indicados pelas Câmaras Regionais. Por outro giro, o Conselho Consultivo da Fundação terá sua estrutura aumentada a fim de que participem sete pessoas atingidas ou representantes por elas indicados, dois representantes de organizações não governamentais, três de instituições acadêmicas e dois de entidades atuantes na área de Direitos Humanos.

A Fundação deverá, ainda, manter um programa de integridade (*compliance*), com base na Lei Anticorrupção Brasileira (Lei nº 12.846/13), no Decreto nº 8.420/15 e nas mais modernas legislações e padrões internacionais, que deverá ser submetido administrativamente ao Conselho de Curadores. Todos os trabalhos serão acompanhados por auditoria externa independente (de natureza contábil e financeira, bem como finalística), já prevista no TTAC.

O novo TAC determina, ainda, que seja estabelecido um processo único de repactuação dos programas para reparação integral dos danos do rompimento da barragem. O processo de repactuação busca o aprimoramento futuro dos programas, não prejudicando, no seu decorrer, a manutenção, a continuidade e a eficácia das ações, medidas e projetos já em curso. Esse reajuste será baseado nos diagnósticos de danos ambientais e socioeconômicos e estudos realizados pelos especialistas contratados pelo MPF, e somente terá início após a implementação das Comissões Locais e das Assessorias Técnicas suficientes para subsidiar as negociações. O TAC foi encaminhado para a 12ª Vara da Justiça Federal em Minas Gerais para homologação em 25 de junho de 2018.

A segunda etapa envolve o citado processo de repactuação, que será promovido pelo Ministério Público, pelas Defensorias Públicas, pelas empresas e pelos entes federados no prazo de 24 meses contados da homologação do acordo, podendo ser prorrogado. O processo de repactuação visa ao aprimoramento prospectivo dos programas do

TTAC, não prejudicando a manutenção, continuidade e eficácia das ações, medidas e projetos já em curso.

Os danos decorrentes do desastre são dinâmicos, o que justifica a adoção desse mecanismo de repactuação dos programas do TTAC. Cumpre lembrar que essa repactuação está em sintonia com as diretrizes do TTAC, que prevê revisão ordinária e extraordinária de seus programas. O TTAC, em seu texto original, prevê a revisão de todos os programas a cada três anos de forma a buscar mensurar a efetividade das atividades de reparação e compensação, além da possibilidade de os programas passarem por revisões extraordinárias (por comum acordo entre a Fundação e o CIF).

A revisão e a repactuação dos programas não geram prejuízos para a sociedade, porque o TTAC encontra-se em execução, ou seja, já existe um documento contendo uma série de obrigações a serem cumpridas para a reparação/mitigação/compensação dos prejuízos decorrentes do rompimento da barragem de Fundão.

O cenário atual é, portanto, diferente daquele existente em 2016, quando da negociação e da celebração do TTAC. A premência nas negociações levadas a efeito pelos entes federados, no início de 2016, decorria da necessidade de formatação imediata de programas para a reparação, a compensação e a mitigação dos danos socioambientais e socioeconômicos e criação de mecanismos de gestão, execução, controle e fiscalização desses programas. Como a execução dos programas previstos no TTAC continua em andamento, é possível despender um tempo maior com diagnósticos e tratativas visando a uma futura repactuação.

Enfim, se os instrumentos jurídicos mais ortodoxos sempre redundaram em fracassos e sofrimento, e se o meio ambiente e os atingidos não podiam esperar por uma alternativa perfeita e imune a críticas, o TTAC, indubitavelmente, foi a solução acertada e a base sólida e ampla sobre a qual foi possível construir a melhor alternativa para o problema.

Sem se distanciar da essência do TTAC, os aperfeiçoamentos levados a cabo no TAC de 25 de junho de 2018, por certo, revelam a convergência dos esforços dos mais diversos órgãos e agentes públicos na busca de uma solução concertada eficaz e inovadora para solucionar os problemas causados pelo grave acidente.

CAPÍTULO 12

A POSSIBILIDADE DE RETORNO
DAS ATIVIDADES

A SAMARCO é uma empresa brasileira de mineração, com 40 anos de história, que tem como principal produto pelotas de minério de ferro comercializadas para a indústria siderúrgica nacional. Era a 12ª maior exportadora do Brasil no ano de 2015 e já investiu, no Brasil, de 2011 a 2015, mais de 9 bilhões de reais, contando com duas unidades industriais e três minerodutos, com 400 km de extensão cada.

Em 2014, a Samarco recolheu cerca de R$ 1,5 bilhão em tributos. Apenas para Minas Gerais, a empresa recolheu R$ 236 milhões, o equivalente a 0,5% da receita do Estado em 2014, sem considerar os impostos gerados pela cadeia produtiva. Após o desastre, a empresa teve de reduzir seu quadro de funcionários em 40% e 924 empregados aderiram ao Programa de Demissão Voluntária.

A receita da SAMARCO equivale a 1,5% do PIB de Minas Gerais e 6,4% do PIB do Espírito Santo e os impostos gerados diretamente pelas atividades da empresa correspondem a 54% da receita de Mariana (MG), 35% da receita de Ouro Preto (MG) e 50% da receita de Anchieta (ES).

Trocando em miúdos, a empresa é significativa para a economia dos Estados de Minas Gerais e Espírito Santo e sua paralisação significa severos prejuízos econômicos para os Estados, bem como proporciona uma massa de desempregos (diretos e indiretos) enorme. Entretanto, nos dias de hoje, as dificuldades são grandes, inclusive no que diz respeito ao sentimento da coletividade quanto ao retorno das atividades da empresa. Na realidade, movimentos organizados de desempregados e de pessoas que querem o retorno do funcionamento da empresa rivalizam com movimentos ecológicos contrários ao retorno das atividades.

Percebe-se, apesar do cenário politicamente desfavorável à empresa, um crescente movimento pelo retorno de suas operações.

Nesse sentido, manifestou-se o presidente da Federação das Indústrias do Estado de Minas Gerais (FIEMG), Olavo Machado Júnior, em artigo publicado no *Valor Econômico*:[99]

> É hora de a Samarco voltar a funcionar, a produzir, a gerar renda e milhares de empregos. Estudos realizados por empresas especializadas advertem para vultosos prejuízos econômicos e sociais, a partir de 2017, se a empresa permanecer fechada – com impactos na receita operacional, exportações, emprego, massa de renda e arrecadação tributária.
>
> Nas exportações, o prejuízo mensal será de US\$64 milhões – e de US\$914 milhões anuais até 2026 (horizonte do estudo realizado); no que se refere ao mercado de trabalho, deixarão de ser gerados quase 20 mil empregos diretos e indiretos em 2017 – 4.111 no Espírito Santo e 14.531 em Minas Gerais. Na área tributária, a inatividade da Samarco representará uma perda média de R\$1,2 bilhão anualmente – quase R\$12 bilhões em dez anos (2016). Para Minas Gerais, que se encontra em 'estado de calamidade financeira', é uma perda inaceitável.
>
> Em 2017, a cada mês que permanecer fechada, a empresa deixa de faturar R\$368 milhões, o que corresponde a US\$5,3 bilhões anuais e US\$52 bilhões nos próximos dez anos. A perda de massa de renda que deixa de circular é, em média, de R\$104,5 milhões (mês), R\$1,3 bilhão (ano) e R\$12,7 bilhões em dez anos. Mariana e toda a região não merecem mais essa tragédia.

Após o desastre, algumas alterações legislativas se mostraram necessárias. A Lei Mineira nº 21.972, de janeiro de 2016, tornou mais rigorosas as medidas de controle ambiental determinadas para o licenciamento ambiental de atividade ou empreendimento que possa colocar em grave risco vidas humanas ou o meio ambiente. Da mesma forma, o Poder Executivo do Estado de Minas Gerais passou a ter o dever de fomentar, por todos os meios, alternativas à implantação de barragens, com a finalidade de promover a preservação do meio ambiente e a redução dos impactos ambientais gerados por empreendimentos de mineração.

O Decreto nº 46.993, de maio de 2016, determinou que as barragens de contenção de rejeitos de mineração com alteamento a montante apresentassem uma auditoria extraordinária de segurança. Os empreendimentos que possuíssem barragens com alteamento

---

[99] Um novo final para a tragédia de Mariana. Disponível em: <http://www7.fiemg.com.br/fiemg/noticias/detalhe/um-novo-final-para-a-tragedia-de-mariana>. Acesso em: 09 fev. 2018.

a montante tiveram que apresentar plano de ação, com medidas emergenciais a serem tomadas em caso de problemas na estrutura da barragem, evitando-se, assim, rompimentos e, consequentemente, tragédias como a que aconteceu em Mariana. Da mesma forma, ficaram suspensas as formalizações de processos de licenciamento ambiental de novas barragens de contenção de rejeitos (ou sua ampliação) nas quais se pretenda utilizar o método de alteamento para montante.[100]

As licenças do Complexo de Germano foram suspensas e a SAMARCO foi convocada para realizar licenciamento corretivo de todas as suas estruturas. O processo de licenciamento para retorno das atividades, sobretudo para a disposição de rejeitos na cava da Mina Alegria Sul foi formalizado no dia 23 de junho de 2016 e até janeiro de 2018 ainda não havia sido concluído. Os órgãos ambientais competentes propuseram diversas retificações ao Estudo de Impacto Ambiental e ao Relatório de Impacto Ambiental (EIA/RIMA) apresentado para que pudesse seguir a análise, portanto, ainda não é possível adiantar o resultado do exame completo da viabilidade do Complexo Minerário de Germano.

No final do ano de 2017, o procedimento administrativo que poderá resultar na autorização de retorno das operações da SAMARCO teve avanços.[101] A Câmara de Atividades Minerárias (CMI), que compõe o Conselho Estadual de Política Ambiental (COPAM) da Secretaria de Estado de Meio Ambiente e Desenvolvimento Sustentável de Minas Gerais (SEMAD) aprovou as licenças prévia e de instalação da Mina Cava de Alegria Sul, que faz parte do Complexo de Germano e que será utilizada para depositar os rejeitos.

Embora esse fato represente avanços administrativos no procedimento de reativação produtiva da empresa, trata-se apenas do início do processo, já que a cava ainda precisa receber adaptações e ainda será submetido ao órgão ambiental estadual o pedido de licenças de operação e de operação corretiva. Ainda não há previsão para o retorno das atividades.

---

[100] Em Minas Gerais, em dezembro de 2016, existiam 741 barragens cadastradas, das quais 682 estruturas possuem estabilidade garantida pelo auditor; 26 estruturas com estudos sobre a estabilidade inconclusos por falta de dados ou documentos técnicos; 18 estruturas que não possuem estabilidade garantida pelo auditor; uma estrutura rompida (barragem de Fundão).

[101] Samarco obtém primeira licença no processo de retomada das atividades. Disponível em: <https://g1.globo.com/mg/minas-gerais/desastre-ambiental-em-mariana/noticia/samarco-obtem-primeira-licenca-no-processo-de-retomada-das-atividades.ghtml>. Acesso em: 09 fev. 2018.

Acredita-se que, se a empresa for diligente e cumprir todas as recomendações feitas pelos órgãos ambientais no atendimento das exigências do licenciamento, será possível o retorno às atividades, desde que seja tudo aprovado pelo Conselho de Política Ambiental (COPAM) e pelos órgãos ambientais competentes. Apenas assim a segunda tragédia (a proporcionada pelo desemprego) será solucionada.

CONCLUSÃO

UM CAMINHO PARA UM RIO DOCE MELHOR

Em conclusão, pode-se afirmar que, apesar dos atrasos e dificuldades, nada do que se conseguiu até agora seria passível de concretização se os entes públicos e os órgãos da Advocacia Pública tivessem optado por seguir a via tradicional – litigar em juízo de maneira desarticulada –, e fossem refratários à inovação da solução.

Ninguém suporta ter de aguardar por longos anos para ver algum resultado, sobretudo quando há indivíduos em situações precárias. A proteção dada pelo termo de acordo, que é ampla e sensata, tinha de ser abraçada o quanto antes, sob pena de nunca se tornar realidade.

O TTAC não é isento a críticas, mas certamente é o melhor curso de ação para atenuar os problemas advindos do desastre e para criar uma via sólida e efetiva para a reparação e para a compensação do meio ambiente e da população atingida.

O acordo, de fato, é a pedra fundamental que lança as bases para a recuperação social, econômica e ambiental da área impactada pelo rompimento da barragem de Fundão. É preciso se pensar na recuperação da região e da população impactada em dois momentos: o primeiro, com a criação das bases para a recuperação/compensação decorrente do desastre (o que foi efetuado por meio do acordo) e o segundo, com a efetiva execução das ações previamente acertadas. Esse segundo momento depende, sobretudo, do trabalho árduo, contínuo e vigilante dos representantes do poder público.

Sem o acordo, nada teria ocorrido e, ainda, todos estariam se digladiando judicialmente para a definição de responsabilidades. Com o TTAC, foi possível eliminar uma demorada frente de batalha e, a partir daí, todos os esforços convergiram para o acompanhamento e fiscalização da execução das ações concretas para que se pudesse atingir o objetivo almejado (recuperar o meio ambiente danificado; impedir novos danos ambientais e sociais; recuperar estruturas físicas destruídas e indenizar a população impactada; transformar a região do Rio Doce em uma área mais limpa e com melhores condições ambientais).

Os interesses envolvidos são os mais diversos: alguns dignos de atenção, outros não. Conseguir agradar a todos e atender a todas as expectativas: essa é uma tarefa hercúlea. Nesse compasso, em uma tarefa tão complexa resta dar especial atenção àquilo que é razoável e conforme ao bom senso. Apenas o tempo pode confirmar o acerto das decisões tomadas.

O TTAC celebrado entre, de um lado, SAMARCO, VALE e BHP e, de outro, a União, o Estado de Minas Gerais e do Espírito Santo constituiu, com toda a certeza, a melhor alternativa. Cuida-se de um caso pioneiro de atuação intergovernamental, como forma de atender, com a maior celeridade e eficácia possível, às populações atingidas. Em que pesem as dificuldades, certamente, o projeto de restauração das áreas afetadas pelo rompimento das barragens de Mariana será, no futuro, reconhecido como referência internacional de promoção de justiça e de desenvolvimento, bem como de uso de instrumentos jurídicos inovadores. A esse respeito vale conferir a análise da Organização das Nações Unidas sobre o TTAC.[102]

Para além da restauração da Bacia do Rio Doce, fica para a burocracia estatal a lição aprendida por todos aqueles que participaram desse árduo trabalho: existem alternativas inovadoras às soluções tradicionais, paralisantes e ineficientes, que sempre foram adotadas e que nunca corresponderam às pretensões dos destinatários dos serviços públicos. É preciso arriscar e inovar, sem medo.

No fundo da caixa de pandora, resta a esperança; com ousadia e coragem, é possível sair da lama.

---

[102] Executivo da ONU elogia trabalho de recuperação da bacia do Rio Doce. Disponível em: <http://www.otempo.com.br/mobile/cidades/executivo-da-onu-elogia-trabalho-de-recuperação-da-bacia-do-rio-doce-1.1587856>. Acesso em: 01 abr. 2018.

ANEXOS

ANEXO A – TERMO DE TRANSAÇÃO E DE AJUSTAMENTO DE CONDUTA

A **UNIÃO**, pessoa jurídica de direito público; o **INSTITUTO BRASILEIRO DE MEIO AMBIENTE E DOS RECURSOS NATURAIS RENOVÁVEIS – IBAMA**, autarquia pública federal; o **INSTITUTO CHICO MENDES DE CONSERVAÇÃO DA BIODIVERSIDADE**, autarquia pública federal; a **AGÊNCIA NACIONAL DE ÁGUAS – ANA**; autarquia pública federal; o **DEPARTAMENTO NACIONAL DE PRODUÇÃO MINERAL – DNPM**, autarquia pública federal; a **FUNDAÇÃO NACIONAL DO ÍNDIO – FUNAI**, autarquia pública federal, todos representados pelo Advogado-Geral da União; o **ESTADO DE MINAS GERAIS**, pessoa jurídica de direito público, inscrito no CNPJ sob o nº 05.475.103/0001-21; o **INSTITUTO ESTADUAL DE FLORESTAS –IEF**, autarquia vinculada à Secretaria de Estado de Meio Ambiente e Desenvolvimento Sustentável, criado pela Lei nº 2.606/1962, com regulamento aprovado pelo Decreto nº 45.834, de 22 de dezembro de 2011, CNPJ nº 18.746.164/0001-28; o **INSTITUTO MINEIRO DE GESTÃO DE ÁGUAS – IGAM**, autarquia vinculada à Secretaria de Estado de Meio Ambiente e Desenvolvimento Sustentável, criada pela Lei nº 12.584, de 17 de julho de 1997, com regulamento aprovado pelo Decreto nº 46.636, de 28 de outubro de 2014, CNPJ nº 17.387.481/0001-32; a **FUNDAÇÃO ESTADUAL DE MEIO AMBIENTE – FEAM**, instituída pelo Decreto nº 28.163, de 6 de junho de 1988, nos termos da Lei nº 9.525, de 29 de dezembro de 1987, CNPJ nº 25.455.858/0001-7, todos representados pela Advocacia-Geral do Estado de Minas Gerais, com sede na Rua Espírito Santo, nº 495, 8º andar, Belo Horizonte,

CEP 30.160-030; o **ESTADO DO ESPÍRITO SANTO**, pessoa jurídica de direito público; o **INSTITUTO ESTADUAL DE MEIO AMBIENTE E RECURSOS HÍDRICOS – IEMA**, autarquia estadual; **INSTITUTO DE DEFESA AGOPECUÁRIA E FLORESTAL DO ESPÍRITO SANTO – IDAF**, autarquia estadual; e a **AGÊNCIA ESTADUAL DE RECURSOS HÍDRICOS – AGERH**, autarquia estadual, todos representados pela Procuradoria-Geral do Estado do Espírito Santo; doravante denominados **COMPROMITENTES**; A **SAMARCO MINERAÇÃO S.A.**, pessoa jurídica de direito privado, sociedade anônima fechada, inscrita no CNPJ sob o nº 16.628.281/0001-61, com matriz localizada à rua Paraíba, nº 1.122, 9º, 10º, 13º, 19º e 23º andares, Bairro Funcionários, Belo Horizonte, MG, CEP 30.130-918, neste ato representada por ROBERTO LÚCIO NUNES DE CARVALHO, Diretor-Presidente, CPF nº 294.322.436-72 e MAURY DE SOUZA JUNIOR, Diretor de Projetos e Ecoeficência, CPF nº 639.573.296-04, doravante denominada **SAMARCO**; a **VALE S.A.**, pessoa jurídica de direito privado, sociedade anônima aberta, inscrita no CNPJ sob o nº 33.592.510/0001-54, com matriz localizada à Avenida das Américas, número 700, Bloco 8, Loja 318, Barra da Tijuca, Rio de Janeiro/ RJ – CEP 22640-100100, neste ato representada por MURILO PINTO DE OLIVEIRA FERREIRA, brasileiro, casado, administrador de empresas, portador da carteira de identidade IFP/RJ nº 004.922.272-2, inscrito no CPF/MF sob nº 212.466.706-82, e CLÓVIS TORRES JUNIOR, brasileiro, casado, advogado, inscrito na OAB/RJ sob o nº 127.987 e no

CPF/MF sob o nº 423.522.235-04, doravante denominada **VALE**; e a **BHP BILLITON BRASIL LTDA.**, pessoa jurídica de direito privado, sociedade limitada, inscrita no CNPJ sob o nº 42.156.596/0001-63, com matriz localizada à Av. das Américas, nº 3.434, Bloco 07, Sala 501, Bairro Barra da Tijuca, Rio de Janeiro, RJ, CEP 22.640-102, neste ato representada por DIANO SEBASTIANO DALLA VALLE, australiano, casado, engenheiro, portador do Passaporte Australiano nº N5335479, com endereço comercial na Cidade do Rio de Janeiro, à Av. das Américas, 3434, Bloco 7, Salas 505 e 506 e FLÁVIO DE MEDEIROS BOCAYUVA BULCÃO, brasileiro, casado, advogado, portador da carteira de identidade OAB/RJ nº 60.160, com endereço comercial na Cidade do Rio de Janeiro, à Av. das Américas, 3434, Bloco 7, Salas 505 e 506, doravante denominada **BHP**, e em conjunto com VALE doravante denominadas "ACIONISTAS".

CONSIDERANDO o disposto no artigo 225, da Constituição Federal, que trata da incumbência do Poder Público de defender e preservar o ambiente ecologicamente equilibrado;

CONSIDERANDO a necessidade de recuperação, mitigação, remediação e reparação, inclusive indenização, pelos impactos socioambientais e socioeconômicos, quando possível, causados pelo rompimento da barragem de Fundão, pertencente ao complexo minerário de Germano, em Mariana-MG, bem como prestação de assistência social aos IMPACTADOS;

CONSIDERANDO que a celebração deste acordo judicial visa pôr fim ao litígio por ato voluntário das partes, reconhecendo que a autocomposição é a forma mais célere e efetiva para resolução da controvérsia, não implicando assunção de responsabilidade pelo EVENTO;

CONSIDERANDO que as medidas compensatórias devem ser proporcionais aos impactos não reparáveis ou não mitigáveis advindos do EVENTO, tendo, dentre outras previstas neste Acordo, a finalidade de acelerar o processo de recuperação da Bacia do Rio Doce, regiões estuarinas, costeiras e marinha, em especial a qualidade e a quantidade de águas nos tributários e assim na calha principal impactada;

CONSIDERANDO que o rompimento da barragem de Fundão trouxe consequências ambientais e sociais, em um EVENTO que atingiu 680 km de corpos d'água nos estados de Minas Gerais e Espírito Santo, além de impactos a regiões estuarinas do Rio Doce e regiões costeiras e marinha;

CONSIDERANDO que os COMPROMITENTES entendem que, dentre os impactos socioambientais decorrentes do rompimento da barragem, encontram-se:
a) impacto de *habitat* e da ictiofauna ao longo dos rios Gualaxo, Carmo e Doce, perfazendo 680 km de rios;
b) alteração na qualidade da água dos rios impactados com lama de rejeitos de minério;
c) suspensão no abastecimento público decorrente do EVENTO nas cidades e localidades impactadas;
d) suspensão das captações de água decorrente do EVENTO para atividades econômicas, propriedades rurais e pequenas comunidades ao longo dos rios Gualaxo do Norte, Rio do Carmo e Rio Doce;
e) assoreamento no leito dos rios Gualaxo do Norte, Carmo e do Rio Doce até o reservatório da barragem de UHE Risoleta Neves;
f) impacto nas lagoas e nascentes adjacentes ao leito dos rios;
g) impacto na vegetação ripária e aquática;
h) impacto na conexão com tributários e lagoas marginais;
i) alteração do fluxo hídrico decorrente do EVENTO;
j) impacto sobre estuários e manguezais na foz do Rio Doce;
k) impacto em áreas de reprodução de peixes;
l) impacto em áreas "berçários" de reposição da ictiofauna (áreas de alimentação de larvas e juvenis);
m) impactos na cadeia trófica;

ANEXO A – TERMO DE TRANSAÇÃO E DE AJUSTAMENTO DE CONDUTA | 157

n) impactos sobre o fluxo gênico de espécies entre corpos d'água decorrente do EVENTO;

o) impactos em espécies com especificidade de *habitat* (corredeiras, locas, poços, remansos etc) no Rio Gualaxo do Norte e do Rio do Carmo;

p) mortandade de espécimes na cadeia trófica decorrente do EVENTO;

q) impacto no estado de conservação de espécies já listadas como ameaçadas e ingresso de novas espécies no rol de ameaçadas;

r) comprometimento da estrutura e função dos ecossistemas aquáticos e terrestres associados decorrente do EVENTO;

s) comprometimento do estoque pesqueiro, com impacto sobre a pesca decorrente do EVENTO;

t) impacto no modo de vida de populações ribeirinhas, populações estuarinas, povos indígenas e outras populações tradicionais; e

u) impactos sobre Unidades de Conservação.

CONSIDERANDO os impactos que venham a ser identificados em relação aos pescadores, agricultores familiares, areeiros, setor de turismo e negócios ligados ao esporte e lazer, dentre outros segmentos econômicos;

CONSIDERANDO os impactos que venham a ser identificados em relação às comunidades indígenas e demais povos, comunidades ou populações tradicionais;

CONSIDERANDO os impactos que venham a ser identificados em relação ao patrimônio histórico e cultural e à cultura das comunidades atingidas;

CONSIDERANDO a necessidade de assegurar aos IMPACTADOS, incluindo as pessoas físicas e jurídicas, comunidades e movimentos sociais organizados, a participação social na discussão e acompanhamento das ações previstas no presente Acordo;

CONSIDERANDO a necessidade de dar acesso à informação ampla, transparente e pública, em linguagem acessível, adequada e compreensiva a todos os interessados,

como condição necessária à participação social esclarecida;

CONSIDERANDO a necessidade de criar canais de comunicação e interação com a sociedade em espaços fixos ou itinerantes, com a instituição de mesa de diálogo e criação e manutenção de espaços dialogais com as comunidades;

CONSIDERANDO que o rompimento causou impactos à população, incluindo mortes, desaparecimentos, danos físicos e à saúde e ao patrimônio público e privado que venham a ser identificados em decorrência do EVENTO;

CONSIDERANDO que há diversas ações a serem executadas para o restabelecimento do meio ambiente degradado pelo EVENTO, bem como para a recuperação das condições socioeconômicas dos IMPACTADOS;

CONSIDERANDO a intenção de se implantar um programa específico de monitoramento ambiental e socioeconômico na ÁREA DE ABRANGÊNCIA, nos termos deste Acordo, visando conhecer os impactos e a efetividade das ações previstas neste Acordo;

CONSIDERANDO a necessidade de se prestar apoio técnico e logístico ao restabelecimento dos serviços públicos, nos termos deste Acordo;

CONSIDERANDO a importância na retomada das operações da SAMARCO, devendo ser precedida do cumprimento dos procedimentos legais apropriados;

CONSIDERANDO que as medidas necessárias à reparação dos impactos terão execução a curto, médio e longo prazos;

CONSIDERANDO o ajuizamento de Ação Civil Pública em face da SAMARCO e dos ACIONISTAS, registrado sob o nº 0069758-61.2015.4.01.3400, em trâmite na 12ª Vara Federal da Seção Judiciária de Minas Gerais, por meio da qual se pretende a recuperação, mitigação, remediação, compensação e reparação, inclusive indenização, dos impactos socioambientais e socioeconômicos causados pelo EVENTO;

CONSIDERANDO que as partes, por meio de transação que será exaustiva em relação ao EVENTO e seus efeitos, pretendem colocar fim a esta ACP e a outras ações, com objeto contido ou conexo a esta ACP, em curso ou que venham a ser propostas por quaisquer agentes legitimados;

CONSIDERANDO que o presente Acordo poderá ser utilizado para os devidos fins de direito e ser apresentado nos autos das ações judiciais que tenham por objeto qualquer obrigação decorrente do EVENTO e prevista neste Acordo, com a finalidade de buscar a resolução ou reunião de ações ajuizadas.

CONSIDERANDO que os COMPRO-MITENTES manifestar-se-ão nos autos das ações judiciais listadas no ANEXO e demais ações coletivas que venham a ser propostas relativas ao EVENTO, desde que tenham objeto abrangido pelo presente ACORDO, para fazer prevalecer as cláusulas e obrigações presentes neste ACORDO.

CONSIDERANDO que o objetivo do PODER PÚBLICO não é a arrecadação de valores, mas a recuperação do meio ambiente e das condições socioeconômicas da região, considerada a SITUAÇÃO ANTERIOR;

CONSIDERANDO que a SAMARCO, a VALE e a BHP manifestaram interesse legítimo e voluntário em celebrar o ACORDO com o fim de recuperar, mitigar, remediar, reparar, inclusive indenizar, e nos casos que não houver possibilidade de reparação, compensar os impactos nos âmbitos socioambiental e socioeconômicos, decorrentes do EVENTO, incluindo ações já em curso;

CONSIDERANDO que a gestão das ações acima mencionadas será feita de forma centralizada em uma fundação privada, sem fins lucrativos, com estrutura própria de governança, fiscalização e controle, visando a tornar mais eficiente a reparação e compensação em decorrência do EVENTO;

RESOLVEM celebrar o presente ACORDO, no bojo do processo nº 69758-61.2015.4.01.3400, em trâmite na 12ª Vara Federal da Seção Judiciária de Minas Gerais, e submetê-lo à homologação judicial para conferir-lhe eficácia de título executivo, nos termos dos artigos 1º, §4º e 4º-A da Lei nº 9.469, de 10 de julho de 1997 e do art. 5º, §6º da Lei Federal 7.347 de 24 de julho de 1985, sempre observados os procedimentos e as formas estabelecidos nas cláusulas constantes deste ACORDO e seus respectivos anexos:

CAPÍTULO PRIMEIRO: CLÁUSULAS GERAIS

CLÁUSULA 01: O presente ACORDO será delimitado e interpretado a partir das seguintes definições técnicas:

I. EVENTO: o rompimento da barragem de Fundão, pertencente à SAMARCO, localizada no complexo minerário de Germano, em Mariana-MG, ocorrido em 5 de novembro de 2015.

II. IMPACTADOS: as pessoas físicas ou jurídicas, e respectivas comunidades, que tenham sido diretamente afetadas pelo EVENTO nos termos das alíneas abaixo e deste ACORDO:

a) perda de cônjuge, companheiro, familiares até o segundo grau, por óbito ou por desaparecimento;

b) perda, por óbito ou por desaparecimento, de familiares com graus de parentesco diversos ou de pessoas com as quais coabitavam e/ou mantinham relação de dependência econômica;

c) perda comprovada pelo proprietário de bens móveis ou imóveis ou perda da posse de bem imóvel;

d) perda da capacidade produtiva ou da viabilidade de uso de bem imóvel ou de parcela dele;

e) perda comprovada de áreas de exercício da atividade pesqueira e dos recursos pesqueiros e extrativos, inviabilizando a atividade extrativa ou produtiva;

f) perda de fontes de renda, de trabalho ou de autossubsistência das quais dependam economicamente, em virtude da ruptura do vínculo com áreas atingidas;

g) prejuízos comprovados às atividades produtivas locais, com inviabilização de estabelecimento ou das atividades econômicas;

ANEXO A – TERMO DE TRANSAÇÃO E DE AJUSTAMENTO DE CONDUTA | 159

h) inviabilização do acesso ou de atividade de manejo dos recursos naturais e pesqueiros, incluindo as terras de domínio público e uso coletivo, afetando a renda e a subsistência e o modo de vida de populações;

i) danos à saúde física ou mental; e

j) destruição ou interferência em modos de vida comunitários ou nas condições de reprodução dos processos socioculturais e cosmológicos de populações ribeirinhas, estuarinas, tradicionais e povos indígenas.

III. INDIRETAMENTE IMPACTADOS: as pessoas físicas e jurídicas, presentes ou futuras, que não se enquadrem nos incisos anteriores, que residam ou venham a residir na ÁREA DE ABRANGÊNCIA e que sofram limitação no exercício dos seus direitos fundamentais em decorrência das consequências ambientais ou econômicas, diretas ou indiretas, presentes ou futuras, do EVENTO, que serão contemplados com acesso à informação e a participação nas discussões comunitárias, bem como poderão ter acesso aos equipamentos públicos resultantes dos PROGRAMAS.

IV. ÁREA AMBIENTAL 1: as áreas abrangidas pela deposição de rejeitos nas calhas e margens dos rios Gualaxo do Norte, Carmo e Doce, considerando os respectivos trechos de seus formadores e tributários, bem como as regiões estuarinas, costeiras e marinha na porção impactada pelo EVENTO.

V. ÁREA AMBIENTAL 2: os municípios banhados pelo Rio Doce e pelos trechos impactados dos rios Gualaxo do Norte e Carmo, a saber: Mariana, Barra Longa, Rio Doce, Santa Cruz do Escalvado, Sem-Peixe, Rio Casca, São Pedro dos Ferros, São Domingos do Prata, São José do Goiabal, Raul Soares, Dionísio, Córrego Novo, Pingo d'Água, Marliéria, Bom Jesus do Galho, Timóteo, Caratinga, Ipatinga, Santana do Paraíso, Ipaba, Belo Oriente, Bugre, Iapu, Naque, Periquito, Sobrália, Fernandes Tourinho, Alpercata, Governador Valadares, Tumiritinga, Galileia, Conselheiro Pena, Resplendor, Itueta, Aimorés, Baixo Guandu, Colatina, Marilândia e Linhares.

VI. ÁREA DE ABRANGÊNCIA SOCIOECONÔMICA: localidades e comunidades adjacentes à calha do Rio Doce, Rio do Carmo, Rio Gualaxo do Norte e Córrego Santarém e áreas estuarinas, costeira e marinha impactadas.

VII. MUNICÍPIOS DO ESTADO DE MINAS GERAIS NA ÁREA DE ABRANGÊNCIA SOCIOECÔNOMICA: Mariana, Barra Longa, Rio Doce, Santa Cruz do Escalvado, Rio Casca, Sem-Peixe, São Pedro dos Ferros, São Domingos do Prata, São José do Goiabal, Raul Soares, Dionísio, Córrego Novo, Pingo-D'Água, Marliéria, Bom Jesus do Galho, Timóteo, Caratinga, Ipatinga, Santana do Paraíso, Ipaba, Belo Oriente, Bugre, Iapu, Naque, Periquito, Sobrália, Fernandes Tourinho, Alpercata, Governador Valadares, Tumiritinga, Galileia, Conselheiro Pena, Resplendor, Itueta e Aimorés.

VIII. MUNICÍPIOS E LOCALIDADES DO ESTADO DO ESPÍRITO SANTO NA ÁREA DE ABRANGÊNCIA SOCIOECONÔMICA: Baixo Guandu, Colatina, Barra do Riacho em Aracruz, Marilândia e Linhares, além das áreas estuarinas, costeira e marinha impactadas.

IX. PROGRAMAS SOCIOECONÔMICOS: conjunto de medidas e de ações a serem executadas de acordo com um plano tecnicamente fundamentado, necessárias à reparação, mitigação, compensação e indenização pelos danos socioeconômicos decorrentes do EVENTO, fiscalizadas e supervisionadas pelo PODER PÚBLICO, nos termos do ACORDO.

X. PROGRAMAS SOCIOAMBIENTAIS: conjunto de medidas e de ações a serem executadas de acordo com um plano tecnicamente fundamentado, necessárias à reparação e compensação pelos danos socioambientais decorrentes do EVENTO, fiscalizadas e supervisionadas pelo PODER PÚBLICO, nos termos do ACORDO.

XI. PROGRAMAS: são os PROGRAMAS SOCIOAMBIENTAIS e os PROGRAMAS SOCIOECONÔMICOS quando referidos em conjunto.

XII. PROJETOS SOCIOAMBIENTAIS: são as ações e medidas aprovadas pela

FUNDAÇÃO, nos termos desse ACORDO, para a implementação de determinados PROGRAMAS SOCIOAMBIENTAIS.

XIII. PROJETOS SOCIOECONÔMICOS: são as ações e medidas aprovadas pela FUNDAÇÃO, nos termos desse ACORDO, para a implementação de determinados PROGRAMAS SOCIOECONÔMICOS.

XIV. PROJETOS: são os PROJETOS SOCIOAMBIENTAIS e os PROJETOS SOCIOECONÔMICOS quando referidos em conjunto.

XV. PODER PÚBLICO: órgãos e entidades públicos integrantes ou vinculados aos COMPROMITENTES e que, em razão de suas atribuições institucionais, tenham competência legal para regulamentar e/ou fiscalizar ações relacionadas a um determinado PROGRAMA.

XVI. ÓRGÃOS AMBIENTAIS: Instituto Brasileiro do Meio Ambiente e dos Recursos Naturais Renováveis – IBAMA; Instituto Chico Mendes de Conservação da Biodiversidade – ICMBIO; Secretaria Estadual de Meio Ambiente e Recursos Hídricos – SEAMA/ES; Instituto de Defesa Agropecuária e Florestal do Espírito Santo – IDAF; Secretaria de Meio Ambiente e Desenvolvimento Sustentável – SEMAD/MG; Instituto Estadual de Meio Ambiente e Recursos Hídricos do Espírito Santo – IEMA/ES; Instituto Estadual de Florestas – IEF/MG; Fundação Estadual de Meio Ambiente – FEAM/MG.

XVII. ÓRGÃOS DE GESTÃO DE RECURSOS HÍDRICOS: Agência Nacional de Águas – ANA; Agência de Gestão de Recursos Hídricos do Espírito Santo – AGERH/ES; e Instituto de Gestão das Águas de Minas – IGAM/MG.

XVIII. PROGRAMAS REPARATÓRIOS: compreendem medidas e ações de cunho reparatório que têm por objetivo mitigar, remediar e/ou reparar impactos socioambientais e socioeconômicos advindos do EVENTO.

XIX. PROGRAMAS COMPENSATÓRIOS: compreendem medidas e ações que visam compensar impactos não mitigáveis ou não reparáveis advindos do EVENTO, por meio da melhoria das condições socioambientais e socioeconômicas das áreas impactadas, cuja reparação não seja possível ou viável, nos termos dos PROGRAMAS.

XX. FUNDAÇÃO: fundação de direito privado, sem fins lucrativos, atendidos os requisitos da lei, a ser instituída pela SAMARCO e pelas ACIONISTAS com o objetivo de elaborar e executar todas as medidas previstas pelos PROGRAMAS SOCIOAMBIENTAIS e PROGRAMAS SOCIOECONÔMICOS.

XXI. EXPERT: pessoa física ou jurídica, ou grupo de pessoas físicas ou jurídicas, legalmente habilitadas e contratadas pela FUNDAÇÃO para gestão, avaliação, elaboração e/ou implantação dos PROGRAMAS e/ou PROJETOS, total ou parcialmente.

XXII. SITUAÇÃO ANTERIOR: situação socioambiental e socioeconômica imediatamente anterior a 05/11/2015.

PARÁGRAFO ÚNICO: Os PROGRAMAS poderão adotar, desde que de forma expressa, conceitos mais limitados de ÁREA DE ABRANGÊNCIA, de IMPACTADOS e de INDIRETAMENTE IMPACTADOS, para assegurar um foco mais específico ao respectivo PROGRAMA.

CLÁUSULA 02: O presente ACORDO tem por objeto a previsão de PROGRAMAS, a serem elaborados, desenvolvidos e implementados por meio da FUNDAÇÃO, com o objetivo de recuperar o meio ambiente e as condições socioeconômicas da ÁREA DE ABRANGÊNCIA impactada pelo EVENTO observada a SITUAÇÃO ANTERIOR, além da adoção das medidas de mitigação, compensação e indenização necessárias e previstas nos PROGRAMAS, cujo cumprimento e execução serão fiscalizados e acompanhados pelos COMPROMITENTES, conforme governança, financiamento, estudos cientificamente fundamentados, se for o caso, e demais previsões contidas no presente ACORDO.

CLÁUSULA 03: As partes reconhecem expressamente que o objeto das ações judiciais listadas no ANEXO, ajuizadas pelo PODER PÚBLICO, está abrangido pelo presente Acordo, razão pela qual buscarão sua extinção com resolução do mérito, nos termos da CLÁUSULA 254.

PARÁGRAFO PRIMEIRO: Os COMPRO-MITENTES manifestar-se-ão nos autos das ações judiciais listadas no ANEXO e demais ações coletivas existentes, além das que venham a ser propostas relativas ao EVENTO, desde que tenha objeto abrangido pelo presente ACORDO, para fazer prevalecer as cláusulas e obrigações presentes neste ACORDO.

PARÁGRAFO SEGUNDO: Não se aplica o disposto no Parágrafo Primeiro à Ação Civil Pública nº 0043356-50.2015.8.13.0400, distribuída originalmente à 2ª Vara Cível de Mariana/MG.

CLÁUSULA 04: As obrigações estabelecidas por meio deste Acordo não limitam ou substituem as prerrogativas legalmente atribuídas aos órgãos e entidades do PODER PÚBLICO e aos órgãos e entidades competentes para a fiscalização, licenciamento e autorização das atividades da SAMARCO.

CLÁUSULA 05: Para desenvolvimento, aprovação e implementação dos PROGRAMAS e PROJETOS deve ser observado, exceto se expressamente disposto de forma distinta neste Acordo:

I – O presente Acordo tem por objeto o estabelecimento de PROGRAMAS, a serem desenvolvidos e executados pela FUNDAÇÃO, com o objetivo de recuperar o meio ambiente e as condições socioeconômicas da ÁREA DE ABRANGÊNCIA impactada pelo EVENTO, de forma a restaurar a SITUAÇÃO ANTERIOR;

II – A elaboração e a execução dos PROGRAMAS SOCIOECONÔMICOS deverão observar o padrão e normas das políticas públicas aplicáveis, além das demais disposições deste ACORDO.

III – Os PROJETOS definirão as medidas de recuperação, mitigação, remediação e reparação, incluindo indenização, bem como, quando inviável alcançar esses resultados, compensação necessária e prevista nos PROGRAMAS, cujo cumprimento e execução serão fiscalizados e acompanhados pelos COMPROMITENTES, conforme governança, financiamento,

estudos e demais previsões contidas no presente Acordo.

IV – A SAMARCO, a VALE e a BHP instituirão uma Fundação de Direito Privado, com autonomia em relação às instituidoras, com o objetivo de gerir e executar todas as medidas previstas nos PROGRAMAS SOCIOECONÔMICOS e SOCIOAMBIENTAIS.

V – Até que a FUNDAÇÃO seja constituída e efetivamente inicie o seu funcionamento, nos prazos previstos neste Acordo, todas as medidas emergenciais e demais obrigações previstas no presente Acordo deverão ser executadas diretamente pela SAMARCO.

VI – As medidas de reparação socioeconômica e socioambiental compreendem medidas e ações com o objetivo de recuperar, mitigar, remediar e/ou reparar, incluindo indenizações, impactos advindos do EVENTO, tendo como referência a SITUAÇÃO ANTERIOR.

VII – Os PROGRAMAS referidos neste Acordo, e as medidas deles decorrentes, serão, como regra, compreendidos como reparatórios, sendo classificados como compensatórios apenas aqueles expressamente indicados como tal.

VIII – As medidas de compensação socioeconômica e socioambiental têm o objetivo de compensar impactos para os quais não seja viável ou possível a recuperação, mitigação, remediação e reparação advindos do EVENTO, por meio da melhoria das condições socioambientais e socioeconômicas das áreas afetadas.

IX – Os PROGRAMAS previstos no Acordo deverão ser classificados entre os de cunho socioambiental ou socioeconômico, devendo o orçamento anual da FUNDAÇÃO discriminar os recursos destinados aos PROGRAMAS SOCIOAMBIENTAIS e aos PROGRAMAS SOCIOECONÔMICOS, bem como, para cada um deles, os valores alocados em ações de recuperação e compensação.

X – Para realizar os estudos, diagnósticos, identificação das medidas adequadas para executar os PROGRAMAS de reparação e/ou compensação, tanto de ordem socioambiental quanto socioeconômica, bem como para executá-los, a FUNDAÇÃO poderá contratar EXPERTS.

XI – A FUNDAÇÃO também poderá contratar entidades de ensino e pesquisa ou organizações sem fins lucrativos com reconhecida competência nos temas a que se referem os PROGRAMAS SOCIOAMBIENTAIS e os PROGRAMAS SOCIOECONÔMICOS.

XII – A FUNDAÇÃO e os EXPERTS deverão considerar a tecnologia disponível, metodologia vigente e os padrões de política pública.

XIII – Os estudos a serem realizados pela FUNDAÇÃO, por meio dos EXPERTS a partir dos PROGRAMAS previstos no Acordo, orientarão a elaboração e a execução dos PROJETOS, cuja implementação terá o condão de reparar e/ou compensar os impactos, danos e perdas decorrentes do EVENTO.

XIV – A elaboração e a execução dos PROGRAMAS e dos PROJETOS também deverão, em regra geral, considerar:

a) transparência das ações e o envolvimento das comunidades nas discussões sobre as medidas a serem planejadas e executadas;

b) preferência pela contratação e utilização de mão de obra local e regional para estímulo à economia mineira e capixaba;

c) realização das ações socioeconômicas com observância às normas e políticas públicas setoriais;

d) estabelecimento de cronogramas, sujeito às limitações temporais impostas pelos processos administrativos, indicando datas propostas de início e término das ações, metas e indicadores definidos;

e) difusão de informações sobre o EVENTO e das ações em curso;

f) interlocução e diálogo entre a FUNDAÇÃO, o COMITÊ INTERFEDERATIVO e os IMPACTADOS;

g) monitoramento permanente das ações contempladas nos PROGRAMAS e PROJETOS nos termos do Acordo; e

h) execução responsável e planejada dos PROGRAMAS, devendo-se evitar os impactos ambientais e sociais decorrentes dos próprios PROGRAMAS ou, na impossibilidade, mitigá-los.

CLÁUSULA 06: A elaboração e a execução, pela FUNDAÇÃO, dos PROJETOS e demais atividades, ações e medidas dos PROGRAMAS SOCIOAMBIENTAIS e PROGRAMAS SOCIOECONÔMICOS deverão considerar, ainda, os seguintes princípios ("PRINCÍPIOS"), exceto se expressamente disposto de forma distinta neste Acordo:

I – A recuperação socioambiental e socioeconômica terá por objetivo remediar, mitigar e reparar, incluindo indenizar, os impactos socioambientais e socioeconômicos, conforme o caso, advindos do EVENTO com base na SITUAÇÃO ANTERIOR.

II – Os PROJETOS e demais atividades, ações e medidas dos PROGRAMAS SOCIOAMBIENTAIS e PROGRAMAS SOCIOECONÔMICOS serão definidos conforme estudo de avaliação dos impactos socioambientais e socioeconômicos, conforme o caso, decorrentes do EVENTO, observados os prazos do Acordo, a ser realizado por EXPERTS, de forma que todos os PROJETOS, atividades, ações e medidas estabelecidos pelos PROGRAMAS contenham fundamentação científica, quando cabível, e guardem relação de proporcionalidade e eficiência, bem como voltadas à remediação e/ou compensação de impactos ambientais e socioeconômicos materializados em decorrência do EVENTO.

III – Com o objetivo de conferir celeridade e eficiência, os PROJETOS serão elaborados em etapas, as quais serão estabelecidas de acordo com o objeto, a natureza e a complexidade dos mesmos, conforme previsto nos respectivos estudos, sem prejuízo de que tais etapas sejam realizadas concomitantemente desde que justificadamente pelos estudos, considerando, entre outras, as seguintes etapas:

a) preliminarmente, avaliação inicial dos impactos, realizada a partir das informações conhecidas e de possível levantamento;

b) estabelecimento de programas de monitoramento e definição da SITUAÇÃO ANTERIOR;

ANEXO A – TERMO DE TRANSAÇÃO E DE AJUSTAMENTO DE CONDUTA | 163

c) avaliação dos impactos, observados riscos identificados deles derivados;
d) estabelecimento de critérios para mensuração e avaliação de efetividade na implementação dos PROJETOS;
e) definição de PROJETOS, ações e medidas de recuperação socioambiental e socioeconômica estabelecida a partir da identificação dos recursos ambientais impactados pelo EVENTO;
IV – Em regra, os PROGRAMAS SOCIOE-CONÔMICOS de natureza reparatória têm preferência em relação aos demais PROGRAMAS.

V – Os PROJETOS SOCIOECONÔMICOS serão elaborados e executados com foco principal nos IMPACTADOS, de modo a buscar efetividade às medidas implementadas, de acordo com critérios objetivos de transparência, liberdade de contratação, racionalidade, reconhecimento da cidadania e dignidade humana, visando promover a autossuficiência social e econômica, e de acordo com princípios gerais de lei brasileira e parâmetros contidos na jurisprudência brasileira existente em casos similares.

VI – Os PROJETOS SOCIOECONÔMICOS deverão buscar estabelecer e prover benefícios eficientes e céleres para os IMPACTADOS, priorizando os IMPAC-TADOS que tenham sofrido deslocamento ou que tenham perdido integralmente a capacidade produtiva e que satisfaçam os critérios estabelecidos neste Acordo, sem prejuízo das medidas emergenciais que já estejam em curso.

VII – Se, ao longo da execução deste Acordo, restar tecnicamente comprovada a inexistência de solução possível ou viável para as ações de recuperação, mitigação, remediação e/ou reparação previstas nos PROGRAMAS e PROJETOS, considerando proporcionalidade e eficiência, tais ações serão substituídas por medidas compensatórias adicionais àquelas previstas neste Acordo, conforme validado pelo COMITÊ INTERFEDERATIVO, ouvidos os órgãos competentes.

VIII – Tais medidas compensatórias serão definidas por meio de estudos realizados pelos EXPERTS contratados pela FUNDAÇÃO e aprovados pelo COMITÊ INTERFEDERATIVO, ouvidos os órgãos públicos competentes.

IX – Sempre que a execução de medidas reparatórias causar impactos ambientais que superem os benefícios ambientais projetados, a FUNDAÇÃO proporá ao COMITÊ INTERFEDERATIVO a substituição de tais medidas reparatórias por medidas compensatórias economicamente equivalentes adicionais àquelas previstas neste Acordo.

X – Devem ser incluídos e limitados ao valor estabelecido no *caput* da CLÁUSULA 232 as medidas previstas no item VII e IX desta cláusula e as demais medidas compensatórias previstas neste Acordo.

XI – Não devem ser incluídos nem limitados ao valor estabelecido no *caput* da CLÁUSULA 232 (i) a quantia de R$ 500.000.000,00 (quinhentos milhões de reais) a ser disponibilizada para o Programa de coleta e tratamento de esgoto e de destinação de resíduos sólidos, nos termos da CLÁUSULA 169; (ii) as medidas compensatórias previstas nas hipóteses dos incisos VII e IX da presente cláusula porventura derivadas da obrigação de reparação objeto do Programa de manejo dos rejeitos decorrentes do rompimento da barragem de Fundão, nos termos das CLÁUSULAS 150 a 152; e (iii) a hipótese prevista na CLÁUSULA 203, parágrafo terceiro.

XII – Para determinação de medidas compensatórias previstas nas hipóteses dos incisos VII e IX da presente cláusula que sejam derivadas dos rejeitos remanescentes, se houver, do rompimento da barragem de Fundão, após o cumprimento do PROGRAMA previsto nas CLÁUSU-LAS 150 a 152, deverão ser considerados, conforme fundamentação técnica, os benefícios ambientais decorrentes da execução dos PROGRAMAS COMPENSATÓRIOS estabelecidos nos termos deste Acordo, conforme validado pelo COMITÊ IN-TERFEDERATIVO, ouvidos os órgãos ambientais competentes.

XIII – Em até 60 (sessenta) dias da constituição da FUNDAÇÃO, esta deverá apresentar um planejamento inicial dos PROGRAMAS, atividades, ações e medidas de cada um dos PROGRAMAS, o qual deverá ser validado pelo COMITÊ INTERFEDERATIVO, nos termos deste Acordo, sem prejuízo de prazos específicos menores previstos ou da execução de ações emergenciais.

XIV – O planejamento aprovado pelas instâncias internas da FUNDAÇÃO deverá prever o orçamento, indicadores, metas e cronograma de cada PROGRAMA, devendo levar em consideração as diretrizes contidas neste Acordo e os critérios técnicos aplicáveis.

XV – Devem ser produzidos relatórios periódicos do andamento de todos os PROGRAMAS e enviados ao COMITÊ INTERFEDERATIVO, nos termos desse Acordo.

XVI – Todas as atividades desenvolvidas pela FUNDAÇÃO estarão sujeitas à auditoria externa independente a ser contratada pela FUNDAÇÃO, nos termos deste Acordo.

XVII – A FUNDAÇÃO fará a revisão periódica de todos os PROGRAMAS, de forma a mensurar e buscar a efetividade das atividades de reparação e compensação, submetendo o resultado da avaliação ao COMITÊ INTERFEDERATIVO.

XVIII – A FUNDAÇÃO possuirá em sua estrutura de governança interna um conselho consultivo que opinará sobre PROGRAMAS e PROJETOS, indicará propostas de solução para os cenários presentes e futuros decorrentes do caráter dinâmico dos impactos causados pelo EVENTO e deverá ouvir as associações legitimadas para a defesa dos direitos dos IMPACTADOS, bem como estabelecer canais de participação da sociedade civil, podendo, para tanto, convocar reuniões específicas e ouvir organizações interessadas.

XIX – A FUNDAÇÃO elaborará políticas e manuais de *compliance*, incluindo anticorrupção, com base em padrões internacionais.

XX – O PODER PÚBLICO constituirá um COMITÊ INTERFEDERATIVO, como instância externa e independente da FUNDAÇÃO, para interlocução permanente com a FUNDAÇÃO, e para definir prioridades na implementação e execução dos PROJETOS, acompanhando, monitorando e fiscalizando os resultados.

XXI – Caberá ao COMITÊ INTERFEDERATIVO validar os PROGRAMAS e PROJETOS apresentados pela FUNDAÇÃO, levando em consideração os PRINCÍPIOS e os demais termos do Acordo, sem prejuízo da necessidade de obtenção das licenças ambientais junto ao órgão ambiental competente, bem como de outros órgãos públicos, conforme os procedimentos previstos neste Acordo.

XXII – O processo de validação de PROGRAMAS e PROJETOS deverá basear-se em um diálogo ordenado entre as partes, no qual a FUNDAÇÃO submeterá à validação pelo COMITÊ INTERFEDERATIVO os PROGRAMAS e PROJETOS conforme os PRINCÍPIOS e as diretrizes estabelecidas pelo COMITÊ INTERFEDERATIVO.

XXIII – O COMITÊ INTERFEDERATIVO examinará os PROGRAMAS e PROJETOS submetidos e indicará a necessidade de correções, readequações ou fará questionamentos nas ações a serem desempenhadas. Permanecendo divergência entre a FUNDAÇÃO e o COMITÊ INTERFEDERATIVO, qualquer das partes poderá submeter a questão ao PAINEL DE ESPECIALISTAS, bem como, posteriormente, se for o caso, ao Juízo competente.

XXIV – Cada PROGRAMA ou PROJETO deverá ser individualmente encerrado quando atingidas as metas e objetivos nele previstos, mediante a demonstração objetiva apoiada em indicadores e dados técnicos, conforme aplicável.

XXV – O COMITÊ INTERFEDERATIVO deverá atestar o integral cumprimento do PROGRAMA.

XXVI – Após integral cumprimento de todos os PROJETOS elaborados e executados nos âmbitos dos PROGRAMAS, o qual será atestado pelo COMITÊ INTERFEDERATIVO, ouvidos os órgãos

ANEXO A – TERMO DE TRANSAÇÃO E DE AJUSTAMENTO DE CONDUTA | 165

públicos competentes, restarão abrangidos e reparados, ou compensados conforme o caso, todos os direitos, pleitos e interesses a que se referem a ACP e este Acordo. Nesta hipótese, as COMPROMITENTES darão plena e irrevogável quitação à FUNDA-ÇÃO, à SAMARCO e aos ACIONISTAS.

CLÁUSULA 07: A elaboração e a execução dos PROGRAMAS previstos no presente Acordo deverão considerar os seguintes princípios:

a) recuperação do meio ambiente ao estado que se encontrava na SITUAÇÃO ANTERIOR;

b) recuperar, mitigar, remediar, reparar, inclusive indenizar, bem como, quando inviável alcançar esses resultados, compensar pelos impactos socioambientais e socioeconômicos decorrentes do EVENTO, na forma deste ACORDO;

c) transparência e engajamento das comunidades nas discussões sobre as ações;

d) preferência pela contratação e utilização de mão de obra local e regional para estímulo à economia mineira e capixaba;

e) realização das ações socioeconômicas com observância às normas e políticas públicas setoriais;

f) recuperação de infraestruturas públicas e privadas impactadas pelo EVENTO, revertendo-os para operação e consequentes custeio e manutenção por seus titulares;

g) estabelecimento de cronogramas para os PROJETOS, indicando dados de início e término das ações, metas e indicadores definidos;

h) negociações nos termos do PROGRAMA DE NEGOCIAÇÃO COORDENADA descrito neste ACORDO;

i) utilização de conceitos de proporcionalidade e eficiência, além de critérios técnicos e científicos, quando for o caso, para avaliação e quantificação dos impactos e na implantação dos PROJETOS;

j) realização das ações socioeconômicas, inclusive assistenciais, voltadas ao restabelecimento da SITUAÇÃO ANTERIOR, sem prejuízo das demais medidas contempladas neste Acordo;

k) reconhecimento do caráter público da difusão das informações relacionadas às ações desenvolvidas no âmbito dos PROGRAMAS deste Acordo;

l) a interlocução e o diálogo entre a FUNDAÇÃO, o COMITÊ INTERFEDERATIVO e os IMPACTADOS;

m) monitoramento dos impactos e das ações corretivas, bem como prevenção de eventuais novos impactos;

n) execução responsável e planejada dos PROGRAMAS, devendo-se evitar os impactos ambientais e sociais decorrentes dos próprios PROGRAMAS ou, na impossibilidade, mitigá-los;

o) execução privada, sob a fiscalização e supervisão do PODER PÚBLICO na forma da lei e deste Acordo;

p) acompanhamento, monitoramento e fiscalização pelo PODER PÚBLICO e pela auditoria independente contratada;

q) promover a transparência e o acesso às informações pela sociedade no processo de execução das ações previstas neste Acordo; e

r) respeito ao direito de privacidade dos IMPACTADOS.

CLÁUSULA 08: Os eixos temáticos e respectivos PROGRAMAS SOCIOECONÔMICOS a serem elaborados, desenvolvidos e executados pela FUNDAÇÃO a ser instituída, detalhados em capítulo próprio, são os seguintes:

I. ORGANIZAÇÃO SOCIAL:

a) Programa de levantamento e de cadastro dos IMPACTADOS;

b) Programa de ressarcimento e de indenização dos IMPACTADOS;

c) Programa de proteção e recuperação da qualidade de vida dos povos indígenas;

d) Programa de proteção e recuperação da qualidade de vida de outros povos e comunidades tradicionais;

e) Programa de proteção social;

f) Programa de comunicação, participação, diálogo e controle social; e

g) Programa de assistência aos animais.

II. INFRAESTRUTURA:

a) Programa de reconstrução, recuperação e realocação de Bento Rodrigues, Paracatu de Baixo e Gesteira;

b) Programa de recuperação do reservatório da UHE Risoleta Neves; e

c) Programa de recuperação das demais comunidades e infraestruturas impactadas entre Fundão e Candonga, inclusive Barra Longa.

III. EDUCAÇÃO, CULTURA E LAZER:

a) Programa de recuperação das escolas e reintegração da comunidade escolar;

b) Programa de preservação da memória histórica, cultural e artística; e

c) Programa de apoio ao turismo, cultura, esporte e lazer.

IV. SAÚDE:

a) Programa de apoio à saúde física e mental da população impactada.

V. INOVAÇÃO:

a) Programa de apoio à pesquisa para desenvolvimento e utilização de tecnologias socioeconômicas aplicadas à remediação dos impactos.

VI. ECONOMIA

a) Programa de retomada das atividades aquícolas e pesqueiras;

b) Programa de retomada das atividades agropecuárias;

c) Programa de recuperação e diversificação da economia regional com incentivo à indústria;

d) Programa de recuperação de micro e pequenos negócios no setor de comércio, serviços e produtivo;

e) Programa de estímulo à contratação local;

f) Programa de auxílio financeiro emergencial aos IMPACTADOS; e

g) Programa de ressarcimento dos gastos públicos extraordinários dos COMPRO-MITENTES

VII. GERENCIAMENTO DO PLANO DE AÇÕES

a) Programa de gerenciamento dos programas socioeconômicos.

CLÁUSULA 09: As partes reconhecem que devem ser assegurados aos IMPACTADOS no âmbito dos PROGRAMAS SOCIOE-CONÔMICOS:

I. Reparação;

II. Participação nos PROGRAMAS, PROJETOS e ações;

III. Informação; e

IV. Restituição de bens públicos e comunitários.

PARÁGRAFO ÚNICO: O disposto no *caput* não exclui medidas ou ações que sejam decorrentes do detalhamento dos PROGRAMAS SOCIOECONOMICOS.

CLÁUSULA 10: São modalidades de reparação socioeconômica: a reposição, a restituição e a recomposição de bens; a indenização pecuniária em prestação única ou continuada, enquanto identificada tecnicamente a necessidade; o reassentamento padrão, rural ou urbano, nos termos do Acordo e observadas as políticas e normas públicas; o autoreassentamento; a permuta; a assistência para remediação e mitigação dos efeitos do EVENTO; e, na medida em que a reparação não seja viável, considerando critérios de proporcionalidade e eficiência e observados os PRINCÍPIOS, conforme definições a seguir:

I – Reposição, Restituição e Recomposição de Bens: reposição, reforma, reconstituição ou construção de novas estruturas, conforme padrão da política pública, quando o bem, benfeitoria, parte acessória ou estrutura tiver sido destruído ou danificado pelo EVENTO;

II – Indenização Pecuniária em Prestação Única: reparação em forma monetária, paga em parcela única, em caráter individual ou por unidade familiar, paga a pessoa física ou jurídica (neste último caso, apenas micro e pequenas empresas), sendo tal pagamento decorrente da indenização por danos, conforme parâmetros do PROGRAMA DE NEGOCIAÇÃO COORDENADA;

III – Indenização Pecuniária em Prestação Continuada enquanto identificada tecnicamente a necessidade: reparação em forma monetária, paga em parcelas periódicas, em caráter individual ou por unidade familiar, paga a pessoa física ou jurídica (neste último caso, apenas micro e pequenas empresas), quando a reparação dever-se à perda ou comprometimento parcial da atividade geradora de renda ou de subsistência, cujo valor não poderá ser inferior ao salário mínimo, acrescido do pagamento de aluguel social em caso de perda ou indisponibilidade de imóvel, conforme prazo definido no respectivo PROGRAMA;

IV – Reassentamento Padrão, Rural ou Urbano: quando a reparação ocorre por meio da entrega conjunta de terreno, moradia e infraestrutura, observando-se o disposto na legislação fundiária e baseando-se em parâmetros básicos de orientação, tais como escolha da terra e tamanho da moradia, sendo tal modalidade cabível quando a reposição, restituição ou recomposição do bem imóvel afetado não for tecnicamente viável, nos termos das normas e políticas públicas;

V – Auto reassentamento assistido: quando oferecida a condição econômico-financeira na qual o beneficiário aceita e se responsabiliza pelo próprio remanejamento, devendo o valor pactuado incluir não só o valor do imóvel e do terreno, mas também uma indenização pelo mobiliário e pelos bens e benfeitorias destruídos, exceto quando o mobiliário ou bens já tiverem sido fornecidos; pelos custos da mudança; e valor equivalente a um aluguel estimado entre as partes, cobrindo o período entre o EVENTO e o efetivo pagamento da indenização, deduzidos dos valores que já tiverem sido adiantados pela SAMARCO aos IMPACTADOS para esse efeito;

VI – Permuta: quando se oferece outro bem, ou a possibilidade de exercício de algum outro direito material ou imaterial como forma de reparação, dentro dos parâmetros a serem definidos nos PROGRAMAS SOCIOAMBIENTAIS e os PROGRAMAS SOCIOECONÔMICOS e não violem os princípios essenciais à dignidade da pessoa humana; e

VII – Assistência para remediação e mitigação dos efeitos do EVENTO: apoio e assistência aos IMPACTADOS pelo EVENTO, sob a forma de ações e serviços de remediação e mitigação de seus efeitos, voltados à recuperação da capacidade de sustento, nos termos dos PROGRAMAS deste Acordo.

PARÁGRAFO PRIMEIRO: As medidas referidas nesta cláusula serão negociadas entre a FUNDAÇÃO e os IMPACTADOS, devendo ser previstos mecanismos que assegurem uma negociação justa, rápida, simples e transparente, a qual poderá ser acompanhada pelo PODER PÚBLICO, nos termos do PROGRAMA DE NEGOCIAÇÃO COORDENADA.

PARÁGRAFO SEGUNDO: a indenização a que se refere o inciso III desta cláusula, não poderá ser inferior a 1 (um) salário mínimo por mês, acrescido de 20% (vinte por cento) por dependente, considerando-se como dependente os previstos no art. 16 da Lei nº 8.213/1991.

CLÁUSULA 11: Entende-se como Participação nos PROGRAMAS a possibilidade de os IMPACTADOS efetivamente participarem, serem ouvidos e influenciar em todas as etapas e fases decorrentes do presente Acordo, tanto na fase de planejamento como na efetiva execução dos programas e ações referidas neste Acordo, devendo tal participação ser assegurada em caráter coletivo, seguindo metodologias que permitam expressão e participação individual, nos termos deste Acordo.

CLÁUSULA 12: O acesso à Informação implica que todos os PROGRAMAS decorrentes deste Acordo devem ser de acesso público e divulgados em linguagem acessível aos IMPACTADOS, devendo ser apresentados de uma forma transparente, clara e, sempre que possível, objetiva.

CLÁUSULA 13: A Restituição de Bens Públicos e Comunitários diz respeito às medidas reparatórias e compensatórias, de caráter coletivo, destinadas a restituição de bens e serviços públicos afetados pelo EVENTO, bem como para realizar as compensações pertinentes.

PARÁGRAFO ÚNICO: A Restituição de Bens Públicos e Comunitários é de caráter público e coletivo e não poderá ser objeto de qualquer negociação de caráter individual.

CLÁUSULA 14: Os IMPACTADOS têm direito a usufruir do meio ambiente ecologicamente equilibrado, bem como a usufruir de bens públicos e comunitários, nos padrões de política pública, que tenham sido impactados pelo EVENTO, observada a SITUAÇÃO ANTERIOR.

CLÁUSULA 15: Os eixos temáticos e respectivos PROGRAMAS SOCIOAMBIENTAIS a serem elaborados e executados pela FUNDAÇÃO, detalhados em capítulo próprio, são os seguintes:

I. GESTÃO DOS REJEITOS E RECUPERAÇÃO DA QUALIDADE DA ÁGUA

a) Programa de manejo dos rejeitos decorrentes do rompimento da barragem de Fundão, considerando conformação e estabilização *in situ*, escavação, dragagem, transporte, tratamento e disposição;

b) Programa de implantação de sistemas de contenção dos rejeitos e de tratamento *in situ* dos rios impactados;

II. RESTAURAÇÃO FLORESTAL E PRODUÇÃO DE ÁGUA

a) Programa de recuperação da ÁREA AMBIENTAL 1 nos municípios de Mariana, Barra Longa, Rio Doce e Santa Cruz do Escalvado, incluindo biorremediação;

b) Programa de recuperação de Áreas de Preservação Permanente (APPs) e áreas de recarga da Bacia do Rio Doce controle de processos erosivos;

c) Programa de recuperação de nascentes.

III. CONSERVAÇÃO DA BIODIVERSIDADE

a) Programa de conservação da biodiversidade aquática, incluindo água doce, zona costeira e estuarina e área marinha impactada;

b) Programa de fortalecimento das estruturas de triagem e reintrodução da fauna silvestre;

c) Programa de conservação da fauna e flora terrestre.

IV. SEGURANÇA HÍDRICA E QUALIDADE DA ÁGUA

a) Programa de coleta e tratamento de esgoto e de destinação de resíduos sólidos; e

b) Programa de melhoria dos sistemas de abastecimento de água.

V. EDUCAÇÃO, COMUNICAÇÃO E INFORMAÇÃO

a) Programa de educação ambiental e preparação para as emergências ambientais;

b) Programa de informação para a população da ÁREA AMBIENTAL 1; e

c) Programa de comunicação nacional e internacional.

VI. PRESERVAÇÃO E SEGURANÇA AMBIENTAL

a) Programa de gestão de riscos ambientais na ÁREA AMBIENTAL 1 da Bacia do Rio Doce; e

b) Programa de investigação e monitoramento da Bacia do Rio Doce, áreas estuarinas, costeira e marinha impactadas.

VII. GESTÃO E USO SUSTENTÁVEL DA TERRA

a) Programa de consolidação de unidades de conservação; e

b) Programa de fomento à implantação do CAR e dos PRAs na ÁREA AMBIENTAL 1 da Bacia do Rio Doce.

VIII. GERENCIAMENTO DO PLANO DE AÇÕES

a) Programa de gerenciamento do plano de recuperação ambiental da Bacia do Rio Doce, áreas estuarinas, costeiras e marinha.

CLÁUSULA 16: Os PROGRAMAS SOCIOECONÔMICOS ou SOCIOAMBIENTAIS podem prever, desde que de forma expressa neste Acordo, medidas e ações específicas em locais fora da ÁREA DE ABRANGÊNCIA, desde que se refiram à população impactada ou concorram para a efetiva recuperação ambiental dos corpos hídricos diretamente atingidos pelo EVENTO.

CLÁUSULA 17: Os PROGRAMAS SOCIOECONÔMICOS e SOCIOAMBIENTAIS contemplam medidas cuja execução poderá depender de atos de terceiros, situações nas quais a FUNDAÇÃO não será responsabilizada por quaisquer atrasos ou alterações na forma de execução dos PROGRAMAS que não lhes sejam imputáveis, respeitado o PARÁGRAFO PRIMEIRO das CLÁUSULAS 185 e 248.

CAPÍTULO SEGUNDO:
PROGRAMAS SOCIOECONÔMICOS

CLÁUSULA 18: Para a reparação e a compensação das consequências socioeconômicas do EVENTO, deverão

ANEXO A – TERMO DE TRANSAÇÃO E DE AJUSTAMENTO DE CONDUTA | 169

ser elaborados, desenvolvidos e executados pela FUNDAÇÃO os seguintes PROGRAMAS, agrupados em sete eixos temáticos: i) Organização Social; ii) Infraestrutura; iii) Educação, Cultura e Lazer; iv) Saúde; v) Inovação; vi) Economia; e vii) Gerenciamento do Plano de Ações.

PARÁGRAFO PRIMEIRO: Todas ações socioeconômicas, incluindo cadastros, já realizadas pela SAMARCO poderão ser utilizadas pela FUNDAÇÃO.

PARÁGRAFO SEGUNDO: Para a regular execução dos PROGRAMAS SOCIOECONÔMICOS é necessária a participação efetiva da rede pública no cumprimento de suas atribuições regulares, com a observância de seus fluxos, protocolos de atendimento e prestação dos respectivos serviços públicos.

PARÁGRAFO TERCEIRO: Se, ao longo da execução deste Acordo, restar comprovada a inexistência de solução viável para as ações de reparação previstas nos PROGRAMAS, essas serão substituídas por medidas compensatórias equivalentes, as quais serão definidas por meio de estudos realizados pelos EXPERTS e aprovados pelo COMITÊ INTERFEDERATIVO, ouvidos os órgãos do PODER PÚBLICO competentes.

SEÇÃO I: ORGANIZAÇÃO SOCIAL

SUBSEÇÃO I.1: Programa de levantamento e de cadastro dos IMPACTADOS

CLÁUSULA 19: Em até 8 (oito) meses da assinatura deste Acordo, a FUNDAÇÃO deverá concluir o procedimento de cadastramento individualizado dos IMPACTADOS considerando a ÁREA DE ABRANGÊNCIA SOCIOECONÔMICA.

CLÁUSULA 20: Deverá ser identificada a totalidade das áreas em que se constatarem impactos sociais, culturais, econômicos ou ambientais, em estudo contratado pela FUNDAÇÃO e realizado por instituição independente a partir de orientações do COMITÊ INTERFEDERATIVO, que deverá validá-lo.

CLÁUSULA 21: O cadastro se refere às pessoas físicas e jurídicas (neste último caso, apenas micro e pequenas empresas), famílias e comunidades, devendo conter o levantamento das perdas materiais e das atividades econômicas impactadas.

PARÁGRAFO PRIMEIRO: Para cadastro, o IMPACTADO deverá apresentar, por meio de documentos públicos ou privados, ou outros meios de prova, comprovação de dados pessoais, idade, gênero, composição do núcleo familiar, local de residência original, ocupação, grau de escolaridade, renda familiar antes do EVENTO, número de documento de identidade e CPF, se houver, fundamento do enquadramento como IMPACTADO, comprovação dos prejuízos sofridos, por meio de documentos públicos ou privados, ou outros meios de prova, e outros dados que venham a se mostrar necessários.

PARÁGRAFO SEGUNDO: Em casos excepcionais, a FUNDAÇÃO poderá aceitar que os IMPACTADOS que não possuam os documentos mencionados no parágrafo anterior poderão comprovar as informações requeridas mediante declaração escrita a ser feita, sob as penas da lei, conforme PRIMEIRO TERMO ADITIVO AO TERMO DE COMPROMISSO SOCIOAMBIENTAL PRELIMINAR celebrado com o Ministério Público Federal, do Trabalho e do Estado do Espírito Santo em 4 de dezembro de 2015.

PARÁGRAFO TERCEIRO: Para cadastramento das pessoas jurídicas, deverão ser apresentados os documentos que comprovem número de CNPJ, inscrição estadual, razão social, nome fantasia, composição do quadro societário, ramo de atividade, faturamento e lucro anual, endereço da sede e filiais, quando aplicável, informação quanto ao enquadramento como pequena ou microempresa, cooperativa ou associação e outros dados que venham a se mostrar necessários.

PARÁGRAFO QUARTO: Observados os critérios estabelecidos no PARÁGRAFO PRIMEIRO acima, quando aplicável, deverá ser registrado o enquadramento do cadastrado em situações específicas de maior vulnerabilidade que demandem atendimento especializado e/ou prioritário, incluindo-se nesse critério as mulheres que sejam chefes de família, crianças, adolescentes, idosos, analfabetos e pessoas com deficiência, devendo-se, nesses casos, seguir protocolos próprios.

PARÁGRAFO QUINTO: Estudo técnico realizado pelos EXPERTS poderá incluir a necessidade de levantamento de outras informações.

PARÁGRAFO SEXTO: A elegibilidade para o PROGRAMA DE NEGOCIAÇÃO COORDENADA será determinada na forma da CLÁUSULA 34, de modo que a inclusão no cadastro não implica o reconhecimento automático da elegibilidade e da extensão dos danos alegados.

CLÁUSULA 22. Caberá à FUNDAÇÃO definir, a partir dos estudos técnicos, se a pessoa física ou jurídica, famílias ou comunidades, atenderam aos requisitos e critérios para ser cadastrado, devendo o cadastro ser submetido à validação do COMITÊ INTERFEDERATIVO.

PARÁGRAFO PRIMEIRO: O cadastro deverá ser revisado, complementado ou corrigido em caso de distorções, incorreções ou falhas identificadas pela própria FUNDAÇÃO, pelo COMITÊ INTERFEDERATIVO ou pelas empresas de auditoria independente.

PARÁGRAFO SEGUNDO: No caso de identificação de fraude, devidamente apurada, a FUNDAÇÃO poderá excluir o respectivo cadastro, devendo submeter o caso à validação do COMITÊ INTER-FEDERATIVO.

CLÁUSULA 23: O cadastro previsto neste PROGRAMA servirá como referência de dimensionamento e quantificação de todos os PROGRAMAS SOCIOECONÔMICOS.

CLÁUSULA 24: Caberá à FUNDAÇÃO efetuar o levantamento das perdas materiais dos IMPACTADOS, por meio do cadastramento definido na CLÁUSULA 22, registrando os danos informados pelos mesmos, devendo-se agregar outras informações verificadas em inspeção local ou por outros meios de prova.

PARÁGRAFO ÚNICO: Sempre que possível, deverá ser realizado registro fotográfico dos locais e objetos alegados como danificados.

CLÁUSULA 25: Deverá ser dado conhecimento ao COMITÊ INTERFEDERATIVO acerca do andamento do cadastro de forma trimestral até a sua finalização, o qual deverá ser submetido à validação do COMITÊ INTERFEDERATIVO.

PARÁGRAFO ÚNICO: Até a finalização e validação do cadastro, este deverá ser considerado para as ações de emergência e demais ações necessárias.

CLÁUSULA 26: As pessoas identificadas como IMPACTADAS deverão ser informadas pela FUNDAÇÃO dos direitos e PROGRAMAS previstos neste ACORDO.

CLÁUSULA 27: As pessoas e famílias identificadas em situação de vulnerabilidade ou risco por violação de direitos fundamentais, sem prejuízo das obrigações da FUNDAÇÃO, serão encaminhadas por esta para atendimento em programas e políticas sociais estabelecidas e de competência do PODER PÚBLICO, quando qualificadas para tais programas.

CLÁUSULA 28: A FUNDAÇÃO deverá criar mecanismos permanentes de atualização, revisão e correção do cadastro para situações individualizadas, que poderá ser utilizado tanto para a inclusão quanto para a exclusão de pessoas físicas e jurídicas.

PARÁGRAFO ÚNICO: Será efetuado um monitoramento socioeconômico das famílias no âmbito específico dos PROGRAMAS.

CLÁUSULA 29: Deverá ser permitido o acesso ao banco de dados referido neste PROGRAMA aos representantes do COMITÊ INTERFEDERATIVO e dos órgãos públicos competentes quando requerido.

PARÁGRAFO PRIMEIRO: Os IMPAC-TADOS poderão ter acesso ao seu próprio cadastro quando requerido à FUNDAÇÃO.

PARÁGRAFO SEGUNDO: Qualquer pedido de relatório dos dados constantes no banco de dados que sejam solicitados pelo PODER PÚBLICO deverá ser atendido no prazo de até 20 (vinte) dias.

ANEXO A – TERMO DE TRANSAÇÃO E DE AJUSTAMENTO DE CONDUTA | 171

PARÁGRAFO TERCEIRO: Qualquer pedido de relatório dos dados constantes no banco de dados que sejam solicitados por representantes IMPACTADOS deverá ser atendido no prazo de até 20 (vinte) dias.

CLÁUSULA 30: O cadastramento deverá observar o Protocolo Nacional Conjunto para Proteção Integral a Crianças e Adolescentes, Pessoas Idosas e Pessoas com Deficiência em Situação de Riscos e Desastres (Portaria Interministerial nº 2, de 6 de dezembro de 2012).

SUBSEÇÃO I.2: Programa de ressarcimento e de indenização dos IMPACTADOS

CLÁUSULA 31: A FUNDAÇÃO deverá elaborar e executar um programa de ressarcimento e de indenizações, por meio de negociação coordenada, destinado a reparar e indenizar os IMPACTADOS, na forma da CLÁUSULA 10, que comprovem prejuízos e danos ou demonstrem a impossibilidade de fazê-lo, na forma da CLÁUSULA 21.

CLÁUSULA 32: O PROGRAMA deverá priorizar a reparação dos IMPACTADOS residentes nos municípios e distritos de Mariana, Barra Longa, Rio Doce e Santa Cruz do Escalvado, Mascarenhas, Regência e Povoação.

CLÁUSULA 33: Para implementação do programa previsto na Cláusula Trigésima Segunda, a FUNDAÇÃO deverá estabelecer um programa de negociação, coordenado, dirigido e conduzido por coordenador com formação na área jurídica ("PROGRAMA DE NEGOCIAÇÃO COORDENADA"), o qual deverá gerir o PROGRAMA DE NEGOCIAÇÃO COORDENADA, considerando as especificidades de cada IMPACTADO, as provas colhidas, o valor das indenizações e as modalidades de reparação aplicáveis.

CLÁUSULA 34: A FUNDAÇÃO elaborará os parâmetros de indenização considerando as condições socioeconômicas dos IMPACTADOS na SITUAÇÃO ANTERIOR, bem como os princípios gerais da lei brasileira e os parâmetros existentes na jurisprudência brasileira.

PARÁGRAFO PRIMEIRO. A adesão ao PROGRAMA DE NEGOCIAÇÃO COORDENADA pelos IMPACTADOS é facultativa.

PARÁGRAFO SEGUNDO. A determinação da elegibilidade dos IMPACTADOS para o PROGRAMA DE NEGOCIAÇÃO COORDENADA e dos parâmetros de indenização a serem estabelecidos no âmbito do mesmo, será proposta pela FUNDAÇÃO e submetida à validação do COMITÊ INTERFEDERATIVO.

CLÁUSULA 35: Os IMPACTADOS cadastrados que se enquadrem nos critérios para indenização e que sejam declarados elegíveis pela FUNDAÇÃO para participar do PROGRAMA DE NEGOCIAÇÃO COORDENADA deverão ser convidados a aderir a essa iniciativa e participar das negociações, conforme cronograma a ser estabelecido e divulgado pela FUNDAÇÃO.

PARÁGRAFO ÚNICO. As negociações deverão ocorrer em localidades e ambientes que facilitem o acesso e a participação dos IMPACTADOS.

CLÁUSULA 36: Os IMPACTADOS que, ao final das negociações, não aceitarem os termos do acordo apresentado no âmbito do PROGRAMA DE NEGOCIAÇÃO COORDENADA, poderão pleitear eventual indenização pelas vias próprias, mas não poderão ser excluídos dos demais PROGRAMAS SOCIOECONÔMICOS como decorrência exclusiva da referida negativa.

CLÁUSULA 37: Para a celebração dos acordos no âmbito do Programa de Negociação Coordenada, deverá ser promovida a assistência jurídica gratuita aos IMPACTADOS que não estiverem representados por advogados, em especial para populações vulneráveis atingidas.

PARÁGRAFO ÚNICO: Para atendimento da previsão do *caput*, a FUNDAÇÃO deverá buscar parcerias com a Defensoria Pública e com a Ordem dos Advogados do Brasil.

CLÁUSULA 38: O PROGRAMA DE NEGOCIAÇÃO COORDENADA deverá ser concluído no prazo máximo de 12 (doze) meses da assinatura deste Acordo, devendo o pagamento das indenizações ser efetuado em até 3 (três) meses da conclusão da negociação, sem prejuízo das ações emergenciais que já estejam em curso, as quais deverão ser consideradas no âmbito do PROGRAMA SOCIOECONÔMICO. **PARÁGRAFO ÚNICO.** Os prazos previstos no *caput* poderão ser, excepcionalmente revistos, desde que devidamente fundamentados e validados pelo COMITÊ INTERFEDERATIVO.

SUBSEÇÃO I.3: Programa de proteção e recuperação da qualidade de vida dos povos indígenas

CLÁUSULA 39: A FUNDAÇÃO deverá executar um programa para oferecer atendimento especializado aos povos indígenas do território KRENAK e das terras indígenas de COMBOIOS, TUPINIQUIM e CAIEIRAS VELHAS II. **PARÁGRAFO ÚNICO:** O PROGRAMA deverá ser construído em conjunto com os indígenas, em tratativas e negociações que contem com a participação da Fundação Nacional do Índio – FUNAI.

CLÁUSULA 40: O atendimento a que se refere este PROGRAMA deverá respeitar as formas próprias de organização social, costumes, usos e tradições dos povos indígenas KRENAK, TUPINIQUIM e GUARANI.

CLÁUSULA 41: Deverão ser previstos mecanismos para a realização de consulta e a participação dos povos indígenas em todas as fases deste PROGRAMA.

CLÁUSULA 42: Deverá ser prevista a supervisão, a participação e a validação da FUNAI e da Secretaria Especial de Saúde Indígena do Ministério da Saúde – SESAI em todas as fases deste PROGRAMA, no âmbito de suas competências.

CLÁUSULA 43: As seguintes ações deverão ser desenvolvidas pela FUNDAÇÃO em relação ao povo KRENAK, no Estado de Minas Gerais, sem prejuízo do que restar acordado diretamente com os indígenas:

I. Manutenção das medidas de apoio emergencial previstas no acordo de 16/11/2015 celebrado com a VALE S.A.;

II. Monitoramento contínuo das seguintes situações, previstas no acordo de 16/11/2015 celebrado com a VALE S.A:

a) abastecimento de água;

b) qualidade da água;

c) bovinocultura;

d) apoio financeiro mensal às famílias;

e) saúde; e

f) atualização das necessidades em diálogo com os indígenas KRENAK.

III. Contratação de consultoria independente, conforme Termo de Referência a ser apresentado pela FUNAI, para elaboração de estudo circunstanciado dos impactos socioambientais e socioeconômicos do EVENTO sobre os KRENAK;

IV. Detalhamento de um Plano de Ação Permanente, com base no estudo previsto no inciso III;

V. Execução, monitoramento e reavaliação das ações componentes do Plano de Ação Permanente.

PARÁGRAFO PRIMEIRO: As medidas previstas nos incisos I e II, caso não tenham sido iniciadas, deverão ter início no prazo de até 10 (dez) dias da assinatura deste Acordo, devendo ser mantidas até a entrada em vigor do Plano de Ação Permanente;

PARÁGRAFO SEGUNDO: A contratação da consultoria referida no inciso III deverá ser feita em até 90 (noventa) dias, a contar da apresentação do Termo de Referência a ser apresentado pela FUNAI. O Termo de Referência deve ser entregue pela FUNAI em até 30 (trinta) dias contados da assinatura do Acordo.

PARÁGRAFO QUARTO: As ações previstas no inciso V deverão ser mantidas durante toda a duração do Plano de Ação Permanente referido nesta cláusula.

CLÁUSULA 44: As seguintes ações deverão ser desenvolvidas pela FUNDAÇÃO ou pela SAMARCO em relação aos povos TUPINIQUIM e GUARANI localizados

ANEXO A – TERMO DE TRANSAÇÃO E DE AJUSTAMENTO DE CONDUTA | 173

nas terras indígenas COMBOIOS, TUPINIQUIM e CAIEIRAS VELHAS II:

I. Caso seja identificada necessidade por meio de diagnóstico específico realizado pela FUNDAÇÃO ou pela SAMARCO e disponibilizado à Funai e aos povos indígenas em até 20 (vinte) dias da assinatura deste Acordo, serão implementadas medidas de apoio emergencial, mediante acordo com as comunidades, com a participação da FUNAI, observado o previsto nas CLÁUSULAS 40, 41 e 42, sem prejuízo de a FUNAI elaborar o seu diagnóstico às suas próprias expensas;

II. Execução e monitoramento contínuo das medidas de apoio emergencial, caso cabíveis nos termos do inciso I;

III. Contratação de consultoria independente, conforme Termo de Referência a ser apresentado pela FUNAI, para elaboração de estudo circunstanciado dos eventuais impactos socioambientais e socioeconômicos do EVENTO sobre os TUPINIQUIM e os GUARANI;

IV. Detalhamento de um Plano de Ação Permanente, com base no estudo referido no inciso III;

V. Execução, monitoramento e reavaliação das ações componentes do Plano de Ação Permanente, com base no estudo referido no inciso III;

PARÁGRAFO PRIMEIRO: As tratativas para identificação dos eventuais impactos decorrentes do EVENTO deverão ser iniciadas/retomadas com as comunidades imediatamente, com a participação da FUNAI;

PARÁGRAFO SEGUNDO: Havendo discordância em relação aos diagnósticos e às propostas de medidas emergenciais de que trata o inciso I, a FUNDAÇÃO e a FUNAI poderão adotar as medidas judiciais e extrajudiciais para resolver o impasse. Enquanto as discussões relativas aos diagnósticos e às propostas de medidas emergenciais estiverem em curso, as medidas sobre as quais houver convergência de entendimento serão executadas pela FUNDAÇÃO.

PARÁGRAFO TERCEIRO: A contratação da consultoria referida no inciso III deverá ser feita em até 90 (noventa) dias, a contar da apresentação do Termo de Referência a ser apresentado pela FUNAI. O Termo de Referência deverá ser entregue pela FUNAI em até 30 (trinta) dias contados da assinatura do Acordo.

PARÁGRAFO QUARTO: As ações previstas no inciso V deverão ser mantidas durante toda a duração do Plano de Ação Permanente referido neste artigo.

CLÁUSULA 45: A elaboração, o desenvolvimento e a execução dos PROGRAMAS, PROJETOS e ações previstos nesta Subseção não excluem os indígenas dos demais PROGRAMAS, exceto os que forem com aqueles incompatíveis, nos termos dos PROGRAMAS.

SUBSEÇÃO I.4: Programa de proteção e recuperação da qualidade de vida de outros povos e comunidades tradicionais

CLÁUSULA 46: A FUNDAÇÃO deverá estabelecer tratativas com as Comunidades Remanescentes do Quilombo de Santa Efigênia, em Mariana – MG, e executar estudo para identificar eventuais impactos às referidas comunidades em decorrência do EVENTO.

PARÁGRAFO PRIMEIRO: Caso sejam identificados impactos que justifiquem a adoção de medidas emergenciais, a FUNDAÇÃO deverá implementá-las com a devida urgência, enquanto perdurar a necessidade.

PARÁGRAFO SEGUNDO: Para elaboração de estudo previsto no *caput*, a FUNDAÇÃO contratará consultoria independente, em até 90 (noventa) dias, a contar da apresentação do Termo de Referência a ser apresentado pela Fundação Cultural Palmares – FCP.

PARÁGRAFO TERCEIRO: Caso o resultado do estudo previsto no *caput* indique a necessidade, a FUNDAÇÃO elaborará um programa de ação permanente, que deverá ser construído em conjunto com as comunidades, em tratativas e negociações que contem com a participação da Fundação Cultural Palmares – FCP.

CLÁUSULA 47: O atendimento emergencial e aquele que decorrer de programa, caso sejam necessários na forma desta subseção, deverão respeitar as formas próprias de organização social, costumes, usos e tradições das Comunidades Remanescentes de Quilombo de Santa Efigênia.

CLÁUSULA 48: Para o atendimento emergencial e aquele que decorrer de programa, caso sejam necessários na forma desta subseção, deverão ser previstos mecanismos para a realização de consulta e a participação das comunidades em todas as fases, bem como a supervisão, a participação e a validação da FCP em todas as fases, no âmbito de suas competências.

CLÁUSULA 49: A elaboração, o desenvolvimento e a execução dos programas e ações previstos nesta Subseção não excluem as comunidades e seus membros dos demais PROGRAMAS, exceto os que forem com aqueles incompatíveis, nos termos dos PROGRAMAS.

CLÁUSULA 50: Caso haja indícios trazidos pelo PODER PÚBLICO de outras comunidades tradicionais que tenham sido porventura impactadas pelo EVENTO, a FUNDAÇÃO deverá adotar o mesmo procedimento previsto nesta subseção.

CLÁUSULA 51: Compreende-se por Povos e Comunidades Tradicionais os grupos culturalmente diferenciados e que se reconhecem como tais, que possuam formas próprias de organização social, que ocupam e usam territórios e recursos naturais como condição para sua reprodução cultural, social, religiosa, ancestral e econômica, utilizando conhecimentos, inovações e práticas gerados e transmitidos pela tradição.

PARÁGRAFO ÚNICO: Excluem-se deste programa os povos indígenas, os quais deverão ter um programa próprio previsto nas cláusulas da SUBSEÇÃO I.3.

CLÁUSULA 52: Para os efeitos deste Acordo, entendem-se como Territórios Tradicionais os espaços necessários à reprodução cultural, social e econômica dos Povos e Comunidades Tradicionais, utilizados de forma permanente, mesmo que com uso efetivo sazonal.

CLÁUSULA 53: O presente programa deverá observar o art. 68 do Ato das Disposições Constitucionais Transitórias (ADCT); a Lei nº 7.668, de 22 de agosto de 1988; o Decreto nº 4.887, de 2 de novembro de 2003; o Decreto nº 6.040, de 7 de fevereiro de 2007; e o Decreto nº 3.551, de 4 de agosto de 2000, bem como a Convenção nº 169 da Organização Internacional do Trabalho – OIT.

SUBSEÇÃO I.5: Programa de proteção social

CLÁUSULA 54: A FUNDAÇÃO deverá elaborar, desenvolver e executar um programa para promover a proteção social, por meio de ações socioassistenciais, incluindo ações socioculturais e apoio psicossocial, desenvolvendo o acompanhamento às famílias e aos indivíduos impactados pelo EVENTO, priorizando os IMPACTADOS com deslocamento físico.

CLÁUSULA 55: O PROGRAMA deverá ser direcionado às famílias e às pessoas que necessitem de ações de proteção social de acordo com os parâmetros estabelecidos pela FUNDAÇÃO, em conformidade com as políticas públicas, em decorrência do EVENTO.

CLÁUSULA 56: Excluído o que for de competência do PODER PÚBLICO, o PROGRAMA de proteção social deverá apoiar a adoção de protocolo para atendimento dos IMPACTADOS que estejam em situação de vulnerabilidade ou de risco social por violação de direitos fundamentais; em decorrência do EVENTO.

PARÁGRAFO ÚNICO: O PROGRAMA de proteção social deverá apoiar a continuidade dos serviços públicos essenciais, nos casos em que sua interrupção ou prejuízo no atendimento à população tiver decorrido do EVENTO.

CLÁUSULA 57: As ações referidas no artigo anterior deverão observar as regras e diretrizes da Lei nº 8.742, de 7 de dezembro de 1993 (Lei Orgânica da Assistência Social – LOAS); da Lei nº 12.608, de 10 de abril de 2012; da Política Nacional de Assistência Social; e do Protocolo Nacional

Conjunto para Proteção Integral a Crianças e Adolescentes, Pessoas Idosas e Pessoas com Deficiência em Situação de Riscos e Desastres (Portaria Interministerial nº 2, de 6 de dezembro de 2012).

CLÁUSULA 58: Esse PROGRAMA deverá ser iniciado em até 30 (trinta) dias da assinatura deste Acordo e terá duração de 36 (trinta e seis) meses, a contar do seu início.

PARÁGRAFO ÚNICO: O prazo previsto no *caput* poderá ser prorrogado, caso esta necessidade seja fundamentadamente justificada 12 (doze) meses antes de encerrado o prazo original.

SUBSEÇÃO I.6: Programa de comunicação, participação, diálogo e controle social

CLÁUSULA 59: A FUNDAÇÃO deverá assegurar a participação social nos processos de identificação e detalhamento de PROGRAMAS e PROJETOS, incluindo prestação de contas das ações relativas aos PROGRAMAS SOCIOECONÔMICOS.

CLÁUSULA 60: A população impactada e os INDIRETAMENTE IMPACTADOS terão acesso à informação ampla, transparente, completa e pública, em linguagem acessível, adequada e compreensível a todos os interessados, como condição necessária à participação social esclarecida.

CLÁUSULA 61: Fica reconhecida a multiplicidade de formas e procedimentos de divulgação e efetiva participação social, desde audiências públicas até o uso de múltiplas mídias de modo a favorecer uma participação esclarecida.

CLÁUSULA 62: O presente programa deverá promover a participação das pessoas físicas e jurídicas, comunidades e movimentos sociais organizados.

CLÁUSULA 63: Caberá à FUNDAÇÃO a realização de painéis temáticos periódicos, ou mediante demanda específica devidamente justificada, considerando a área de influência do tema a ser tratado, no curso da execução do respectivo PROGRAMA.

PARÁGRAFO ÚNICO: Além dos painéis temáticos, deverão ser realizados eventos anuais de prestação de contas das ações da FUNDAÇÃO em todas as bases regionais de referência física, com apresentação de relatórios das ações realizadas.

CLÁUSULA 64: Deverão ser criados canais permanentes de comunicação e interação com a sociedade em espaços fixos ou itinerantes, se necessário, devendo ser previstas as seguintes ações:

a) instituição de mesa de diálogo e negociação permanente, no curso deste PROGRAMA;

b) construção e manutenção do sítio virtual específico na internet para divulgação das informações relacionadas ao EVENTO;

c) criação e manutenção de espaços dialogais com as comunidades, tanto espaços fixos quanto móveis;

d) implementação do mecanismo de ouvidorias para monitoramento das ações do plano de reparação, e para recebimento de reclamações e comentários por parte dos IMPACTADOS; e

e) central 0800 de atendimento à população.

CLÁUSULA 65: Deverá ser desenvolvida pela FUNDAÇÃO plataforma interativa sobre o EVENTO, suas consequências e medidas implementadas no âmbito dos PROGRAMAS e dos PROJETOS.

PARÁGRAFO ÚNICO: A finalidade da plataforma é assegurar um inventário de dados e informações, bem como preservar as memórias culturais, técnicas e científicas sobre o EVENTO, promovendo o acesso da população às informações.

CLÁUSULA 66: Caberá à FUNDAÇÃO criar uma equipe de comunicação e participação social multidisciplinar, com profissionais e estrutura adequada.

CLÁUSULA 67: Além das medidas acima, as seguintes ações devem ser implementadas:

a) criação de um manual de "perguntas e respostas", o qual deverá estar disponível aos líderes comunitários e deverá esclarecer sobre os processos de moradia temporária, auxílio financeiro, indenização e outros;

b) divulgação em redes sociais sobre iniciativas da FUNDAÇÃO, esclarecimento de dúvidas e repasse de informações; e

c) relacionamento com a imprensa e disponibilização de *releases* aos veículos de comunicação.

CLÁUSULA 68: Deverá ser criada uma Ouvidoria, com a indicação de um Ouvidor, cujo nome e dados para contato devem ser amplamente divulgados nos canais institucionais.

CLÁUSULA 69: Todos os relatórios de acompanhamento dos PROGRAMAS SOCIOECONÔMICOS devem estar disponíveis para a consulta pública, diretamente na página eletrônica, independentemente de qualquer tipo de cadastramento prévio.

CLÁUSULA 70: Deverão ser garantidos canais de atendimento adequados aos grupos vulneráveis.

CLÁUSULA 71: Os canais de diálogo referidos neste PROGRAMA devem estar em funcionamento em até 90 (noventa) dias da assinatura deste Acordo e deverão funcionar enquanto este Acordo estiver em vigor.

CLÁUSULA 72: O Ouvidor deverá emitir relatórios trimestrais, publicando-os na página eletrônica, com dados estatísticos e com a apresentação do andamento das atividades referidas no presente programa.

SUBSEÇÃO I.7: Programa de assistência aos animais

CLÁUSULA 73: A FUNDAÇÃO deverá desenvolver um programa para assistência aos animais extraviados e desalojados, incluindo os animais domésticos, tais como cães e gatos, sendo voltado especificamente para Mariana e Barra Longa.

PARÁGRAFO ÚNICO: Não se inclui no escopo deste PROGRAMA os animais silvestres e a proteção da fauna aquática, os quais serão tratados em PROGRAMAS próprios.

CLÁUSULA 74: Caberá à FUNDAÇÃO realizar as seguintes ações:

a) resgate dos animais impactados pelo EVENTO;

b) encaminhamento para os CRAs (Centros de Recolhimento Animal) implementados pela FUNDAÇÃO;

c) prover alimentação aos animais que porventura permanecerem nas suas propriedades de origem;

d) prover assistência médica veterinária a todos os animais resgatados e impactados diretamente;

e) cadastro de todos os animais acolhidos nos CRAs;

f) promover evento de adoção para animais que não forem retirados pelos seus tutores; e

g) destinar os animais não adotados para um Santuário, conforme solicitação do TCP (Termo de Compromisso Preliminar) firmado entre MPMG e a SAMARCO.

CLÁUSULA 75: Este programa deverá ser mantido pelo prazo mínimo de 2 (dois) anos, a contar da assinatura deste Acordo.

SEÇÃO II: INFRAESTRUTURA

SUBSEÇÃO II.1: Programa de reconstrução, recuperação e realocação de Bento Rodrigues, Paracatu de Baixo e Gesteira

CLÁUSULA 76: O presente PROGRAMA deve prever ações para a recuperação, reconstrução e realocação das localidades de Bento Rodrigues, Paracatu de Baixo e Gesteira atingidas pelo EVENTO.

CLÁUSULA 77: Fazem parte do presente PROGRAMA as seguintes ações, a serem desenvolvidas pela FUNDAÇÃO:

a) definição, em conjunto com as comunidades, da nova localização para o reassentamento;

b) aquisição das áreas que foram escolhidas em conjunto com as comunidades;

c) elaboração e aprovação do projeto urbanístico e demais entregáveis de engenharia da nova comunidade;

d) implantação da infraestrutura de energia, água, saneamento, arruamento, pavimentação, drenagem e acessos;

e) elaboração e aprovação dos projetos arquitetônicos e posterior construção dos imóveis;

f) reassentamento das edificações de uso público, tais como escolas, unidades de saúde, praças, quadra coberta e templos religiosos, equivalente à SITUAÇÃO ANTERIOR e em observância aos padrões da política pública;

g) demolição de estruturas remanescentes e consequente limpeza;

h) negociação coletiva em instância participativa para definição de localização, discussão dos PROJETOS e acompanhamento das obras;

i) dependendo da peculiaridade de cada caso concreto será considerada a possibilidade de autoreassentamento assistido, permuta e/ou indenização para os IMPACTADOS que assim desejarem; e

j) disponibilização de moradia temporária das pessoas desalojadas pelo prazo de até 3 (três) meses após a solução definitiva de sua moradia.

CLÁUSULA 78: O presente programa deverá ser iniciado em até 15 (quinze) dias e deverá estar concluído em até 36 (trinta e seis) meses, ambos contados da assinatura deste Acordo.

SUBSEÇÃO II.2: *Programa de recuperação do reservatório da UHE Risoleta Neves*

CLÁUSULA 79: A FUNDAÇÃO deverá desenvolver um programa para tratar das ações necessárias ao desassoreamento do Reservatório da UHE Risoleta Neves e à recuperação das condições de operação da UHE Risoleta Neves.

CLÁUSULA 80: Deverão ser desenvolvidas ações para o desassoreamento do Reservatório da UHE Risoleta Neves e para o reparo na infraestrutura da Usina Hidrelétrica, observado o acordo judicial celebrado com o MINISTÉRIO PÚBLICO DO ESTADO DE MINAS GERAIS e com o ESTADO DE MINAS GERAIS em 6 de fevereiro de 2016 (Processo nº 0024.15.086.405-6).

CLÁUSULA 81: As ações de reparação deverão ser concluídas de acordo com PROGRAMA a ser aprovado pela FUNDAÇÃO, devendo o PROGRAMA ser mantido ativo até a efetiva retomada da operação da UHE Risoleta Neves, observado o referido acordo.

SUBSEÇÃO II.3: *Programa de recuperação das demais comunidades e infraestruturas impactadas entre Fundão e Candonga, inclusive Barra Longa*

CLÁUSULA 82: A FUNDAÇÃO deverá providenciar a recuperação ou reconstrução das infraestruturas danificadas pelo EVENTO, observada a SITUAÇÃO ANTERIOR em observância aos padrões da política pública.

PARÁGRAFO PRIMEIRO: Esse programa é voltado para as comunidades e infraestruturas impactadas entre Fundão e Candonga, inclusive Barra Longa, ressalvadas as medidas previstas no programa de recuperação, reconstrução e realocação de Bento Rodrigues, Paracatu de Baixo e Gesteira.

PARÁGRAFO SEGUNDO: Caso sejam identificadas outras comunidades e/ou infraestruturas impactadas em outra localidade como decorrência do EVENTO, esse programa também será estendido a elas.

PARÁGRAFO TERCEIRO: Sendo necessário o reassentamento ou realocação temporária das famílias e realocação de equipamentos públicos, deverá ser previsto o fornecimento de infraestrutura básica, a saber: acesso à água potável, energia elétrica e saneamento, em local que permita acessibilidade.

CLÁUSULA 83: O planejamento deverá observar o padrão e os parâmetros da política pública.

CLÁUSULA 84: O programa deverá prever as seguintes ações reparatórias para as áreas impactadas entre Fundão e Candonga, observado o parágrafo segundo da CLÁUSULA 82:

a) reestabelecimentos de acessos;

b) limpeza e retirada de resíduos nas estruturas impactadas, entulho e detritos decorrentes do EVENTO;

c) demolição de estruturas comprometidas remanescentes e consequente limpeza;

d) reconstrução de pontes;

e) drenagens;

f) reconstrução ou reforma de cercas, currais e paiol;

g) reconstrução ou reforma de igrejas e outros templos religiosos;

h) reconstrução ou reforma de campos de futebol e espaços de prática esportiva de acesso público;

i) reconstrução ou reforma de centros comunitários, praças e locais públicos de lazer;

j) reconstrução ou reforma de poços artesianos e pinguelas;

k) recuperação ou reforma das vias de acesso impactas pelo EVENTO;

l) contenções de taludes e encostas para acessos;

m) reconstrução ou reforma das unidades habitacionais impactadas;

n) reconstrução e recuperação das estruturas de educação e saúde impactadas;

o) reconstrução e recuperação de todas as pontes, acessos e malhas viárias impactadas;

p) recuperação das estruturas de captação, tratamento e distribuição de água impactadas;

q) recuperação das estruturas de captação e tratamento de esgoto impactadas;

r) reconstrução e recuperação das estruturas de esporte, lazer e cultura impactadas; e

s) reconstrução, recuperação dos demais prédios públicos impactados.

CLÁUSULA 85: Sempre que o reparo da estrutura não puder ser efetuado no mesmo local, a escolha do terreno para a nova construção deverá contar com participação dos IMPACTADOS e aprovação do PODER PÚBLICO ao qual o serviço esteja vinculado.

CLÁUSULA 86: No caso de estruturas públicas impactadas, além da reparação do imóvel, devem ser recompostos os equipamentos, mobiliário e instrumental, bem como o material de consumo, comprovadamente perdido ou danificado diretamente em razão do EVENTO, necessário ao funcionamento do respectivo serviço.

CLÁUSULA 87: Para os efeitos da CLÁUSULA 86 acima, não sendo possível comprovar o volume do estoque de material de consumo destruído, deverá ser indenizado o montante correspondente ao consumo da instalação ao longo de 6 (seis) meses.

CLÁUSULA 88: Esse programa deverá ser iniciado em até 15 (quinze) dias e deverá ser concluído em até 30 (trinta) meses, a contar da assinatura deste Acordo.

SEÇÃO III: EDUCAÇÃO, CULTURA E LAZER

SUBSEÇÃO III.1: Programa de recuperação das escolas e reintegração da comunidade escolar

CLÁUSULA 89: A FUNDAÇÃO deverá providenciar a reconstrução, observada a SITUAÇÃO ANTERIOR e conforme padrão e parâmetros da política pública, aquisição de mobiliário, equipamentos e materiais necessários às escolas impactadas de Fundão até Candonga, providenciando os meios para reintegração de seus respectivos alunos e profissionais envolvidos às rotinas escolares.

PARÁGRAFO ÚNICO: A aquisição referida no *caput* deverá estar alinhada à política pública e aos padrões estabelecidos pelo Ministério da Educação – MEC e pelo Fundo Nacional de Desenvolvimento da Educação – FNDE.

CLÁUSULA 90: Nos casos de reassentamento, as estruturas escolares serão construídas nas novas comunidades. Observada a SITUAÇÃO ANTERIOR, seguindo normas e padrões do PODER PÚBLICO e necessidade dimensionada nos planos de reassentamento.

CLÁUSULA 91: Enquanto não estiverem disponibilizadas as estruturas definitivas, deverá a FUNDAÇÃO providenciar a oferta de condições de acessibilidade dos alunos às escolas temporárias.

CLÁUSULA 92: Deverão ser previstas ações de capacitação dos profissionais de educação para atuação em situações de emergências, bem como para a prestação dos serviços decorrentes do EVENTO, de Fundão até UHE Risoleta Neves.

CLÁUSULA 93: O PROGRAMA deverá prever, ainda, ações de apoio psicopedagógico para alunos e profissionais das escolas impactadas durante o período de 36 meses contados da assinatura deste Acordo.

PARÁGRAFO ÚNICO: O prazo previsto no *caput* poderá ser prorrogado, caso esta necessidade seja fundamentadamente justificada 06 (seis) meses antes de encerrado o prazo original.

CLÁUSULA 94: Os prazos deste PROGRAMA deverão ser compatíveis com o cronograma do Programa de reconstrução, recuperação e realocação de Bento Rodrigues, Paracatu de Baixo e Gesteira e do Programa de Recuperação das demais comunidades e infraestruturas impactadas entre Fundão e Candonga.

SUBSEÇÃO III.2: Programa de Preservação da Memória Histórica, Cultural e Artística

CLÁUSULA 95: A FUNDAÇÃO deverá elaborar programa para recuperar bens culturais de natureza material e preservar patrimônio cultural das comunidades de Bento Rodrigues, Paracatu de Baixo e Gesteira atingidas pelo EVENTO, desde que os bens sejam de valor histórico, arqueológico, artístico inventariados e/ou tombados pelo IPHAN e/ou IEPHA atingidos pelo EVENTO.

CLÁUSULA 96: As ações de preservação do patrimônio devem observar o previsto no Termo de Compromisso Preliminar assinado com o MINISTÉRIO PÚBLICO ESTADUAL DE MINAS GERAIS em 30 de novembro de 2015.

PARÁGRAFO ÚNICO: Complementando as informações disponibilizadas pelo IPHAN e pelo IEPHA, o diagnóstico incluirá a realização de inventário participativo junto às comunidades atingidas a fim de identificar os elementos materiais e imateriais que compõem a cultura local, bem como implementar centros de memória.

CLÁUSULA 97: O diagnóstico deverá ser sucedido por Proposta de Intervenção para preservação e conservação que estabeleça escala de prioridades de ação em razão do grau de risco de perdas irreversíveis dos bens culturais, sejam materiais ou imateriais.

CLÁUSULA 98: A Proposta de Intervenção no patrimônio cultural, a ser implementada pela FUNDAÇÃO, deverá contemplar:
a) desenvolvimento e implementação, por meio de profissionais habilitados, de projeto arqueológico dos sítios impactados;
b) Divulgação do conhecimento científico já produzido a respeito do patrimônio arqueológico da região atingida cujo acesso e prosseguimento de pesquisas foi inviabilizado pelas alterações no relevo causadas pelo EVENTO;
c) execução de obras de recuperação do patrimônio cultural impactado preferencialmente por meio de canteiros-escola que favoreçam a utilização e a capacitação de mão de obra local;
d) ações para o resgate, a transmissão geracional e a promoção das atividades culturais das comunidades, tais como festas e celebrações, conhecimentos e técnicas tradicionais, artesanato e culinária.

CLÁUSULA 99: No que se refere ao esporte e ao lazer, a FUNDAÇÃO deve promover o reestabelecimento e revitalização dos espaços e das condições necessárias à realização de competições esportivas, eventos de dança e música, atividades ocupacionais e de capacitação para idosos, atividades infantis em contraturnos ou períodos de férias, bem como a inserção da população atingida em novas atividades e esporte disponíveis em Bento Rodrigues e Barra Longa.

CLÁUSULA 100: O presente programa deverá ser mantido pelo prazo de 60 (sessenta) meses a contar da aprovação do PROJETO pela FUNDAÇÃO.

PARÁGRAFO ÚNICO: O prazo previsto no *caput* poderá ser prorrogado, caso esta necessidade seja fundamentadamente justificada 06 (seis) meses antes de encerrado o prazo original.

SUBSEÇÃO III.3: *Programa de apoio ao turismo, cultura, esporte e lazer, de cunho reparatório e compensatório*

CLÁUSULA 101: A FUNDAÇÃO deverá realizar um diagnóstico do impacto do Turismo, Cultura, Esporte e Lazer nos municípios da ÁREA DE ABRANGÊNCIA SOCIOECONÔMICA dos dois Estado.

CLÁUSULA 102: O diagnóstico deverá ser discutido com as comunidades e deverá conter o levantamento das manifestações culturais, esportivas e de lazer da ÁREA DE ABRANGÊNCIA, com destaque para aquelas associadas aos recursos naturais colocados em indisponibilidade pelo EVENTO.

PARÁGRAFO ÚNICO: O diagnóstico deverá incluir o inventário de turismo local impactado e o diagnóstico das potencialidades turísticas das áreas impactadas.

CLÁUSULA 103: À luz do diagnóstico, poderão ser desenvolvidas as seguintes ações relacionadas à cultura, ao turismo, ao esporte e ao lazer nas áreas identificadas no diagnóstico como impactadas, como medidas compensatórias:

a) implantação de equipamentos de esporte e lazer;

b) criação de Memorial em Bento Rodrigues, em entendimento com a comunidade;

c) apoio técnico e material para ampliação dos Programas Mais Cultura nas Universidades e Mais Cultura na Escolas;

d) realização de campanha de autodeclaração de grupos, coletivos e entidades culturais por meio da Plataforma Rede Cultura Viva;

e) modernização de bibliotecas públicas municipais e criação de um Comitê Nacional de Incentivo à Leitura, de forma a fomentar ações de promoção da leitura.

f) implantação de equipamentos culturais e desenvolvimento de ações de fomento e incentivo à cultura em consonância com a Política e o Sistema Nacional de Cultura;

g) revitalização do Programa Estrada Real, na ÁREA DE ABRANGÊNCIA, com vistas à atração do turismo para as localidades afetadas; e

h) Implementação de ações de desenvolvimento da Pesca Esportiva/Amadora para a bacia hidrográfica.

CLÁUSULA 104: À luz do diagnóstico, deverão ser desenvolvidas as seguintes ações relacionadas à cultura, ao turismo, ao esporte e ao lazer nas áreas identificadas no diagnóstico como impactadas, como medidas reparatórias:

a) fortalecimento de instituições locais afins à atividade de turismo;

b) elaboração de plano participativo de turismo; e

c) apoio técnico para implementação do plano de turismo, incluindo publicidade;

d) apresentação de proposta, elaborada em conjunto com as comunidades impactadas, para o enfrentamento das perdas do ambiente necessário para a realização de práticas de lazer, esporte e sociabilidade, a ser validado pelos ÓRGÃOS PÚBLICOS envolvidos;

e) reparação dos trechos da Estrada Real impactados pelo EVENTO;

f) implementação de ações de recuperação da Pesca Esportiva/Amadora para a bacia hidrográfica; e

g) requalificação profissional de agentes locais da Pesca Esportiva impactados, entre os quais guias de pesca, condutores de embarcações, estruturas de hospedagem e produtores de iscas, na hipótese de impossibilidade de retomada da atividade original.

CLÁUSULA 105: O diagnóstico referido neste programa deverá estar concluído no prazo de 12 (doze) meses da assinatura deste Acordo, sendo as ações de fomento desenvolvidas pelo prazo de 60 (sessenta) meses da aprovação do PROJETO pela FUNDAÇÃO.

SEÇÃO IV: SAÚDE

SUBSEÇÃO IV.1: *Programa de apoio à saúde física e mental da população impactada*

CLÁUSULA 106: Deverá ser prestado apoio técnico à elaboração e implantação do Protocolo de monitoramento da saúde da população exposta aos efeitos do EVENTO.

CLÁUSULA 107: Caberá à FUNDAÇÃO elaborar programa para prestar apoio técnico para o atendimento às prefeituras de Mariana e Barra Longa na execução dos planos de ação de saúde ou das ações de saúde já pactuados até a presente data em função dos efeitos decorrentes do EVENTO.

CLÁUSULA 108: O programa deverá prever medidas e ações necessárias à mitigação dos danos causados à saúde da população diretamente atingida pelo EVENTO.

CLÁUSULA 109: O presente programa deverá prever ações a serem executadas pela FUNDAÇÃO nas seguintes áreas, as quais deverão estar circunscritas aos efeitos decorrentes do EVENTO:

a) atenção primária;

b) vigilância em saúde ambiental, epidemiológica, saúde do trabalhador, sanitária e promoção da saúde;

c) assistência farmacêutica;

d) assistência laboratorial;

e) atenção secundária; e

f) atenção em saúde mental.

CLÁUSULA 110: As ações previstas neste programa de apoio à saúde deverão ser mantidas pelo prazo de 36 (trinta e seis) meses, a contar da assinatura do presente Acordo.

PARÁGRAFO ÚNICO: O prazo previsto no *caput* poderá ser prorrogado, caso esta necessidade seja fundamentadamente justificada 06 (seis) meses antes de encerrado o prazo original.

CLÁUSULA 111: Caberá à FUNDAÇÃO desenvolver um Estudo Epidemiológico e Toxicológico para identificar o perfil epidemiológico e sanitário retrospectivo, atual e prospectivo dos moradores de Mariana até a foz do Rio Doce, de forma a avaliar riscos e correlações decorrentes do EVENTO.

PARÁGRAFO PRIMEIRO: A área de abrangência do Estudo poderá ser ampliada caso sejam constatadas evidências técnicas de riscos à saúde da população em áreas costeiras e litorâneas da ÁREA DE ABRANGÊNCIA não cobertas pelo Estudo, mediante demanda tecnicamente fundamentada do PODER PÚBLICO.

PARÁGRAFO SEGUNDO: Tendo sido identificados impactos do EVENTO à saúde, o estudo indicará as ações mitigatórias necessárias para garantir a saúde dos IMPACTADOS, a serem executadas pela FUNDAÇÃO.

PARÁGRAFO TERCEIRO: O estudo se baseará nos indicadores de saúde de 10 (dez) anos anteriores ao EVENTO e deverá ser mantido pelo prazo mínimo de 10 (dez) anos após o EVENTO.

PARÁGRAFO QUARTO: O prazo previsto no parágrafo anterior deverá ser prorrogado no caso de verificação de indícios de aumento da incidência de doenças ou de mudanças negativas no perfil epidemiológico que possam ser decorrências do EVENTO, pelo prazo necessário.

CLÁUSULA 112: O estudo será realizado na forma de uma pesquisa de campo de natureza qualiquantitativa, exploratória e descritiva com mapeamento de perfil epidemiológico e sanitário utilizando dados oficiais disponíveis para toda população, amostras de campo e demais regras previstas no padrão da política pública.

PARÁGRAFO ÚNICO: Os dados brutos e as análises produzidas no curso do Estudo deverão ser disponibilizados para ampla consulta pública e enviados às Secretarias Estaduais de Saúde, ou equivalentes, dos Estados de Minas Gerais e do Espírito Santo.

SEÇÃO V: INOVAÇÃO

SUBSEÇÃO V.1: Programa de apoio à pesquisa para desenvolvimento e utilização de tecnologias socioeconômicas aplicadas à remediação dos impactos, de natureza compensatória

CLÁUSULA 113: A FUNDAÇÃO deverá fomentar e financiar a produção de conhecimento relacionado à recuperação das áreas impactadas pelo desastre, através da criação e fortalecimento de linhas de pesquisa de tecnologias aplicadas, com internalização das tecnologias geradas para o processo de recuperação.

CLÁUSULA 114: As seguintes ações deverão ser desenvolvidas:

a) fomento a pesquisas voltadas à utilização econômica e disposição do rejeito; e

b) fomento à formação educacional e profissional em temáticas correlatas à recuperação das áreas atingidas.

CLÁUSULA 115: As ações previstas neste programa, que tem natureza compensatória, poderão ser realizadas por meio de parcerias com instituições públicas de ensino e pesquisa.

SEÇÃO VI: ECONOMIA

SUBSEÇÃO VI.1: Programa de retomada das atividades aquícolas e pesqueiras

CLÁUSULA 116: A FUNDAÇÃO deverá desenvolver um programa para o apoio aos pescadores IMPACTADOS ao longo da ÁREA DE ABRANGÊNCIA.

CLÁUSULA 117: A FUNDAÇÃO deverá buscar a recomposição das áreas produtivas e das condições para produção dos pescadores, incluindo os equipamentos e infraestrutura impactados para a conservação, industrialização e comercialização do pescado.

CLÁUSULA 118: A FUNDAÇÃO deverá prestar assistência técnica aos pescadores impactados pelo EVENTO e às suas respectivas cooperativas e associações, de modo a viabilizar a retomada de suas atividades, bem como ajuda financeira aos pescadores impactados, no montante definido pelo Programa de Auxílio Financeiro aos IMPACTADOS até a condição de pesca ser equivalente à SITUAÇÃO ANTERIOR.

PARÁGRAFO ÚNICO: A assistência técnica deverá ser realizada nos termos do Programa Nacional de Assistência Técnica e Extensão Rural – PNATER, de acordo com orientações do PODER PÚBLICO, sendo custeada pela FUNDAÇÃO.

CLÁUSULA 119: Sempre que, em virtude do EVENTO, a retomada da atividade de pesca não for possível, deverão ser ofertados cursos de qualificação profissional em outras atividades, prestando assistência técnica nos termos da PNATER, quando cabível, com o objetivo de identificar e viabilizar a realocação em nova atividade econômica ou produtiva, sem prejuízo do pagamento do Auxílio Financeiro previsto na CLÁUSULA 118 até a condição de pesca ser equivalente à SITUAÇÃO ANTERIOR ou até que sejam estabelecidas as condições para realocação profissional, o que ocorrer primeiro, assegurada a conclusão da oferta dos cursos de qualificação em andamento no âmbito deste PROGRAMA.

CLÁUSULA 120: As obrigações relacionadas à qualificação e assistência técnicas devem ser mantidas por 24 (vinte e quatro) meses.

PARÁGRAFO ÚNICO: O prazo previsto no *caput* poderá ser prorrogado, caso esta necessidade seja fundamentadamente justificada.

CLÁUSULA 121: O presente programa também se aplica aos areeiros IMPACTADOS, desde que legalmente autorizados para a atividade.

CLÁUSULA 122: Será elaborado e implementado um plano de recuperação da pesca na ÁREA DE ABRANGÊNCIA, e, em caso de identificação de impactos decorrentes do EVENTO, plano de recuperação de atividades de aquicultura impactadas, o qual deverá ser articulado com os estudos ambientais.

CLÁUSULA 123: Deverão ser previstas medidas emergenciais para a readequação ou adaptação das formas de trabalho e geração de renda diretamente relacionadas ao rio, notadamente relativas aos pescadores e aos areeiros, podendo ser planejadas e fomentadas alternativas de negócios coletivos sociais.

SUBSEÇÃO VI.2: Programa de Retomada das Atividades Agropecuárias

CLÁUSULA 124: O propósito deste programa é recuperar as atividades agropecuárias e dos produtores IMPAC-TADOS ao longo da calha do Rio Doce.

CLÁUSULA 125: O presente programa deverá prever as seguintes ações aos produtores IMPACTADOS ao longo da calha do Rio Doce:

a) disponibilização de área aos produtores que tiveram suas atividades agropecuárias permanentemente inviabilizadas em decorrência do EVENTO, equivalente à SITUAÇÃO ANTERIOR, observada a política pública;

b) recomposição das áreas produtivas passíveis de restauração e das condições para produzir conforme SITUAÇÃO ANTERIOR, incluindo solo, animais, equipamentos e instalações;

c) assistência técnica aos produtores, cooperativas e associações impactados, de modo a viabilizar a retomada de suas atividades, termos da PNATER por 24 (vinte e quatro) meses a partir da recomposição à SITUAÇÃO ANTERIOR das áreas produtivas passíveis de restauração, podendo ser prorrogado caso esta necessidade seja fundamentadamente justificada;

d) ajuda financeira aos produtores IMPACTADOS, no montante definido pelo Programa de Auxílio Financeiro aos IMPACTADOS até a condição de produção ser equivalente à SITUAÇÃO ANTERIOR ou à realização do disposto na alínea "a";

e) sempre que a retomada da atividade não for possível, deverão ser ofertados cursos de qualificação profissional em outra atividade, prestando assistência técnica nos termos PNATER, quando cabível, com o objetivo de identificar e viabilizar a realocação em nova atividade econômica ou produtiva, sem prejuízo do pagamento do Auxílio Financeiro previsto na alínea "d" até estabelecidas as condições para realocação profissional, recuperação de pastagens nas áreas impactadas, quando tecnicamente viável;

f) formação de pastagens equivalentes em outras áreas da propriedade em substituição às pastagens tecnicamente não recuperáveis;

g) substituição de pastagens por outras fontes de alimentação animal com maior produtividade que possam ser cultivadas na propriedade impactada;

h) implantação de técnicas de manejo em busca de se tentar aumentar a produtividade da propriedade;

i) reestabelecimento das estruturas de captação de água para irrigação e dessedentação animal impactados à SITUAÇÃO ANTERIOR ou, não sendo possível, desenvolver alternativas ao reestabelecimento das estruturas de captação de água; e

j) fornecimento de alimentação para animais nas propriedades rurais diretamente impactadas, até recuperação da pastagem.

CLÁUSULA 126: Deverão ser planejadas ações específicas para a recuperação dos sistemas de irrigação comprometidos.

CLÁUSULA 127: Não deverão ser reestabelecidas atividades agropecuárias em APPs (Áreas de Preservação Permanente).

CLÁUSULA 128: As obrigações relacionadas à qualificação e assistência técnicas devem ser mantidas por 24 (vinte e quatro) meses.

PARÁGRAFO ÚNICO: O prazo previsto no *caput* poderá ser prorrogado, caso esta necessidade seja fundamentadamente justificada.

> **SUBSEÇÃO VI.3:** *Programa de recuperação e diversificação da economia regional com incentivo à indústria, de cunho compensatório*

CLÁUSULA 129: Caberá à FUNDAÇÃO, a título compensatório, adotar estratégias para o desenvolvimento de outras atividades econômicas na região que promovam a diminuição de sua dependência com relação à indústria minerária, estimulando o surgimento de novas indústrias na região, baseada em alternativas tecnológicas de base sustentável e capaz de promover uma maior integração produtiva da população.

CLÁUSULA 130: Deverá a FUNDAÇÃO adotar as seguintes ações, nos limites da ÁREA DE ABRANGÊNCIA IMPACTADA:

a) estabelecimento de linhas de crédito produtivo mediante equalização e constituição de fundo garantidor;

b) apoio técnico ao desenvolvimento do plano de diversificação econômica da região de Germano;

c) diagnóstico das potencialidades e incentivo às atividades econômicas;

d) ações para recuperação da imagem dos produtos locais;

e) estímulo ao associativismo e ao cooperativismo; e

f) fomento de novas indústrias e serviços para atendimento de demandas decorrentes das áreas atingidas.

CLÁUSULA 131: O prazo do presente programa deverá ser proposto pela FUNDAÇÃO e validado pelo COMITÊ INTERFEDERATIVO.

SUBSEÇÃO VI.4: Programa de recuperação de micro e pequenos negócios no setor de comércio, serviços e produtivo

CLÁUSULA 132: A FUNDAÇÃO deverá elaborar e executar um programa específico para a recuperação de micro e pequenos negócios no setor de comércio, serviços e produtivo localizados de Fundão até Candonga e Regência e Povoação, diretamente impactados pelo EVENTO, que deverá ser realizado em 24 (vinte e quatro) meses contados da aprovação do orçamento da FUNDAÇÃO.

PARÁGRAFO PRIMEIRO: O prazo previsto no *caput* poderá ser prorrogado, caso esta necessidade seja fundamentadamente justificada.

PARÁGRAFO SEGUNDO: Deverão ser previstas ações, sem prejuízo de participação no PROGRAMA DE NEGOCIAÇÃO COORDENADA, para reconstrução de estabelecimentos atingidos, reposição dos insumos atingidos necessários à retomada da operação do negócio e fomento à retomada da produção.

PARÁGRAFO TERCEIRO: Para efeitos deste programa, entende-se como micro e pequenos negócios a micro e pequena empresa, a empresa de pequeno porte, o empreendedor individual, os trabalhadores que têm o próprio negócio, formalizado ou não, e os trabalhadores por conta própria sem vínculo de emprego formal ou informal.

PARÁGRAFO QUARTO: Aos destinatários do presente programa será assegurada ajuda financeira, no montante definido pelo Programa de Auxílio Financeiro aos IMPACTADOS até a retomada das condições para o exercício das atividades econômicas originais ou estabelecimento das condições para o novo negócio em substituição ao anterior.

CLÁUSULA 133: Na impossibilidade de retomada das atividades econômicas originais localizados de Fundão até Candonga e Regência e Povoação, em razão do EVENTO, caberá, ainda, à FUNDAÇÃO apoiar os pequenos empreendedores na incubação de novo negócio em substituição ao anterior, por 36 (trinta e seis) meses contados da aprovação do PROGRAMA na FUNDAÇÃO.

PARÁGRAFO ÚNICO: O prazo previsto no *caput* poderá ser prorrogado, caso esta necessidade seja fundamentadamente justificada até 06 (seis) meses de encerrado o prazo original.

SUBSEÇÃO VI.5: Programa de estímulo à contratação local, de cunho compensatório

CLÁUSULA 134: A FUNDAÇÃO deverá elaborar e executar programa de priorização de contratação local visando estimular uso de força de trabalho local e de redes locais de fornecedores para as ações que forem desenvolvidas de Fundão à Regência.

CLÁUSULA 135: Para o atendimento deste programa, as seguintes ações deverão ser desenvolvidas:

a) realização de estudos de prospecção para identificação de potenciais empreendedores, negócios e mercados;

b) estratégia de priorização de compras locais, incluindo o levantamento da oferta de produtos e serviços locais, desde que compatíveis com preços de mercado, divulgação das demandas de produtos e

serviços, realização de rodada de negócios com potenciais fornecedores; e
c) ênfase para as áreas que tiveram maior comprometimento de suas atividades produtivas e em atividades associadas às vocações locais.

CLÁUSULA 136: Este programa deverá entrar em execução em 90 (noventa) dias a contar da constituição da FUNDAÇÃO e deverá ser mantido enquanto a FUNDAÇÃO estiver ativa.

PARÁGRAFO ÚNICO: A implementação deste PROGRAMA deverá observar o disposto na CLÁUSULA 223, bem como as regras constantes das políticas e manuais ali previstos.

SUBSEÇÃO VI.6: *Programa de auxílio financeiro emergencial aos IMPACTADOS*

CLÁUSULA 137: Caberá à FUNDAÇÃO desenvolver um programa de auxílio financeiro emergencial à população IMPACTADA que tenha tido comprometimento de sua renda em razão de interrupção comprovada, nos termos da CLÁUSULA 21, de suas atividades produtivas ou econômicas em decorrência do EVENTO, até o restabelecimento das condições para retomada das atividades produtivas ou econômicas.

PARÁGRAFO ÚNICO: A previsão contida no *caput* não compromete a continuidade da execução dos acordos e compromissos celebrados anteriormente à assinatura do presente instrumento.

CLÁUSULA 138: Para que seja concedido um auxílio financeiro mensal, será necessário cadastramento e verificação da dependência financeira da atividade produtiva ou econômica.

PARÁGRAFO ÚNICO: O auxílio financeiro mensal será de 1 (um) salário mínimo, acrescido de 20% (vinte por cento) por dependente, conforme os dependentes previstos no art. 16 da Lei nº 8.213/1991, e de mais uma cesta básica, conforme valor estipulado pelo DIEESE, sem prejuízo da indenização no âmbito do PROGRAMA DE NEGOCIAÇÃO COORDENADA, respeitadas as disposições contidas no TAC

firmado com o Ministério Público Federal, do Trabalho e do Estado do Espírito Santo.

CLÁUSULA 139: Deverá haver a entrega dos cartões aos beneficiários deste programa, ou outra forma equivalente, conforme critérios já estabelecidos no TAC.

CLÁUSULA 140: O pagamento deverá ser efetuado até que sejam restabelecidas as condições para o exercício das atividades econômicas originais ou, na hipótese de inviabilidade, até que sejam estabelecidas as condições para nova atividade produtiva em substituição à anterior, nos termos do PROGRAMA, limitado ao prazo máximo de 5 (cinco) anos, a contar da assinatura deste Acordo.

PARÁGRAFO ÚNICO: O prazo máximo previsto no *caput* poderá ser prorrogado por um período adicional de um ano, caso esta necessidade seja fundamentadamente justificada 03 (três) meses antes de encerrado o prazo original, e assim sucessivamente até o nono ano contado da data de assinatura deste Acordo, de tal forma que o pagamento de que trata o *caput* não exceda o prazo de 10 (dez) anos.

SUBSEÇÃO VI.7: *Programa de ressarcimento dos gastos públicos extraordinários dos COMPROMITENTES*

CLÁUSULA 141: A FUNDAÇÃO deverá ressarcir os COMPROMITENTES pelos gastos públicos extraordinários decorrentes do EVENTO, devidamente comprovados por meio de documentos oficiais, dentre os quais notas de empenho de despesas e declaração de autoridade competente, conforme ANEXO, no valor de R$ 27.463.793,00 (vinte e sete milhões, quatrocentos e sessenta e três mil e setecentos e noventa e três reais), devidamente atualizado pelo IPCA, desde a data da despesa até o efetivo pagamento, observada a política de *compliance* da FUNDAÇÃO.

PARÁGRAFO ÚNICO: Os demais PROGRAMAS objeto deste Acordo precedem o ressarcimento das despesas extraordinárias dos COMPROMITENTES previstas no caput.

CLÁUSULA 142: A FUNDAÇÃO discutirá com os Municípios impactados quanto ao ressarcimento pelos gastos públicos extraordinários decorrentes do EVENTO.

CLÁUSULA 143: Mediante a realização do ressarcimento previsto na CLÁUSULA 141, considerar-se-ão plenamente quitados pelos COMPROMITENTES os prejuízos financeiros destes decorrentes do EVENTO.

PARÁGRAFO ÚNICO: Demais gastos públicos extraordinários decorrentes do EVENTO, de mesma natureza daqueles previstos no ANEXO referido no *caput* da CLÁUSULA 141, incorridos pelos COMPROMITENTES a partir da data deste Acordo, serão objeto de ressarcimento nos termos deste PROGRAMA.

SEÇÃO VII: GERENCIAMENTO DO PLANO DE AÇÕES

SUBSEÇÃO VII.1: Programa de gerenciamento dos programas socioeconômicos

CLÁUSULA 144: A FUNDAÇÃO deverá dotar os PROGRAMAS SOCIOECONÔMICOS de mecanismos e processos de gestão, monitoramento e avaliação, incluindo sistemas de informação, banco de dados, definição de indicadores, em conformidade com os mecanismos e processos de governança estabelecidos neste Acordo.

PARÁGRAFO PRIMEIRO: O modelo de gestão de portfólio de programas a ser adotado deverá contemplar no mínimo a gestão de custo, tempo e escopo, com o orçamento de cada programa, indicadores, metas e cronograma.

PARÁGRAFO SEGUNDO: Esse programa deverá estar em execução em até 6 (seis) meses, a contar da assinatura deste Acordo.

CAPÍTULO TERCEIRO: PROGRAMAS SOCIOAMBIENTAIS

CLÁUSULA 145: Os PROGRAMAS SOCIOAMBIENTAIS deverão ter natureza difusa e transindividual e incluirão medidas de caráter reparatório e compensatório, nos termos do acordo.

PARÁGRAFO ÚNICO: No contexto dos PROGRAMAS SOCIOAMBIENTAIS, deverão ser elaborados, desenvolvidos e executados os seguintes PROGRAMAS, agrupados em oito eixos temáticos: (i) Gestão dos Rejeitos, Recuperação e Melhoria da Qualidade da Água; (ii) Restauração Florestal e Produção de Água; (iii) Conservação da Biodiversidade; (iv) Segurança Hídrica e Qualidade da Água; (v) Educação, Comunicação e Informação; (vi) Preservação e Segurança Ambiental; (vii) Gestão e Uso Sustentável da Terra; e (viii) Gerenciamento do Plano de Ações.

CLÁUSULA 146: Para fins de execução deste Acordo, os PROGRAMAS SOCIOAMBIENTAIS são classificados em PROGRAMAS REPARATÓRIOS e PROGRAMAS COMPENSATÓRIOS.

PARÁGRAFO ÚNICO: Os PROGRAMAS SOCIOAMBIENTAIS referidos neste Acordo, e as medidas deles decorrentes, serão, como regra, compreendidos como REPARATÓRIOS, sendo classificados como COMPENSATÓRIOS apenas os programas e medidas expressamente indicados como tal neste Acordo.

CLÁUSULA 147: Para os fins do disposto na CLÁUSULA 146, as partes reconhecem que todas as medidas executadas pela FUNDAÇÃO que excedam a mitigação, remediação e/ou recuperação de impactos socioambientais diretamente advindos do EVENTO têm natureza de medida compensatória socioambiental.

CLÁUSULA 148: As medidas e ações descritas nos PROGRAMAS SOCIOAMBIENTAIS serão executadas conforme analisado e aprovado pelos ÓRGÃOS AMBIENTAIS e/ou ÓRGÃOS DE GESTÃO DE RECURSOS HÍDRICOS, nos termos deste ACORDO.

CLÁUSULA 149: Se, ao longo da execução deste Acordo, restar comprovada a inexistência de solução viável para as ações de reparação previstas nos PROGRAMAS, essas serão substituídas por medidas compensatórias equivalentes, as quais serão definidas por meio de estudos

ANEXO A – TERMO DE TRANSAÇÃO E DE AJUSTAMENTO DE CONDUTA | 187

realizados pelos EXPERTS e aprovados pelo COMITÊ INTERFEDERATIVO, ouvidos os ÓRGÃOS AMBIENTAIS ou de GESTÃO DE RECURSOS HÍDRICOS competentes.

SEÇÃO I: GESTÃO DOS REJEITOS E RECUPERAÇÃO DA QUALIDADE DA *ÁGUA*

SUBSEÇÃO I.1: Programa de manejo dos rejeitos decorrentes do rompimento da barragem de Fundão, considerando conformação e estabilização **in situ**, *escavação, dragagem, transporte, tratamento e disposição englobando as seguintes medidas de cunho reparatório:*

CLÁUSULA 150: Caberá à FUNDAÇÃO realizar estudos de identificação e de avaliação detalhada da ÁREA AMBIENTAL 1, considerando a SITUAÇÃO ANTERIOR e os efeitos derivados do EVENTO.

PARÁGRAFO PRIMEIRO: A avaliação das alterações e caracterizações deverá incluir a avaliação biogeoquímica, hidrodinâmica e hidrossedimentológica.

PARÁGRAFO SEGUNDO: Os estudos referidos no *caput* deverão ser divulgados até o último dia útil de julho de 2016, devendo conter cronograma para apresentação e implementação dos PROJETOS, devendo ser avaliados e aprovados pelos ÓRGÃOS AMBIENTAIS e de GESTÃO DE RECURSOS HÍDRICOS.

PARÁGRAFO TERCEIRO: Especificamente quanto ao Reservatório da UHE Risoleta Neves, a SAMARCO realizará a dragagem dos primeiros 400 (quatrocentos) metros desse reservatório até 31 de dezembro de 2016.

CLÁUSULA 151: Caberá à FUNDAÇÃO realizar o manejo de rejeitos decorrentes do rompimento da barragem de Fundão, conforme resultados decorrentes dos estudos previstos neste programa, bem como considerando os fatores ambientais, sociais e econômicos da região.

PARÁGRAFO ÚNICO: Inclui-se no manejo de rejeitos referido no *caput* a elaboração de projeto e as ações de recuperação das áreas fluviais, estuarinas e costeira, escavação, dragagem, transporte e disposição final adequada e/ou tratamento *in situ*.

CLÁUSULA 152: Caberá à FUNDAÇÃO efetivar a disposição de rejeitos decorrentes do rompimento da barragem de Fundão, a serem quantificados conforme estudos previstos neste programa, incluindo cronograma, tratamento e destinação ecologicamente adequada, mediante aprovação pelos ÓRGÃOS AMBIENTAIS.

CLÁUSULA 153: As atividades de manejo e de disposição de rejeitos decorrentes do rompimento da barragem de Fundão previstas neste programa buscarão propiciar a geração de renda para a população impactada, caso economicamente viável, na forma prevista nos PROGRAMAS SOCIOECONÔMICOS.

SUBSEÇÃO I.2: Programa de implantação de sistemas de contenção dos rejeitos e de tratamento in situ dos rios impactados, englobando as seguintes medidas de cunho reparatório:

CLÁUSULA 154: Caberá à FUNDAÇÃO construir e operar estruturas emergenciais de contenção de sedimentos e/ou sistemas de tratamento *in situ* da área contida entre a barragem de Fundão e a UHE Risoleta Neves, com conclusão até 31 de dezembro de 2016.

CLÁUSULA 155: Deverão ser realizados estudos e ser traçados cenários alternativos para avaliação e adoção das melhores e mais eficientes técnicas e procedimentos, nos termos do plano/programa aprovado, visando à contenção dos rejeitos dispostos na área das barragens de Fundão e Santarém e ao longo da calha e áreas marginais dos rios Gualaxo do Norte, Carmo e Doce até a UHE Risoleta Neves e o tratamento da água, de forma a maximizar a eficiência dos sistemas de contenção e a minimizar o impacto associado à continuidade do transporte dos sedimentos para o Rio Doce, os quais terão que ser apresentados até o último dia útil de agosto de 2016;

CLÁUSULA 156: Deverão ser implementadas pela FUNDAÇÃO técnicas e procedimentos visando à contenção de rejeitos e o tratamento da água aprovados pelos ÓRGÃOS AMBIENTAIS, conforme estudos referidos neste programa.

PARÁGRAFO ÚNICO: As técnicas e procedimentos referidos no *caput* poderão incluir a construção de estruturas definitivas.

CLÁUSULA 157: As medidas descritas nos PROGRAMAS terão por objetivo reduzir gradativamente a turbidez dos rios Gualaxo do Norte, Carmo e Doce, até a UHE Risoleta Neves, para níveis máximos de 100 (cem) NTU na estação seca, no prazo definido de acordo com os estudos estabelecidos na CLÁUSULA 150, observado o prazo máximo de 3 (três) anos.

SEÇÃO II: RESTAURAÇÃO FLORESTAL E PRODUÇÃO DE *ÁGUA*

SUBSEÇÃO II.1: Programa de recuperação da ÁREA AMBIENTAL 1 nos municípios de Mariana, Barra Longa, Rio Doce e Santa Cruz do Escalvado, incluindo biorremediação, englobando as seguintes medidas de cunho reparatório:

CLÁUSULA 158: Caberá à FUNDAÇÃO efetuar a revegetação inicial, emergencial e temporária, por gramíneas e leguminosas, visando a diminuição da erosão laminar e eólica, com extensão total de 800 ha (oitocentos hectares) e conclusão até o último dia útil de junho de 2016, de acordo com o programa aprovado pelos ÓRGÃOS AMBIENTAIS.

CLÁUSULA 159: Deverá, também, recuperar 2.000 ha (dois mil hectares) na ÁREA **AMBIENTAL 1** nos Municípios de Mariana, Barra Longa, Rio Doce e Santa Cruz do Escalvado, de acordo com o programa aprovado pelos ÓRGÃOS AMBIENTAIS.

PARÁGRAFO ÚNICO: A implantação das ações referidas no *caput* se dará em um prazo de 4 (quatro) anos, a contar da assinatura deste Acordo, com 6 (seis) anos complementares de manutenção,

conforme cronograma a ser estabelecido no respectivo programa.

CLÁUSULA 160: Deverá ser feita pela FUNDAÇÃO a regularização de calhas e margens e controle de processos erosivos nos Rios Gualaxo do Norte, Carmo e Doce no trecho a montante da UHE Risoleta Neves, a ser aprovado pelos ÓRGÃOS AMBIENTAIS, com conclusão até o último dia útil de dezembro de 2017.

PARÁGRAFO ÚNICO: É obrigação da FUNDAÇÃO realizar o manejo de rejeitos, nos termos estipulados na CLÁUSULA 151.

SUBSEÇÃO II.2: Programa de recuperação das Áreas de Preservação Permanente (APP) e áreas de recarga da Bacia do Rio Doce com controle de processos erosivos, de acordo com as seguintes medidas e requisitos de cunho compensatório:

CLÁUSULA 161: A FUNDAÇÃO, a título compensatório, deverá recuperar APPs degradadas do Rio Doce e tributários preferencialmente, mas não se limitando, nas sub-bacias dos rios definidos como fonte de abastecimento alternativa para os municípios e distritos listados nos parágrafos segundo e terceiro da CLÁUSULA 171 deste acordo, conforme as prioridades definidas pelo COMITÊ INTERFEDERATIVO numa extensão de 40.000 há (quarenta mil hectares) em 10 (dez) anos.

PARÁGRAFO PRIMEIRO: Da área prevista no *caput* para a recuperação de APPs degradadas, 10.000 ha (dez mil hectares) deverão ser executados por meio de reflorestamento e 30.000 ha (trinta mil hectares) deverão ser executados por meio da condução da regeneração natural.

PARÁGRAFO SEGUNDO: Para execução do presente PROGRAMA, fica estabelecido o valor mínimo de R$ 1.100.000.000,00 (um bilhão e cem milhões de reais).

PARÁGRAFO TERCEIRO: Na hipótese de a execução das ações previstas no parágrafo primeiro custar um valor inferior a R$ 1.100.000.000,00 (um bilhão e cem milhões de reais), a FUNDAÇÃO deverá realizar outras ações de reflorestamento e/ou regeneração na área definida pelo

COMITÊ INTERFEDERATIVO, até atingir o referido valor.

PARÁGRAFO QUARTO: A recuperação das APPs referidas no *caput* deverá seguir metodologia similar ao Programa Reflorestar, Produtor de Água ou iniciativas semelhantes, nos estados de Minas Gerais e do Espírito Santo.

CLÁUSULA 162: Para fins da recuperação das áreas marginais e compensação das APPs degradadas, serão implementados projetos de produção de sementes e de mudas de espécies nativas florestais ou serão apoiados projetos correlatos com este mesmo objetivo, alinhados com os programas citados no parágrafo quarto da CLÁUSULA 161.

PARÁGRAFO ÚNICO: Nas APPs objeto de recuperação neste Programa deverá ser realizado também o manejo do solo visando à recuperação de áreas de erosão e priorizando-se as áreas de recarga da Bacia do Rio Doce.

SUBSEÇÃO II.3: Programa de recuperação de nascentes, englobando as seguintes medidas de cunho compensatório:

CLÁUSULA 163: Caberá à FUNDAÇÃO, a título compensatório, recuperar 5.000 (cinco mil) nascentes, a serem definidas pelo Comitê da Bacia Hidrográfica do Doce (CBH-DOCE), com a recuperação de 500 (quinhentas) nascentes por ano, a contar da assinatura deste acordo, em um período máximo de 10 (dez) anos, conforme estabelecido no Plano Integrado de Recursos Hídricos do CBH-DOCE, podendo abranger toda área da Bacia do Rio Doce.

SEÇÃO III: CONSERVAÇÃO DA BIODIVERSIDADE

SUBSEÇÃO III.1: Programa de conservação da biodiversidade aquática, incluindo água doce, zona costeira e estuarina e área marinha impactada, englobando as seguintes medidas de cunho reparatório:

CLÁUSULA 164: A FUNDAÇÃO deverá elaborar e implementar medidas para a recuperação e conservação da fauna aquática na ÁREA AMBIENTAL 1, incluindo:

a) estudo populacional da ictiofauna de água doce da calha e tributários do Rio Doce na ÁREA AMBIENTAL 1, o qual deverá ser apresentado até o último dia útil de dezembro de 2016, conforme orientação do ICMBIO;

b) processo de avaliação do estado de conservação das espécies de peixes nativas da Bacia do Rio Doce na ÁREA AMBIENTAL 1, o qual deverá ser apresentado até o último dia útil de dezembro de 2016, conforme orientação do ICMBIO; e

c) medidas para a recuperação e conservação da fauna aquática da Bacia do Rio Doce na ÁREA AMBIENTAL 1, conforme resultados dos estudos indicados na letra b acima, as quais deverão ser apresentadas até o último dia útil de dezembro de 2016, conforme orientação do ICMBIO.

PARÁGRAFO ÚNICO: O programa previsto nessa cláusula deverá ser orientado e supervisionado pelo ICMBIO, em articulação com os demais ÓRGÃOS AMBIENTAIS, que monitorarão sua execução.

CLÁUSULA 165: A FUNDAÇÃO deverá elaborar e implementar medidas de monitoramento da fauna da foz do Rio Doce e ambientes estuarinos e marinhos impactados, devendo:

I. Apresentar, até o último dia útil de junho de 2016:

a) Proposta de estudo para avaliação da qualidade da água e ecotoxicidade sobre os organismos aquáticos, estuarinos, marinhos e dulcícolas; e

b) Descrição metodológica das medidas de monitoramento da fauna da foz do Rio Doce e ambientes estuarinos e marinhos impactados.

II. Realizar e apresentar os resultados, até o último dia útil de maio de 2017, dos estudos para:

a) identificação e caracterização do impacto agudo e crônico sobre as espécies e cadeia trófica dos ambientes dulcícolas, estuarino e marinho; e

b) avaliação do *habitat* de fundo marinho, incluindo algas calcárias, rodolitos e corais, nas áreas estuarinas, marinhas e da foz do rio atingidas pelo material oriundo do EVENTO;

III. implementar e executar as medidas de monitoramento referidas nesta cláusula num período de 5 (cinco) anos, a partir da aprovação da proposta de estudos por parte do ICMBIO.

PARÁGRAFO PRIMEIRO: A partir do primeiro dia útil de julho de 2017, as medidas de monitoramento referidas neste programa e os parâmetros decorrentes dos resultados dos estudos previstos nos parágrafos anteriores deverão ser integrados.

PARÁGRAFO SEGUNDO: O programa previsto nesta cláusula deverá ser orientado e supervisionado pelo ICMBIO, em articulação com os demais ÓRGÃOS AMBIENTAIS, que monitorarão sua execução.

CLÁUSULA 166: O presente programa deverá conter eventuais ações de contingência associadas ao monitoramento da fauna da foz do Rio Doce, dos ambientes estuarinos e marinho impactados.

PARÁGRAFO PRIMEIRO: As ações de contingência referidas no *caput* deverão ser apresentadas até o último dia útil de julho de 2017, sob orientação e supervisão pelo ICMBIO, em articulação com os demais ÓRGÃOS AMBIENTAIS, que monitorarão sua execução.

PARÁGRAFO SEGUNDO: As ações referidas neste artigo deverão ser mantidas num período de 5 (cinco) anos, a partir da aprovação da proposta de estudos por parte do órgão ambiental competente.

SUBSEÇÃO III.2: Programa de fortalecimento das estruturas de triagem e reintrodução da fauna silvestre, englobando as seguintes medidas de cunho compensatório:

CLÁUSULA 167: Caberá à FUNDAÇÃO, a título compensatório, efetuar a construção e o aparelhamento de 2 (dois) Centros de Triagem e Reabilitação de Animais Silvestres (CETAS), de acordo com Termo de Referência a ser emitido pelo IBAMA e a respectiva lista de equipamentos, na ÁREA AMBIENTAL 2, sendo uma unidade em Minas Gerais e outra no Espírito Santo, em áreas livres e desimpedidas para edificação indicadas pelo IBAMA;

PARÁGRAFO PRIMEIRO: O cronograma e a localização de implantação dos CETAS serão definidos entre as partes, não excedendo o prazo máximo de 2 (dois) anos a contar da data da celebração deste Acordo.

PARÁGRAFO SEGUNDO: A FUNDAÇÃO deverá assegurar recursos para a manutenção operacional dos CETAS por um período de 3 (três) anos, a contar da entrega de cada CETAS, ressalvadas as despesas de custeio com pessoal, de acordo com o Plano de Gestão do projeto a ser estabelecido pelo órgão gestor responsável.

PARÁGRAFO TERCEIRO: Os recursos previstos no parágrafo anterior deverão incluir as despesas de manutenção das equipes de tratadores terceirizados, no período previsto no parágrafo anterior.

SUBSEÇÃO III.3: Programa de conservação da fauna e flora terrestre de cunho reparatório

CLÁUSULA 168: A FUNDAÇÃO deverá apresentar, até o último dia útil de dezembro de 2016, um estudo para identificação e caracterização do impacto do EVENTO, na ÁREA AMBIENTAL 1, sobre as espécies terrestres ameaçadas de extinção.

PARÁGRAFO PRIMEIRO: Até o último dia útil de dezembro de 2016 deverá ser apresentado um plano de ação para conservação da fauna e flora terrestre, conforme resultados do estudo previsto no *caput*.

PARÁGRAFO SEGUNDO: O plano referido no parágrafo anterior deverá ser executado a partir do último dia útil de janeiro de 2017, após a aprovação pelos ÓRGÃOS AMBIENTAIS.

SEÇÃO IV: SEGURANÇA HÍDRICA E QUALIDADE DA *ÁGUA*

SUBSEÇÃO IV.1: *Programa de coleta e tratamento de esgoto e de destinação de resíduos sólidos, de cunho compensatório*

CLÁUSULA 169: A FUNDAÇÃO disponibilizará recursos financeiros, no valor de R$ 500.000.000,00 (quinhentos milhões de reais), aos municípios da ÁREA AMBIENTAL 2 para custeio na elaboração de planos básicos de saneamento básico, elaboração de projetos de sistema de esgotamento sanitário, implementação de obras de coleta e tratamento de esgotos, erradicação de lixões e implantação de aterros sanitários regionais.

PARÁGRAFO PRIMEIRO: O valor referido no *caput* deverá ser mantido em depósito em conta segregada da FUNDAÇÃO.

PARÁGRAFO SEGUNDO: À FUNDAÇÃO não caberá a execução das ações previstas no *caput* nem a seleção dos municípios a serem contemplados, ficando a mesma apenas obrigada pela disponibilização dos referidos recursos, observados os procedimentos da política de *compliance* da FUNDAÇÃO.

PARÁGRAFO TERCEIRO: O COMITÊ INTERFEDERATIVO, a partir da apreciação dos projetos apresentados pelos municípios interessados, indicará formalmente à FUNDAÇÃO os municípios destinatários e respectivos valores a serem disponibilizados pela FUNDAÇÃO.

PARÁGRAFO QUARTO. A destinação referida no PARÁGRAFO TERCEIRO poderá ser utilizada para custear a contraprestação pecuniária do parceiro público, parcial ou total, devida pelo poder concedente na hipótese de concessão patrocinada.

CLÁUSULA 170: Os valores previstos no *caput* da cláusula anterior deverão ser depositados pela FUNDAÇÃO na conta referida no parágrafo primeiro da cláusula anterior, observado o seguinte cronograma:

I – R$ 50.000.000 (cinquenta milhões de reais) no segundo semestre do exercício de 2016;

II – R$ 100.000.000,00 (cem milhões de reais) no primeiro semestre do exercício de 2017;

III – R$ 100.000.000,00 (cem milhões de reais) no segundo semestre do exercício de 2017;

IV – R$ 125.000.000,00 (cento e vinte e cinco milhões de reais) no primeiro semestre do exercício de 2018; e

V – R$ 125.000.000,00 (cento e vinte e cinco milhões de reais) no segundo semestre do exercício de 2018.

SUBSEÇÃO IV.2: *Programa de melhoria dos sistemas de abastecimento de água, englobando as seguintes medidas de cunho reparatório e compensatório:*

CLÁUSULA 171: Nos municípios que tiveram localidades cuja operação do sistema de abastecimento público ficou inviabilizada temporariamente como decorrência do EVENTO, a FUNDAÇÃO deverá construir sistemas alternativos de captação e adução e melhoria das estações de tratamento de água para todas para as referidas localidades desses municípios que captam diretamente da calha do Rio Doce, utilizando a tecnologia apropriada, visando reduzir em 30% (trinta por cento) a dependência de abastecimento direto naquele rio, em relação aos níveis anteriores ao EVENTO, como medida reparatória.

PARÁGRAFO PRIMEIRO: Este programa incluirá os levantamentos de campo, estudos de concepção e projetos básicos, que deverão ser desenvolvidos em 2 (dois) anos, a contar da data da assinatura deste Acordo. A partir destas atividades, as obras necessárias deverão ser concluídas num prazo de 3 (três) anos.

PARÁGRAFO SEGUNDO: Considera-se que a operação do sistema de abastecimento público ficou inviabilizada temporariamente nas sedes dos seguintes Municípios: (i) Alpercata; (ii) Gov. Valadares; (iii) Tumiritinga; (iv) Galileia;

(v) Resplendor; (vi) Itueta; (vii) Baixo Guandu; (viii) Colatina; e (ix) Linhares.

PARÁGRAFO TERCEIRO: Considera-se que a operação do sistema de abastecimento público ficou inviabilizada temporariamente nos seguintes Distritos: a) em Mariana: (i) Camargos; (ii) Pedras; (iii) Paracatu de Baixo; b) em Barra Longa: (i) Gesteira; (ii) Barreto; c) em Santana do Paraíso: (i) Ipaba do Paraíso; d) em Belo Oriente: (i) Cachoeira Escura; e) em Periquito: (i) Pedra Corrida; f) em Fernandes Tourinho: (i) Senhora da Penha; g) em Governador Valadares: (i) São Vitor; h) em Tumiritinga: (i) São Tomé do Rio Doce; i) em Aimorés: (i) Santo Antônio do Rio Doce; j) em Baixo Guandu: (i) Mascarenhas; k) em Marilândia: (i) Boninsenha; l) em Linhares: (i) Regência.

PARÁGRAFO QUARTO: Para os municípios com mais de 100.000 (cem mil) habitantes, a redução da dependência de abastecimento direto do Rio Doce poderá ser de até 50% (cinquenta por cento), sendo os valores incorridos em decorrência do que exceder o percentual referido no *caput* considerados como medida compensatória.

PARÁGRAFO QUINTO: O limite estabelecido no parágrafo anterior poderá ser revisto, sendo os acréscimos daí decorrentes considerados como medidas compensatórias, nos municípios que apresentem estudo técnico que comprove a necessidade da revisão para redução do risco ao abastecimento, condicionado à aprovação do COMITÊ INTERFEDERATIVO.

SEÇÃO V: EDUCAÇÃO, COMUNICAÇÃO E INFORMAÇÃO

SUBSEÇÃO V.1: Programa de educação ambiental e preparação para as emergências ambientais, englobando as seguintes medidas de cunho compensatório:

CLÁUSULA 172: A FUNDAÇÃO deverá implantar medidas de educação ambiental, em parceria com as prefeituras dos municípios localizados na ÁREA AMBIENTAL 1, em conformidade com a Lei Federal nº

9.795/1999 e seu decreto regulamentador nº 4.281/2002.

PARÁGRAFO PRIMEIRO: Essas medidas deverão ser iniciadas até 6 (seis) meses a contar da assinatura deste Acordo e serão mantidas pelo prazo de 10 (dez) anos, a contar do seu início.

PARÁGRAFO SEGUNDO: O programa de educação ambiental deverá abranger, além dos demais conteúdos previstos em lei, informações referentes às emergências ambientais;

CLÁUSULA 173: A FUNDAÇÃO deverá implantar medidas de incremento da estrutura de apoio aos sistemas de emergência e alerta a partir de uma atuação integrada à Defesa Civil nos municípios de Mariana e Barra Longa a serem adotadas no prazo de 1 (um) ano, a contar da assinatura deste Acordo, e mantidas pelo prazo de 5 (cinco) anos, a contar do início da sua execução.

PARÁGRAFO PRIMEIRO: A FUNDAÇÃO deverá apresentar, no prazo de 6 (seis) meses, a contar da assinatura deste Acordo, diagnósticos e estudo quanto à necessidade de inclusão dos municípios de Santa Cruz do Escalvado e Rio Doce, nas ações previstas no *caput*, consultados os respectivos órgãos de Defesa Civil.

PARÁGRAFO SEGUNDO: Caberá à FUNDAÇÃO apresentar, no prazo de 6 (seis) meses, a contar da assinatura deste Acordo, um diagnóstico com as necessidades específicas das ações, após consultados os respectivos órgãos de Defesa Civil, que também deverão aprovar o referido diagnóstico.

SUBSEÇÃO V.2: Programa de informação para a população da ÁREA AMBIENTAL 1, englobando as seguintes medidas de cunho compensatório:

CLÁUSULA 174: A FUNDAÇÃO deverá implantar um centro de informações técnicas da ÁREA AMBIENTAL 1, o qual concentrará informações ambientais relativas a essa área.

PARÁGRAFO PRIMEIRO: Deverão ser criadas e mantidas, ainda, 1 (uma) base física regional em Minas Gerais e 1 (uma) no Espírito Santo, em municípios não coincidentes com aquele que sediará o centro de informações técnicas previsto no *caput*, os com infraestrutura e equipamentos adequados a serem definidos pela FUNDAÇÃO, validados pelo COMITÊ INTERFEDERATIVO, permanentemente interligadas ao centro de informações técnicas e localizadas no interior da ÁREA AMBIENTAL 1, destinados a comunicar e informar à população quanto aos aspectos ambientais.

PARÁGRAFO SEGUNDO: As estruturas referidas neste programa deverão ser implantadas até o último dia útil de dezembro de 2016 e mantidas pelo prazo de 10 (dez) anos, a contar da assinatura deste Acordo.

SUBSEÇÃO V.3: Programa de comunicação nacional e internacional, englobando as seguintes medidas de cunho compensatório:

CLÁUSULA 175: A FUNDAÇÃO deverá apresentar, até julho de 2016, para apreciação e aprovação dos ÓRGÃOS AMBIENTAIS, um programa de comunicação regional, nacional e internacional, por meio de sítio eletrônico em no mínimo 3 (três) idiomas – inglês, português e espanhol – abrangendo as ações e programas desenvolvidos por força deste Acordo, o qual será mantido por 10 (dez) anos contados da assinatura deste Acordo.

SEÇÃO VI: PRESERVAÇÃO E SEGURANÇA AMBIENTAL

SUBSEÇÃO VI.1: Programa de gestão de riscos ambientais na ÁREA AMBIENTAL 1 da Bacia do Rio Doce, englobando a seguinte medida de cunho reparatório:

CLÁUSULA 176: A FUNDAÇÃO deverá apresentar estudo para identificar riscos ambientais dos ativos da SAMARCO diretamente afetados pelo EVENTO que possam impactar na Bacia do Rio Doce, bem como propor ações preventivas e mitigatórias associadas a esses riscos.

PARÁGRAFO ÚNICO: Esses estudos deverão ser apresentados aos ÓRGÃOS AMBIENTAIS em até 1 (um) ano, a contar da assinatura deste acordo, devendo ser revistos a cada renovação do licenciamento ambiental de tais ativos.

*SUBSEÇÃO VI.2: Programa de investigação e monitoramento da Bacia do Rio Doce, **áreas** estuarina, costeiras e marinha impactadas, englobando as seguintes medidas de cunho reparatório e compensatório:*

CLÁUSULA 177: A FUNDAÇÃO deverá desenvolver e implantar um programa de monitoramento qualiquantitativo sistemático (PMQQS) de água e sedimentos, de caráter permanente, abrangendo também a avaliação de riscos toxicológicos e ecotoxicológicos na ÁREA **AMBIENTAL 1**, de acordo com o estudo, para definição e instalação de uma rede de monitoramento constituída por equipamentos automatizados, coleta de amostras de águas e sedimentos e ensaios de laboratório, até dezembro de 2016, aprovado pelos ÓRGÃOS DE GESTÃO DE RECURSOS HÍDRICOS e pelos ÓRGÃOS AMBIENTAIS.

PARÁGRAFO PRIMEIRO: A rede referida no *caput* deverá estar implantada e apta à operação até o último dia útil de julho de 2017.

PARÁGRAFO SEGUNDO: O projeto da rede de monitoramento, bem como a localização das estações serão aprovados pelos ÓRGÃOS DE GESTÃO DE RECURSOS HÍDRICOS e pelos ÓRGÃOS AMBIENTAIS.

CLÁUSULA 178: Além da rede de monitoramento, a FUNDAÇÃO deverá planejar e implementar um plano de monitoramento qualiquantitativo das águas do Rio Doce e seus tributários, em função das intervenções da FUNDAÇÃO que vierem a ser realizadas para detectar, acompanhar e registrar eventuais impactos de intervenções estruturais implementadas pela FUNDAÇÃO na ÁREA AMBIENTAL 1, para atender operações de remoção ou recuperação ambiental de áreas ou trechos do Rio Doce e sua planície de inundação, tais como dragagens e remoção de resíduos e demais intervenções decorrentes deste Acordo.

CLÁUSULA 179: O plano de monitoramento será aprovado pelos ÓRGÃOS DE GESTÃO DE RECURSOS HÍDRICOS e pelos ÓRGÃOS AMBIENTAIS competentes.

CLÁUSULA 180: A FUNDAÇÃO deverá apresentar um estudo de identificação de áreas de irrigação ao longo do Rio Doce, considerando como área de estudo uma faixa marginal do Rio Doce com largura de 1 km em cada margem, até dezembro de 2016.

PARÁGRAFO ÚNICO: Caso identificado algum processo de contaminação decorrente do EVENTO, serão propostas medidas específicas de reparação ou compensação a serem aprovadas pelos ÓRGÃOS AMBIENTAIS.

SEÇÃO VII: GESTÃO E USO SUSTENTÁVEL DA TERRA

SUBSEÇÃO VII.1: Programa de consolidação de unidades de conservação, englobando as seguintes medidas reparatórias e compensatórias:

CLÁUSULA 181: A FUNDAÇÃO deverá custear estudos referentes aos impactos nas Unidades de Conservação diretamente afetadas pelo EVENTO, quais sejam: Parque Estadual do Rio Doce/MG, Reserva Biológica de Comboios, Área de Proteção Ambiental Costa das Algas e Refúgio de Vida Silvestre de Santa Cruz, e implementar ações de reparação que se façam necessárias, conforme os estudos acima referenciados.

PARÁGRAFO PRIMEIRO: Os estudos previstos no *caput* e as ações de reparação nele previstos devem ser finalizados até julho de 2017.

PARÁGRAFO SEGUNDO: As obrigações previstas nesta cláusula têm natureza de medidas reparatórias.

CLÁUSULA 182: A FUNDAÇÃO deverá custear ações referentes à consolidação de 2 (duas) Unidades de Conservação, quais sejam, o Parque Estadual do Rio Doce e o Refúgio de Vida Silvestre de Santa Cruz e a elaboração e implementação do plano de manejo, bem como a construção da sede, da Área de Proteção Ambiental na Foz do Rio Doce, com área estimada de 43.400 ha (quarenta e três mil e quatrocentos hectares), que será criada pelo PODER PÚBLICO.

PARÁGRAFO PRIMEIRO: Entre as possibilidades das ações compensatórias, a serem definidas pela FUNDAÇÃO e aprovadas pelos órgãos gestores das Unidades de Conservação, estão a elaboração, revisão ou implementação dos Planos de Manejo das unidades de conservação ou a implementação do sistema de gestão das áreas, incluindo conselhos, monitoramento, estrutura física e equipamentos, conforme cronograma acordado entre a FUNDAÇÃO e os órgãos gestores das Unidades de Conservação.

PARÁGRAFO SEGUNDO: As obrigações previstas no *caput* têm natureza de medidas compensatórias e devem ser adotadas até janeiro de 2017.

SUBSEÇÃO VII.2: Programa de fomento à implantação do CAR e dos PRAs na ÁREA AMBIENTAL 1 da Bacia do Rio Doce de cunho compensatório

CLÁUSULA 183: Caberá à FUNDAÇÃO apoiar e dar suporte técnico para o cadastramento das propriedades rurais no Cadastro Ambiental Rural (CAR), quando localizadas na ÁREA **AMBIENTAL 1**, além de fomentar a elaboração e a implementação dos respectivos Programas de Regularização Ambiental (PRA).

PARÁGRAFO PRIMEIRO: Esse programa deverá estar concluído em até 10 (dez) anos da assinatura deste Acordo, com metas intermediárias anuais.

PARÁGRAFO SEGUNDO: A FUNDAÇÃO, a SAMARCO e as ACIONISTAS não serão responsabilizadas por quaisquer atrasos e/ou alterações na forma de execução de tal programa que decorra, direta ou indiretamente, de atos e/ou fatos de terceiros, incluindo, mas não se limitando, a particulares que não anuírem em fornecer acesso e/ou informações e em realizar intervenções e/ou interferências em imóveis de sua propriedade ou posse.

SEÇÃO VIII: GERENCIAMENTO DO PLANO DE AÇÕES

SUBSEÇÃO VIII.1: *Programa de gerenciamento do plano de recuperação ambiental da Bacia do Rio Doce, áreas estuarinas, costeiras e marinha*

CLÁUSULA 184: A FUNDAÇÃO deverá dotar os PROJETOS SOCIOAMBIENTAIS de mecanismos e processos de gestão, monitoramento e avaliação, incluindo sistemas de informação, banco de dados, definição de indicadores, em conformidade com os mecanismos e processos de governança estabelecidos neste Acordo.

PARÁGRAFO PRIMEIRO: O modelo de gestão de portfólio de programas a ser adotado deverá contemplar no mínimo a gestão de custo, tempo e escopo, com o orçamento de cada programa, indicadores, metas e cronograma.

PARÁGRAFO SEGUNDO: Esse programa deverá estar em execução em até 6 (seis) meses, a contar da assinatura deste Acordo.

CAPÍTULO QUARTO: REGRAS GERAIS APLICÁVEIS AOS PROGRAMAS SOCIOAMBIENTAIS E SOCIOECONÔMICOS

SEÇÃO I: POSSIBILIDADE DE CONTRATAÇÃO DE EMPRESAS ESPECIALIZADAS

CLÁUSULA 185: Os PROGRAMAS SOCIOAMBIENTAIS e SOCIOECONÔMICOS serão elaborados, planejados e executados pela FUNDAÇÃO, que poderá contratar EXPERTS.

PARÁGRAFO PRIMEIRO: A contratação de EXPERTS pela FUNDAÇÃO não a exime de qualquer responsabilidade sobre a elaboração, planejamento e execução dos PROGRAMAS, nos termos deste Acordo.

PARÁGRAFO SEGUNDO: As EXPERTS poderão prestar apoio à FUNDAÇÃO na elaboração, planejamento e execução dos PROGRAMAS.

PARÁGRAFO TERCEIRO: As EXPERTS deverão possuir notória experiência na área da contratação.

PARÁGRAFO QUARTO: A mesma EXPERT poderá ser contratada para atuar em um ou mais PROGRAMAS, desde que tenha notória experiência para cada um dos programas contratados.

PARÁGRAFO QUINTO. A FUNDAÇÃO poderá contratar entidades de ensino e pesquisa ou organizações sem fins lucrativos com reconhecida competência nos temas integrantes dos PROGRAMAS SOCIOAMBIENTAIS.

CLÁUSULA 186: Salvo quando expressamente disposto em contrário, todas as ações decorrentes deste Acordo serão de responsabilidade da FUNDAÇÃO.

SEÇÃO II: PLANEJAMENTO E FISCALIZAÇÃO

SUBSEÇÃO II.1: *Planejamento inicial*

CLÁUSULA 187: Em até 60 (sessenta) dias da constituição da FUNDAÇÃO, esta deverá apresentar um planejamento inicial dos PROGRAMAS, atividades, ações e medidas de cada um dos PROGRAMAS, o qual deverá ser validado pelo COMITÊ INTERFEDERATIVO, nos termos deste Acordo, sem prejuízo de prazos específicos menores previstos ou da execução de ações emergenciais.

PARÁGRAFO PRIMEIRO: O planejamento aprovado pelas instâncias internas da FUNDAÇÃO deverá prever o orçamento, indicadores, metas e cronograma de cada PROGRAMA, devendo levar em consideração as diretrizes contidas neste Acordo e os critérios técnicos aplicáveis.

PARÁGRAFO SEGUNDO: O PODER PÚBLICO poderá recomendar correções e readequações nos PROJETOS e no planejamento referidos no *caput*, de forma fundamentada, as quais deverão ser providenciadas no prazo de até 30 (trinta) dias, o qual poderá ser prorrogado, desde que devidamente justificado, nos termos desta Seção.

PARÁGRAFO TERCEIRO: O planejamento deverá prever medidas a serem executadas ao longo de um período inicial de 3 (três) anos.

SUBSEÇÃO II.2: *Planejamento anual e aprovação dos projetos*

CLÁUSULA 188: Até o dia 30 de setembro de cada exercício social, a FUNDAÇÃO apresentará ao COMITÊ INTERFEDE-RATIVO proposta do plano de ação do exercício seguinte, a qual deverá apresentar a previsão de indicadores, metas, cronograma e ações específicas de cada programa, previstas para exercício seguinte, considerando os diagnósticos realizados, incluindo estudos elaborados por EXPERTS contratados pela FUNDA-ÇÃO.

PARÁGRAFO PRIMEIRO: Até o dia 30 de novembro de cada exercício social, a FUNDAÇÃO apresentará ao COMITÊ INTERFEDERATIVO proposta de orçamento para o exercício seguinte, bem como o cronograma de aportes e de composição do patrimônio da FUNDAÇÃO, devendo tais aportes observar os limites estabelecidos nas CLÁUSULAS 169, 226 e 231, observada ainda a CLÁUSULA 232.

PARÁGRAFO SEGUNDO: O COMITÊ INTERFEDERATIVO poderá indicar a necessidade de realização de correções, readequações ou fazer questionamentos em relação às propostas de orçamento e de plano de ação, incluindo os PROJETOS neles contidos, de forma fundamentada, que deverão ser providenciados ou respondidos no prazo de até 30 (trinta) dias, o qual poderá ser prorrogado, desde que devidamente justificado.

PARÁGRAFO TERCEIRO: A disciplina prevista no *caput* e nos parágrafos anteriores não impede que o COMITÊ INTERFEDERATIVO, em momento anterior, apresente à FUNDAÇÃO as prioridades e diretrizes para elaboração dos PROJETOS e do plano de ação, nos termos deste ACORDO.

PARÁGRAFO QUARTO: Apresentado o planejamento, e havendo a sua aprovação, a execução deverá ser iniciada de acordo com o cronograma proposto no Plano.

CLÁUSULA 189: Na hipótese de persistência de divergências entre o COMITÊ INTERFEDERATIVO e a FUNDAÇÃO, esta deverá ser submetida à avaliação do PAINEL DE ESPECIALISTAS, nos termos deste Acordo, e sucessivamente, caso ainda não solucionada, ao Poder Judiciário.

CLÁUSULA 190: O planejamento de cada um dos PROGRAMAS será agrupado e consolidado em dois grandes planos: o PLANO DE RECUPERAÇÃO SOCIOAM-BIENTAL e o PLANO DE RECUPERAÇÃO SOCIOECONÔMICA.

PARÁGRAFO PRIMEIRO: O orçamento anual da FUNDAÇÃO deverá ser dividido entre orçamento do PLANO DE RECUPE-RAÇÃO SOCIOAMBIENTAL e orçamento do PLANO DE RECUPERAÇÃO SOCIOE-CONÔMICA.

PARÁGRAFO SEGUNDO: O orçamento anual deverá discriminar os recursos destinados aos PROGRAMAS SOCIOAMBIENTAIS e aos PROGRAMAS SOCIOECONÔMICOS, bem como, para cada um deles, os valores alocados em ações de recuperação e compensação.

PARÁGRAFO TERCEIRO: O planejamento de cada PROGRAMA pode ser avaliado e aprovado em separado, sendo certo que eventuais pendências de um dos PROGRAMAS não impedem o início das ações relativas aos PROGRAMAS já aprovados.

CLÁUSULA 191: O planejamento e a execução dos PROGRAMAS devem seguir os PRINCÍPIOS e as diretrizes especificadas neste Acordo.

PARÁGRAFO PRIMEIRO: As medidas a serem adotadas em cada PROGRAMA podem não se limitar às ações descritas neste Acordo, tendo em vista que as consequências do EVENTO são dinâmicas e ainda se encontram em fase de avaliação e diagnóstico.

PARÁGRAFO SEGUNDO: A necessidade de adoção de novas medidas e ações deverá ser tecnicamente justificada, conforme os objetivos e regras de cada PROGRAMA.

CLÁUSULA 192: Um relatório do andamento de todos esses PROGRAMAS deverá ser enviado mensalmente, no décimo dia útil de cada mês, ao COMITÊ INTERFEDERATIVO.

PARÁGRAFO PRIMEIRO: Os relatórios devem ser individualizados por PROGRAMA, caso possível, contendo metas e indicadores para cada uma das medidas adotadas.

PARÁGRAFO SEGUNDO: Além dos relatórios mensais, deverá ser emitido um relatório anual, até o dia 20 de janeiro de cada ano, o qual terá que ser submetido à validação pela AUDITORIA INDEPENDENTE.

CLÁUSULA 193: Todos os PROGRAMAS SOCIOAMBIENTAIS e SOCIOECONÔMICOS deverão ser acompanhados pelos IMPACTADOS, bem como fiscalizados e acompanhados pelo COMITÊ INTERFEDERATIVO e pela AUDITORIA INDEPENDENTE.

CLÁUSULA 194: Os PROGRAMAS SOCIOAMBIENTAIS e SOCIOECONÔMICOS deverão ser objeto de monitoramento, tanto para avaliação da sua efetividade como para se prevenir ou mitigar novos impactos decorrentes da própria execução desses PROGRAMAS.

CLÁUSULA 195: Cada PROGRAMA ou PROJETO poderá ser individualmente encerrado, quando atingidas as metas e objetivos globais nele previstos, atestado pela AUDITORIA INDEPENDENTE, após validação do COMITÊ INTERFEDERATIVO, que deverá consultar o órgão ou a entidade competente.

PARÁGRAFO SEGUNDO: O encerramento de cada PROGRAMA ou PROJETO deverá ser devidamente fundamentado, mediante a demonstração objetiva apoiada em indicadores e dados técnicos, conforme aplicável.

CLÁUSULA 196: Os prazos previstos nos PROGRAMAS SOCIOAMBIENTAIS e SOCIOECONÔMICOS serão suspensos quando o PODER PÚBLICO exceder o prazo regulamentar para a prática de atos autorizativos ou licenciatórios.

PARÁGRAFO ÚNICO: Os ÓRGÃOS AMBIENTAIS deverão agilizar as análises dos processos que envolvam atos vinculados aos PROGRAMAS SOCIOAMBIENTAIS e SOCIOECONÔMICOS.

CLÁUSULA 197: As obrigações e compromissos decorrentes dos PROGRAMAS SOCIOAMBIENTAIS e SOCIOECONÔMICOS executadas pela FUNDAÇÃO não eximem o PODER PÚBLICO de suas as atribuições legais.

SEÇÃO III: AUDITORIA INDEPENDENTE

CLÁUSULA 198: Todas as atividades desenvolvidas pela Fundação estarão sujeitas à auditoria externa independente, a ser realizada por empresa de consultoria dentre as 4 (quatro) maiores empresas do ramo em atuação no território nacional, a saber: *Ernest & Young (EY); KPMG; Deloitte; ou Pricewaterhouse Coopers (PWC)*, neste acordo nominada de AUDITORIA INDEPENDENTE.

PARÁGRAFO ÚNICO: A FUNDAÇÃO poderá contratar empresa ou instituição de AUDITORIA INDEPENDENTE diversa das listadas, desde que demonstrem ter estrutura e expertise equivalentes.

CLÁUSULA 199: A AUDITORIA INDEPENDENTE contratada deverá acompanhar as atividades da FUNDAÇÃO ao longo de todo o período coberto por este Acordo.

CLÁUSULA 200: Até 30 (trinta) dias da assinatura deste acordo, a AUDITORIA INDEPENDENTE contratada deverá iniciar as suas atividades, cabendo-lhe:

I – analisar e validar o cumprimento dos indicadores e das metas de cada um dos PROGRAMAS, os quais poderão ser revistos anualmente;

II – analisar e validar o formato dos relatórios mensais e anuais e auditar a exatidão do conteúdo do relatório anual;

III – analisar e validar o cumprimento do planejamento anual das atividades relativas aos PROGRAMAS referidos nesse acordo, verificando sua efetividade, adequação aos objetivos deste acordo e observância aos critérios técnicos;

IV – auditar a contabilidade de cada um desses PROGRAMAS; e

V – auditar a efetiva correspondência entre os PROJETOS aprovados constantes dos PROGRAMAS e a execução de suas ações, fazendo os apontamentos pertinentes.

PARÁGRAFO PRIMEIRO: Até 90 (noventa) dias da sua contratação, a AUDITORIA INDEPENDENTE deverá apresentar aos COMPROMITENTES todo o seu planejamento e modelo metodológico necessário para realizar e cumprir suas competências, devendo o modelo ser aprovado pelo COMITÊ INTERFEDERATIVO.

PARÁGRAFO SEGUNDO: A atividade de AUDITORIA INDEPENDENTE deverá ser mantida até a conclusão de todos os PROGRAMAS.

CLÁUSULA 201: Caberá à AUDITORIA INDEPENDENTE a realização das atividades de auditoria, nos termos do presente acordo, tanto de natureza contábil e financeira quanto finalística, ou seja, acompanhamento e fiscalização da qualidade da execução dos PROGRAMAS, cumprimento das metas e dos objetivos, adimplemento das obrigações previstas neste Acordo e nos planos aprovados e adequação das medidas adotadas com as necessidades socioambientais e socioeconômicas estabelecidas.

PARÁGRAFO ÚNICO: A FUNDAÇÃO poderá contratar mais de uma empresa ou instituição de AUDITORIA INDEPENDENTE para execução da atividade.

CLÁUSULA 202: Fica vedada a contratação pela FUNDAÇÃO de AUDITORIA INDEPENDENTE cujo quadro de diretores seja composto por ex-diretores ou ex-conselheiros da SAMARCO e ACIONISTAS, bem como a contratação de pessoas físicas que componham o quadro de pessoal da AUDITORIA INDEPENDENTE.

SEÇÃO IV: REVISÃO DOS PROGRAMAS

CLÁUSULA 203: A cada 3 (três) anos da assinatura deste ACORDO, a FUNDAÇÃO fará a revisão de todos os PROGRAMAS, de forma a buscar e mensurar a efetividade das atividades de reparação e compensação e submeterá ao COMITÊ INTERFEDERATIVO.

PARÁGRAFO PRIMEIRO: Caso a FUNDAÇÃO, a AUDITORIA INDEPENDENTE ou o COMITÊ INTERFEDERATIVO, a qualquer tempo, verifiquem, com fundamentos em parâmetros técnicos, que os PROGRAMAS são insuficientes para reparar, mitigar ou compensar os impactos decorrentes do EVENTO, a FUNDAÇÃO deverá revisar e readequar os termos, metas e indicadores destes PROGRAMAS, bem como realocar recursos entre os PROGRAMAS, após aprovação pelo COMITÊ INTERFEDERATIVO.

PARÁGRAFO SEGUNDO: A revisão das medidas reparatórias não se submete a qualquer teto, as quais deverão ser estabelecidas no montante necessário à plena reparação dos impactos socioambientais e socioeconômicos descritos, conforme os PRINCÍPIOS e demais cláusulas deste Acordo.

PARÁGRAFO TERCEIRO: Comprovada a inexecução ou execução negligente ou deficiente de alguma das medidas associadas aos PROGRAMAS REPARATÓRIOS referidos neste Acordo, a AUDITORIA INDEPENDENTE e o COMITÊ INTERFEDERATIVO poderão estabelecer a necessidade de novas medidas, inclusive compensatórias, destinadas a recompor o prejuízo causado, não se aplicando, nesse caso, o limite da CLÁUSULA 232.

PARÁGRAFO QUARTO: A revisão dos PROGRAMAS deverá estar concluída em até 1 (um) ano, contado do prazo referido no *caput*.

PARÁGRAFO SEXTO: As revisões deverão ser validadas pelo COMITÊ INTERFEDERATIVO.

CLÁUSULA 204: Os PROGRAMAS SOCIOAMBIENTAIS e SOCIOECONÔMICOS poderão passar por revisões extraordinárias de comum acordo entre a FUNDAÇÃO e o COMITÊ INTERFEDERATIVO e ter seus prazos e obrigações revisados, desde que tecnicamente justificados, ouvidos os órgãos competentes.

SEÇÃO V: MEDIDAS EMERGENCIAIS

CLÁUSULA 205: A SAMARCO apresentará, em até 15 (quinze) dias da assinatura deste Acordo, um relatório pormenorizado das medidas emergenciais que estejam em curso.

PARÁGRAFO PRIMEIRO: Todas as medidas emergenciais já em curso deverão ser mantidas pela SAMARCO até o início da assunção de sua execução pela FUNDAÇÃO;

PARÁGRAFO SEGUNDO: Não deve haver retrocesso em relação à qualidade e aos níveis de serviço já alcançados durante a execução das medidas que tenham cunho emergencial, enquanto persistir a emergencialidade.

SEÇÃO VI: OUTRAS DISPOSIÇÕES

CLÁUSULA 206: A suspensão das atividades relacionadas às barragens de Germano, Fundão e Santarém pelo Auto de Fiscalização SEMAD nº 38963/2015 e pelo Auto de Interdição do DNPM nº 15/2015 permanecem em vigor. As partes, notadamente DNPM e o ÓRGÃO AMBIENTAL competente, iniciarão, de forma célere, a análise técnica de pedido apresentado pela SAMARCO relativo às atividades do complexo industrial de Germano, devendo o pedido ser instruído com os documentos, as informações e os projetos técnicos exigidos pelo DNPM e pelo ÓRGÃO AMBIENTAL competente, observada a legislação de regência.

CLÁUSULA 207: Os PROGRAMAS SOCIOAMBIENTAIS e SOCIOECONÔMICOS previstos neste Acordo poderão ser apresentados ao PODER PÚBLICO em processos administrativos de licenciamento ambiental e outros processos relacionados a temas afetos aos PROGRAMAS.

CLÁUSULA 208: As medidas e ações de elaboração, desenvolvimento e execução decorrentes deste Acordo serão de responsabilidade da FUNDAÇÃO, salvo quando expressamente disposto em contrário e observado o parágrafo único da CLÁUSULA 235.

CAPÍTULO QUINTO: GESTORA E EXECUTORA DOS PROGRAMAS SOCIOECOMÔMICOS E SOCIOAMBIENTAIS

SEÇÃO I: FUNDAÇÃO DE DIREITO PRIVADO

SUBSEÇÃO I.1: Aspectos gerais da FUNDAÇÃO

CLÁUSULA 209: A SAMARCO e as ACIONISTAS instituirão uma Fundação de Direito Privado, sem fins lucrativos, nominada neste acordo como FUNDAÇÃO, com autonomia, para gerir e executar todas as medidas previstas nos PROGRAMAS SOCIOECONÔMICOS e SOCIOAMBIENTAIS, incluindo a promoção de assistência social aos IMPACTADOS em decorrência do EVENTO.

PARÁGRAFO PRIMEIRO: A FUNDAÇÃO será constituída no prazo de 120 (cento e vinte) dias e iniciará seu funcionamento no prazo de 30 (trinta) dias a contar da sua constituição.

PARÁGRAFO SEGUNDO: A FUNDAÇÃO será sediada em Belo Horizonte/MG e será regida pelo seu estatuto social.

PARÁGRAFO TERCEIRO: Caberá exclusivamente à FUNDAÇÃO administrar os recursos aportados pelas empresas instituidoras em cumprimento ao presente Acordo.

PARÁGRAFO QUARTO: O estatuto da FUNDAÇÃO definirá a composição, funcionamento, objetivos e atribuições dos órgãos internos da entidade.

PARÁGRAFO QUINTO: Até que a FUNDAÇÃO seja constituída e efetivamente inicie o seu funcionamento, todas as medidas emergenciais e demais obrigações da FUNDAÇÃO previstas no presente Acordo deverão ser executadas pela SAMARCO.

PARÁGRAFO SEXTO: Para todos os PROGRAMAS previstos neste Acordo, a FUNDAÇÃO deverá, caso necessário, contratar uma equipe, gerenciada por profissional de nível superior.

PARÁGRAFO SÉTIMO: A equipe deverá ter experiência na gestão, administração e implementação de projetos e qualificação profissional compatível com o objeto do respectivo programa.

CLÁUSULA 210: A FUNDAÇÃO contratará EXPERTS e AUDITORIAS INDEPENDENTES, conforme detalhado no Capítulo Quarto do presente Acordo.

PARÁGRAFO PRIMEIRO: A FUNDAÇÃO poderá firmar convênios e parcerias com entidades do Poder Público e organizações da sociedade civil para a realização das atividades sob sua responsabilidade.

PARÁGRAFO SEGUNDO: A estrutura de governança da FUNDAÇÃO deverá propiciar o gerenciamento dos processos de contratação e o estabelecimento de parcerias.

CLÁUSULA 211: A FUNDAÇÃO terá um Conselho de Curadores, uma Diretoria Executiva, um Conselho Consultivo e um Conselho Fiscal, nos termos do Estatuto Social e conforme diretrizes a seguir.

SUBSEÇÃO I.2: Conselho de Curadores

CLÁUSULA 212: O Conselho de Curadores, a partir das diretrizes, orientações e prioridades previstas no presente Acordo, tem competência para aprovar, no âmbito da FUNDAÇÃO, os planos, PROGRAMAS e PROJETOS, que deverão ser propostos pela Diretoria Executiva, sendo ouvido o Conselho Consultivo.

PARÁGRAFO PRIMEIRO: Também competirá ao Conselho de Curadores deliberar sobre os atos de gestão estratégica da FUNDAÇÃO, como o planejamento anual e plurianual, orçamento e contratações, os quais deverão observar o disposto

na Cláusula 223, bem como as regras constantes das políticas e manuais ali previstos.

PARÁGRAFO SEGUNDO: A FUNDAÇÃO não estará obrigada a executar, no todo ou em parte, qualquer PROGRAMA ou PROJETO ou qualquer outra medida que implique a violação, seja pela FUNDAÇÃO, pela SAMARCO ou por quaisquer de seus ACIONISTAS, das regras constantes das políticas e manuais dispostos na Cláusula 223. Nesta hipótese, o PROGRAMA, o PROJETO ou a medida em questão deverão ser adaptados de forma a atender as referidas políticas e manuais e cumprir o presente Acordo.

CLÁUSULA 213: O Conselho de Curadores será composto por 7 (sete) membros, sendo 2 (dois) membros designados por cada instituidora, e 1 (um) representante privado indicado pelo COMITÊ INTERFEDERATIVO.

PARÁGRAFO PRIMEIRO: Todos os membros do Conselho de Curadores deverão ser indivíduos dotados de formação técnica e com notória experiência profissional no mercado, compatível com a complexidade da tarefa e volume de recursos a ser gerido.

PARÁGRAFO SEGUNDO: As decisões do Conselho de Curadores serão tomadas por, pelo menos, 5 (cinco) votos de seus membros.

SUBSEÇÃO I.3: Diretoria Executiva

CLÁUSULA 214: À Diretoria Executiva caberá elaborar, propor, viabilizar e executar os planos, programas e projetos, aprovados pelo Conselho de Curadores, e adotar as ações especificas necessárias à implantação desses, além de responder pelas atividades rotineiras da FUNDAÇÃO.

CLÁUSULA 215: Todos os membros da Diretoria Executiva serão eleitos e destituídos pelo Conselho de Curadores e deverão ser indivíduos dotados de formação técnica e com notória experiência profissional no mercado, compatível com a complexidade da tarefa e volume de recursos a ser gerido.

SUBSEÇÃO I.3: Conselho Fiscal

CLÁUSULA 216: Ao Conselho Fiscal caberá a realização das atividades de fiscalização da gestão e apreciação das contas, verificação da conformidade das ações executadas, tanto de natureza contábil e financeira.

PARÁGRAFO ÚNICO: O Conselho Fiscal será composto por 7 (sete) membros, dentre os quais 1 (um) será indicado pelo Conselho de Curadores da FUNDAÇÃO, 1 (um) indicado por cada uma das três instituidoras, 1 (um) pela União, 1 (um) pelo Estado de Minas Gerais e 1 (um) pelo Estado do Espírito Santo.

SUBSEÇÃO I.4: Conselho Consultivo

CLÁUSULA 217: O Conselho Consultivo é o órgão de assessoramento da FUNDAÇÃO, podendo opinar sobre planos, programas e projetos, e indicar propostas de solução para os cenários presentes e futuros decorrentes do caráter dinâmico dos danos causados pelo rompimento das barragens.

PARÁGRAFO ÚNICO: o Conselho Consultivo também poderá ouvir as associações legitimadas para a defesa dos direitos dos IMPACTADOS, bem como estabelecer canais de participação da sociedade civil, podendo, para tanto, convocar reuniões específicas e ouvir organizações interessadas em matéria a ser debatida pelo Conselho.

CLÁUSULA 218: O Conselho Consultivo poderá atuar e se manifestar independentemente de consulta ou provocação formulada pelo Conselho de Curadores, pela Diretoria Executiva ou Conselho Fiscal e poderá expedir recomendação não vinculativa.

CLÁUSULA 219: O Conselho Consultivo será composto por 17 (dezessete) membros, indicados da seguinte forma:

I – 5 (cinco) pelo Comitê da Bacia Hidrográfica do Rio Doce – CBH-DOCE;

II – 2 (dois) pela Comissão Interministerial para Recursos do MAR – CIRM;

III – 5 (cinco) representantes de instituições de ensino e pesquisa ou especialistas com notório conhecimento, indicados da seguinte maneira:

a) 1 (um) pelo Ministério Público Federal – MPF;

b) 1 (um) pelos Ministérios Públicos Estaduais do Espírito Santo e de Minas Gerais;

c) 2 (dois) pelo Conselho de Curadores da FUNDAÇÃO; e

d) 1 (um) pelo COMITÊ INTERFEDERATIVO.

IV – 5 (cinco) representantes das comunidades impactadas, sendo três do Estado de Minas Gerais e dois do Estado do Espírito Santo, indicados pelo COMITÊ INTERFEDERATIVO.

PARÁGRAFO PRIMEIRO: Por proposta do Conselho Consultivo, o Conselho de Curadores poderá criar comitês, subcomitês ou comissões temáticas, no âmbito do Conselho Consultivo, para tratar de temas internos.

PARÁGRAFO SEGUNDO: Fica desde já criada uma comissão temática integrada por 6 (seis) representantes da população para fazer a interlocução com as comunidades impactadas dos municípios e distritos de Mariana e Barra Longa.

CLÁUSULA 220: Apesar de as recomendações e manifestações expedidas pelo Conselho Consultivo não gozarem de caráter vinculante, caso o Conselho de Curadores não siga o entendimento recomendado, deverá fundamentar formalmente a sua discordância, na forma prevista no Estatuto Social da FUNDAÇÃO.

SUBSEÇÃO I.5: Disposições Gerais

CLÁUSULA 221: A FUNDAÇÃO atenderá aos preceitos da transparência e eficiência.

CLÁUSULA 222: Os atos praticados pela FUNDAÇÃO, os PROGRAMAS e PROJETOS aprovados e os relatórios da FUNDAÇÃO serão veiculados em sítio eletrônico próprio.

CLÁUSULA 223: A FUNDAÇÃO elaborará políticas e manuais de *compliance,* inclusive de anticorrupção, lavagem de dinheiro e antiterrorismo, sanções comerciais e direitos humanos, com base em padrões internacionais, que serão aplicáveis aos PROGRAMAS e PROJETOS e demais ações implementadas pela FUNDAÇÃO, inclusive em relação a contratação e execução de contratos com fornecedores. **PARÁGRAFO ÚNICO:** Com o objetivo de atender as suas próprias regras de *compliance* e de verificar o atendimento, pela FUNDAÇÃO, do disposto no *caput*, a SAMARCO ou qualquer dos ACIONISTAS terá o direito de, a qualquer tempo, realizar auditoria na FUNDAÇÃO.

CLÁUSULA 224: A FUNDAÇÃO será fiscalizada, na forma da lei, pelo Ministério Público.

SUBSEÇÃO I.6: *Formação do Patrimônio*

CLÁUSULA 225: A SAMARCO, a VALE e a BHP serão instituidoras e mantenedoras da FUNDAÇÃO, nos termos estabelecidos na CLÁUSULA 209, de forma a implementar PROJETOS aprovados no âmbito dos PROGRAMAS previstos neste Acordo.

CLÁUSULA 226: A SAMARCO deverá realizar aportes anuais no curso dos exercícios de 2016, 2017 e 2018, nos montantes definidos abaixo, sempre em observância aos termos estabelecidos nos parágrafos desta cláusula e cláusulas seguintes:

I. Exercício de 2016: aporte de R$ 2.000.000.000,00 (dois bilhões de reais);

II. Exercício de 2017: aporte de R$ 1.200.000.000,00 (um bilhão e duzentos milhões de reais);

III. Exercício de 2018: aporte de R$ 1.200.000.000,00 (um bilhão e duzentos milhões de reais).

PARÁGRAFO ÚNICO: A diferença entre o valor dos aportes anuais previstos nesta cláusula e os valores efetivamente aportados na FUNDAÇÃO no curso dos respectivos exercícios sociais deverá ser depositada até o dia 20 de dezembro do respectivo ano na conta da FUNDAÇÃO, respeitado o disposto nas CLÁUSULAS 227, 228 e 233.

CLÁUSULA 227: Os seguintes valores serão considerados para efeitos do aporte previsto para o exercício de 2016:

I. R$ 600.000.000,00 (seiscentos milhões de reais), correspondentes aos R$ 50.000.000,00 (cinquenta milhões de reais) a serem depositados mensalmente pela SAMARCO como cumprimento das obrigações constantes no Termo Preliminar de Compromisso Socioambiental, celebrado com o Ministério Público do Estado de Minas Gerais e o Ministério Público Federal em 16 de novembro de 2015, desde que depositados no próprio exercício de 2016; e

II. valores mantidos em depósito judicial, no total de R$ 300.000.000,00 (trezentos milhões de reais), constituído na Ação Civil Pública nº 0043356-50.2015.8.13.0400, na Vara de Mariana/MG.

CLÁUSULA 228: Será considerado como parte do aporte previsto para o exercício de 2016 o valor de R$ 158.523.361,96 (cento e cinquenta e oito milhões, quinhentos e vinte e três mil e trezentos e sessenta e um reais e noventa e seis centavos), conforme planilha ANEXA, correspondente aos valores já desembolsados pela SAMARCO para a execução de ações relacionadas ao EVENTO e pertinentes com o objeto do presente Acordo.

CLÁUSULA 229: No prazo de 30 (trinta) dias contados da emissão do CNPJ da FUNDAÇÃO, a SAMARCO fará um depósito inicial de R$ 200.000.000,00 (duzentos milhões de reais), que corresponderá ao início do aporte de 2016.

PARÁGRAFO ÚNICO: No mesmo prazo do *caput*, a SAMARCO apresentará um cronograma de aportes e de composição do patrimônio da FUNDAÇÃO no valor de R$ 741.476.638,04 (setecentos e quarenta e um milhões, quatrocentos e setenta e seis mil, seiscentos e trinta e oito reais e quatro centavos), que corresponderá à diferença a ser depositada para completar o valor do aporte do exercício de 2016.

CLÁUSULA 230: Os valores referentes às parcelas do Termo Preliminar de Compromisso Socioambiental, celebrado com o Ministério Público do Estado de Minas

ANEXO A – TERMO DE TRANSAÇÃO E DE AJUSTAMENTO DE CONDUTA | 203

Gerais e o Ministério Público Federal em 16 de novembro de 2015 depositados durante o exercício de 2017 deverão ser considerados como parte do aporte do exercício de 2017.

CLÁUSULA 231: A partir do exercício de 2019, o valor dos aportes anuais será definido em valor suficiente e compatível com a previsão de execução dos PROJETOS para o referido exercício, respeitado o previsto na CLÁUSULA 232.

PARÁGRAFO PRIMEIRO: O valor dos aportes anuais para os exercícios de 2019, 2020 e 2021, poderá variar entre o valor mínimo de R$ 800.000.000,00 (oitocentos milhões de reais) e o valor máximo de R$ 1.600.000.000,00 (um bilhão e seiscentos milhões de reais), em função da necessidade decorrente dos PROJETOS a serem executados em cada respectivo exercício.

PARÁGRAFO SEGUNDO: A diferença entre o valor dos aportes anuais previstos no parágrafo primeiro desta Cláusula e os valores efetivamente aportados na FUNDAÇÃO no curso dos respectivos exercícios sociais deverá ser depositada até o dia 20 de dezembro dos anos de 2019, 2020 e 2021 respectivamente respectivo ano na conta da FUNDAÇÃO, respeitado o disposto na CLÁUSULA 233.

CLÁUSULA 232: A FUNDAÇÃO destinará o montante fixo, não superior ou inferior, de R$ 240.000.000,00 (duzentos e quarenta milhões de reais) por ano, corrigidos nos termos da CLÁUSULA 257, por um período de 15 (quinze) anos a partir de 2016, dentro dos respectivos orçamentos anuais, para execução de PROJETOS de natureza compensatória e de medidas compensatórias no âmbito dos PROGRAMAS, sendo certo que os valores não utilizados, no todo ou em parte, em um determinado exercício social serão acrescidos ao referido montante fixo do exercício seguinte.

PARÁGRAFO PRIMEIRO: Não serão computados no valor referido no *caput* (i) a quantia de R$ 500.000.000,00 (quinhentos milhões de reais), a ser disponibilizada para o Programa de coleta e tratamento de esgoto e de destinação de resíduos sólidos, nos termos da CLÁUSULA 169;

(ii) as medidas compensatórias previstas nas hipóteses dos incisos VII e IX da CLÁUSULA 06 que sejam derivadas dos rejeitos remanescentes, se houver, do rompimento da barragem de Fundão, após o cumprimento do PROGRAMA previsto nas CLÁUSULAS 150 a 152; e (iii) as hipóteses previstas na CLÁUSULA 203, parágrafo terceiro.

PARÁGRAFO SEGUNDO: Ressalvado o disposto no parágrafo anterior, o valor total a ser destinado pela FUNDAÇÃO para execução de PROJETOS de natureza compensatória e de medidas compensatórias no âmbito dos PROGRAMAS será de um montante total fixo, não inferior ou superior, de R$ 3.600.000.000,00 (três bilhões e seiscentos milhões de reais), devidamente corrigido na forma da CLÁUSULA 257, a ser distribuído anualmente, conforme previsto no caput.

CLÁUSULA 233: Serão considerados como parte do aporte anual 50% (cinquenta por cento) dos valores bloqueados ou depositados judicialmente, em numerário ou equivalente, de qualquer das instituidoras (SAMARCO, BHP ou VALE), em decorrência de decisões judiciais em ações coletivas que abranjam medidas ou ações objeto do presente Acordo.

PARÁGRAFO PRIMEIRO: Também poderão ser considerados, para efeito do *caput*, valores pagos por determinação judicial em ações individuais que busquem indenização por danos materiais decorrentes do EVENTO, ajuizadas pelos IMPACTADOS, que em caso de pessoas jurídicas apenas serão consideradas as micro e pequenas empresas.

PARÁGRAFO SEGUNDO: O impacto decorrente dos bloqueios considerados na forma do *caput* não poderá comprometer, nos 3 (três) primeiros anos contados da constituição da FUNDAÇÃO, mais do que 50% (cinquenta) por cento do respectivo orçamento anual.

PARÁGRAFO TERCEIRO: Caso haja decisão judicial que autorize o desbloqueio, o montante correspondente aos 50% (cinquenta por cento) considerados como aporte nos termos do *caput* deverá ser aportado na FUNDAÇÃO.

PARÁGRAFO QUARTO: Caso o montante correspondente aos 50% (cinquenta por cento) de valores bloqueados considerados como aporte nos termos do *caput*, somado aos aportes já realizados no exercício em curso, ultrapasse o orçamento anual previsto, o respectivo abatimento poderá ocorrer nos exercícios seguintes, não podendo, em hipótese alguma, haver reversão de valores já aportados pelas instituidoras à FUNDAÇÃO.

PARÁGRAFO QUINTO: As obrigações de fazer executadas no âmbito de outros acordos judiciais ou extrajudiciais, que estejam contempladas no âmbito dos PROGRAMAS SOCIOAMBIENTAIS e SOCIOECONÔMICOS, serão consideradas para a comprovação da execução dessas obrigações no âmbito deste Acordo. Na hipótese dessas obrigações de fazer (i) estarem previstas nos PROJETOS do respectivo exercício, os valores incorridos na sua execução serão computados para fins do aporte anual; ou (ii) não se refiram nos PROJETOS do respectivo exercício aos PROGRAMAS, os valores então incorridos serão deduzidos do exercício imediatamente posterior, exceto se tais deduções prejudicarem os PROJETOS em andamento.

CLÁUSULA 234: Na eventualidade das despesas da FUNDAÇÃO ultrapassarem o limite do exercício, o valor que exceder o orçamento anual deverá ser deduzido, na proporção de 1/3 (um terço) para cada ano, dos orçamentos anuais previstos para os 3 (três) exercícios subsequentes.

CLÁUSULA 235: Além dos aportes das instituidoras, poderão constituir patrimônio da FUNDAÇÃO todos e quaisquer bens e direitos que a ela venham ser afetados, legados e doados por pessoas físicas e jurídicas de direito privado e recursos nacionais e internacionais oriundos de instituições congêneres.

PARÁGRAFO ÚNICO: Ações e medidas no âmbito dos PROJETOS e PROGRAMAS poderão ser executadas diretamente pela SAMARCO, hipótese em que as despesas correspondentes, devidamente comprovadas, serão deduzidas dos respectivos aportes anuais, sempre em observância às regras constantes das políticas e manuais dispostos na CLÁUSULA 223.

CLÁUSULA 236: Respeitados os valores dos aportes anuais, a SAMARCO deverá manter capital de giro na FUNDAÇÃO no valor de (i) R$ 100.000.000,00 (cem milhões de reais) pelo prazo de 10 (dez) anos a partir da constituição formal da FUNDAÇÃO, e (ii) de R$ 10.000.000,00 (dez milhões de reais) a partir do término desse prazo.

PARÁGRAFO PRIMEIRO: Para atendimento da regra prevista no *caput*, no último dia útil de cada mês a FUNDAÇÃO levantará o extrato de sua(s) conta(s) bancária(s) e, caso o valor apurado seja inferior ao acima referido, a SAMARCO deverá recompor tal valor em 15 (quinze) dias.

PARÁGRAFO SEGUNDO: Para efeito do Parágrafo Primeiro, não serão considerados os extratos das contas bancárias previstas nas CLÁUSULA 169 e CLÁUSULA 250.

CLÁUSULA 237: A VALE e a BHP terão obrigação de realizar, na proporção de 50% (cinquenta por cento) para cada uma delas, os aportes a que a SAMARCO esteja obrigada nos termos deste Acordo, e que deixe de realizar no prazo previsto.

PARÁGRAFO ÚNICO: Em caso de atraso superior a 15 (quinze) dias na realização dos aportes pela SAMARCO, o valor poderá ser exigido da VALE e da BHP, na forma do *caput*, que deverão, em 10 (dez) dias, realizar os correspondentes aportes.

CLÁUSULA 238: O orçamento anual da FUNDAÇÃO deverá prever, de forma segregada, as despesas administrativas e finalísticas.

PARÁGRAFO PRIMEIRO: Para fins deste Acordo, entende-se por despesas administrativas aquelas necessárias à constituição e manutenção da FUNDAÇÃO, pagamento de folha de salário de empregados, aluguéis, eventuais tributos, material de expediente, despesas com honorários dos advogados da FUNDAÇÃO, bem como

ANEXO A – TERMO DE TRANSAÇÃO E DE AJUSTAMENTO DE CONDUTA | 205

todos os demais custos administrativos, fixos ou não.

PARÁGRAFO SEGUNDO: Para fins deste Acordo, entende-se por despesas finalísticas aquelas diretamente relacionadas à elaboração, acompanhamento, execução e prestação de contas relativas aos PROGRAMAS SOCIOAMBIENTAIS e SOCIOECONÔMICOS previstos no presente Acordo, incluindo salários ou honorários de empregados ou de terceiros contratados para elaboração, acompanhamento, execução e prestação de contas relativas aos PROGRAMAS SOCIOAMBIENTAIS e SOCIOECONÔMICOS.

CLÁUSULA 239: São objetos do presente Acordo apenas e tão somente os valores destinados à execução das despesas finalísticas da FUNDAÇÃO, cabendo à SAMARCO fazer aportes anuais cabíveis com vistas a custear as despesas administrativas da entidade.

CLÁUSULA 240: Em hipótese alguma, o orçamento destinado às despesas finalísticas poderá ser destinado, mesmo que provisoriamente, à execução de despesas administrativas.

CLÁUSULA 241: Poderão ser considerados no patrimônio da FUNDAÇÃO:

I – valores provenientes de seus bens patrimoniais, de fideicomissos e de usufrutos;

II – valores em seu favor transferidos por terceiros; e

III – aportes que lhe forem feitas por pessoas naturais ou jurídicas de direito privado.

PARÁGRAFO ÚNICO: O patrimônio da FUNDAÇÃO só poderá ser aplicado na realização de seus objetivos.

SEÇÃO II: COMITÊ INTERFEDERATIVO

CLÁUSULA 242: Será constituído um COMITÊ INTERFEDERATIVO cujas atribuições estão definidas no presente Acordo.

PARÁGRAFO PRIMEIRO: O COMITÊ INTERFEDERATIVO será uma instância externa e independente da FUNDAÇÃO,

formado exclusivamente por representantes do PODER PÚBLICO.

PARÁGRAFO SEGUNDO: O COMITÊ INTERFEDERATIVO não afasta a necessidade de obtenção das licenças ambientais junto ao órgão ambiental competente, nem substitui a competência legalmente prevista dos órgãos licenciadores e demais órgãos públicos.

PARÁGRAFO TERCEIRO: O COMITÊ INTERFEDERATIVO funcionará como uma instância de interlocução permanente da FUNDAÇÃO, acompanhando, monitorando e fiscalizando os seus resultados, sem prejuízo das competências legais dos órgãos competentes.

PARÁGRAFO QUARTO: O COMITÊ INTERFEDERATIVO deverá obter informações junto aos ÓRGÃOS AMBIENTAIS competentes, e outros, sobre os procedimentos de licenciamento ambiental e outros requeridos pela FUNDAÇÃO, buscando sua agilização para implementação dos PROGRAMAS e PROJETOS.

CLÁUSULA 243: O COMITÊ INTERFEDERATIVO atuará de acordo com o disposto neste ACORDO e em seu regimento, a ser aprovado pelos seus membros.

CLÁUSULA 244: O COMITÊ INTERFEDERATIVO será composto pelos seguintes membros:

I – 2 (dois) representantes do Ministério do Meio Ambiente;

II – 2 (dois) outros representantes do Governo Federal;

III – 2 (dois) representantes do Estado de Minas Gerais;

IV – 2 (dois) representantes do Estado do Espírito Santo;

V – 2 (dois) representantes dos municípios de Minas Gerais afetados pelo rompimento da barragem;

VI – 1 (um) representante dos municípios do Espírito Santo afetados pelo rompimento da barragem; e

VII – 1 (um) representante do CBH-DOCE.

PARÁGRAFO PRIMEIRO: Os representantes previstos no inciso I serão indicados pelo Ministro de Estado do Meio Ambiente e os representantes previstos no inciso II serão indicados pelo Ministro Chefe da Casa Civil da Presidência da República.

PARÁGRAFO SEGUNDO: Caberá aos Estados de Minas Gerais e do Espírito Santo a indicação de seus representantes, bem como dos representantes de seus respectivos municípios.

PARÁGRAFO TERCEIRO: O CBH-DOCE indicará o representante de que trata o inciso VIII dentre os seus membros representantes do PODER PÚBLICO.

PARÁGRAFO QUARTO: As indicações previstas nesta cláusula deverão ser feitas em até 30 (trinta) dias da assinatura deste ACORDO e serão publicadas por ato do Ministro de Estado do Meio Ambiente.

PARÁGRAFO QUINTO: A participação do COMITÊ INTERFEDERATIVO não será remunerada, mas é considerada prestação de serviço público relevante.

PARÁGRAFO SEXTO: O COMITÊ INTERFEDERATIVO será presidido por um dos representantes indicados pelo Ministério do Meio Ambiente, sendo o outro seu substituto em caso de eventual ausência ou impedimento.

PARÁGRAFO SÉTIMO: Caberá ao Presidente do COMITÊ INTERFEDERATIVO convocar reunião inaugural em até 40 (quarenta) dias da assinatura deste ACORDO.

PARÁGRAFO OITAVO: O Presidente do COMITÊ INTERFEDERATIVO deverá submeter à apreciação proposta de regimento até a segunda reunião do Comitê.

PARÁGRAFO NONO: O COMITÊ INTERFEDERATIVO deliberará, em regra, por maioria simples dos seus membros, observado o quórum mínimo de instalação de dois terços de seus membros, cabendo ao presidente o voto de qualidade para desempate.

PARÁGRAFO DÉCIMO: Para assegurar o cumprimento de suas finalidades, o COMITÊ INTERFEDERATIVO poderá solicitar manifestação e/ou convocar representantes dos órgãos públicos para reuniões, com a finalidade de subsidiar tecnicamente a tomada de decisão do Comitê em relação às matérias correspondentes às suas competências institucionais.

PARÁGRAFO DÉCIMO PRIMEIRO: O COMITÊ INTERFEDERATIVO definirá em seu regimento os procedimentos para solicitação de manifestação e convocação, bem como os prazos para atendimento dos pleitos.

PARÁGRAFO DÉCIMO SEGUNDO: O COMITÊ INTERFEDERATIVO poderá instituir câmaras temáticas, podendo convocar representantes de órgãos ou entidades públicos para compô-los quando necessário, consideradas as respectivas competências institucionais.

PARÁGRAFO DÉCIMO TERCEIRO: Os representantes previstos no inciso II do *caput* deverão ser oriundos de áreas responsáveis pelo acompanhamento de temas relacionados aos PROGRAMAS SOCIOECONÔMICOS.

PARÁGRAFO DÉCIMO QUARTO: Os representantes previstos no inciso III e IV do caput deverão ser oriundos de áreas responsáveis pelo acompanhamento de temas relacionados aos PROGRAMAS SOCIOECONÔMICOS e/ou SOCIOAMBIENTAIS.

CLÁUSULA 245: Nos termos deste Acordo e observado o escopo dos PROGRAMAS, ao COMITÊ INTERFEDERATIVO caberá:

I. orientar a FUNDAÇÃO acerca das prioridades a serem atendidas tanto na fase de elaboração quanto na de execução dos PROGRAMAS SOCIOAMBIENTAIS e SOCIOECONÔMICOS;

II. definir diretrizes para elaboração e execução dos PROGRAMAS SOCIOAMBIENTAIS e SOCIOECONÔMICOS pela FUNDAÇÃO;

III. avaliar, acompanhar, monitorar e fiscalizar a elaboração e a execução dos PROGRAMAS SOCIOAMBIENTAIS e SOCIOECONÔMICOS, indicando a necessidade de correções nas ações desempenhadas pela FUNDAÇÃO;

IV. acompanhar a execução do Acordo;

V. auxiliar a FUNDAÇÃO na interlocução com autoridades públicas;

VI. buscar o entendimento em caso de conflitos e inconsistências de demandas de diferentes agentes ou autoridades governamentais;

ANEXO A – TERMO DE TRANSAÇÃO E DE AJUSTAMENTO DE CONDUTA | 207

VII. validar os planos, PROGRAMAS e PROJETOS apresentados pela FUNDAÇÃO, sem prejuízo da necessidade de obtenção das licenças ambientais junto ao órgão ambiental competente e da competência legalmente prevista dos órgãos licenciadores, bem como de outros órgãos públicos; e

VIII. receber os relatórios periódicos da FUNDAÇÃO.

SEÇÃO III: PAINEL CONSULTIVO DE ESPECIALISTAS

CLÁUSULA 246: Será constituído Painel Consultivo de Especialistas como uma instância permanente e externa à FUNDAÇÃO para fornecer opiniões técnicas não-vinculantes para as partes, com o objetivo de auxiliar na busca de soluções para divergências existentes entre o COMITÊ INTERFEDERATIVO e a FUNDAÇÃO.

PARÁGRAFO PRIMEIRO: O Painel Consultivo de Especialistas será constituído por 3 (três) membros, sendo que um será indicado pela FUNDAÇÃO, um pelo COMITÊ INTERFEDERATIVO que, juntos, indicarão o terceiro membro.

PARÁGRAFO SEGUNDO: As partes poderão consultar o PAINEL CONSULTIVO DE ESPECIALISTAS a qualquer tempo e em qualquer circunstância, que deverá emitir um parecer técnico sobre as divergências e questionamentos a partir de boas práticas no âmbito da legislação brasileira aplicável.

PARÁGRAFO TERCEIRO: Na hipótese de persistência de divergências entre o COMITÊ INTERFEDERATIVO e a FUNDAÇÃO após a opinião técnica do PAINEL CONSULTIVO DE ESPECIALISTAS, a divergência poderá ser submetida ao Poder Judiciário.

PARÁGRAFO QUARTO: Para questões urgentes, as divergências poderão ser submetidas diretamente ao Poder Judiciário, sem prejuízo de o PAINEL CONSULTIVO DE ESPECIALISTAS ser provocado paralelamente.

CAPÍTULO SEXTO: PENALIDADES

CLÁUSULA 247: Em caso de descumprimento por culpa exclusiva da FUNDAÇÃO, da SAMARCO ou de qualquer das ACIONISTAS de suas respectivas obrigações assumidas em quaisquer das cláusulas constantes deste Acordo, ressalvadas as hipóteses de caso fortuito ou força maior, o COMITÊ INTERFEDERATIVO comunicará formalmente à parte inadimplente o descumprimento, com cópia para as demais empresas, para que estas tenham ciência e a inadimplente adote as medidas necessárias para cumprimento das obrigações ou justifique o seu não cumprimento, estabelecendo prazo compatível para devida adequação.

PARÁGRAFO PRIMEIRO: No prazo estabelecido nos termos do *caput*, a inadimplente poderá cumprir integralmente a obrigação indicada ou, desde que devidamente justificado ao COMITÊ INTERFEDERATIVO, solicitar a dilação do prazo conferido.

PARÁGRAFO SEGUNDO: Decorrido o prazo definido e permanecendo o descumprimento por parte da inadimplente, esta sujeitar-se-á à fixação de multa punitiva por obrigação descumprida e multa diária enquanto persistir o descumprimento total da obrigação.

PARÁGRAFO TERCEIRO: Caso a inadimplente seja a FUNDAÇÃO, decorrido o prazo definido e permanecendo o descumprimento, a SAMARCO arcará com multa punitiva por obrigação descumprida e multa diária enquanto persistir o descumprimento total da obrigação.

PARÁGRAFO QUARTO: Caso a inadimplente seja a SAMARCO, decorrido o prazo definido e permanecendo o descumprimento, esta sujeitar-se-á à fixação de multa punitiva por obrigação descumprida e multa diária enquanto persistir o descumprimento total da obrigação.

PARÁGRAFO QUINTO: Caso a SAMARCO não efetue o pagamento das multas previstas nos parágrafos terceiro e quarto, no prazo de 10 (dez) dias, a VALE e a BHP terão obrigação de realizar o respectivo pagamento, na proporção de 50% (cinquenta por cento) para cada uma delas.

PARÁGRAFO SEXTO: Na hipótese de descumprimento de cada um dos prazos estabelecidos para apresentação dos PROJETOS elaborados e entrega de estudos no âmbito nos PROGRAMAS SOCIOAMBIENTAIS e SOCIOECONÔMICOS pela FUNDAÇÃO, a SAMARCO ficará obrigada ao pagamento de multa de R$ 100.000,00 (cem mil reais) por item descumprido cumulado com multa diária no valor de R$ 10.000,00 (dez mil reais) enquanto persistir o descumprimento, por item descumprido.

PARÁGRAFO SÉTIMO: Na hipótese de descumprimento dos prazos estabelecidos para a execução dos PROJETOS previstos em cada um dos PROGRAMAS SOCIOAMBIENTAIS e SOCIOECONÔMICOS pela FUNDAÇÃO, a SAMARCO ficará obrigada ao pagamento de multa de R$ 1.000.000,00 (um milhão de reais) por item descumprido, cumulado com multa diária no valor de R$ 50.000,00 (cinquenta mil reais), por item descumprido.

PARÁGRAFO OITAVO: Na hipótese de descumprimento dos prazos de constituição e início do funcionamento da FUNDAÇÃO, por culpa exclusiva das instituidoras, a(s) inadimplente(s) ficará(ão) obrigada(s) ao pagamento de multa de R$ 500.000,00 (quinhentos mil reais) por item descumprido cumulado com multa diária no valor de R$ 50.000,00 (cinquenta mil reais) enquanto persistir o descumprimento.

PARÁGRAFO NONO: Na hipótese de descumprimento dos prazos de realização dos aportes anuais, a SAMARCO ficará obrigada ao pagamento de multa de 10% (dez por cento) do valor inadimplido, que deverá ser atualizado pela SELIC, desde a data do inadimplemento até o pagamento.

PARÁGRAFO DÉCIMO: Na hipótese de descumprimento de qualquer outra obrigação, não prevista nos parágrafos anteriores, a SAMARCO ficará obrigada ao pagamento de multa de R$ 50.000,00 (cinquenta mil reais) por item descumprido

cumulado com multa diária no valor de R$ 10.000,00 (dez mil reais) enquanto persistir o descumprimento, por item descumprido.

CLÁUSULA 248: Inclui-se no conceito de culpa exclusiva da FUNDAÇÃO, qualquer ação ou omissão imputável à FUNDAÇÃO, funcionários ou prepostos da SAMARCO, VALE e/ou BHP ou da FUNDAÇÃO e das EXPERTS.

CLÁUSULA 249: As multas previstas nos presente Capítulo serão impostas pelo COMITÊ INTERFEDERATIVO, após deliberação pela maioria absoluta dos seus membros, observado o disposto na CLÁUSULA 247.

PARÁGRAFO ÚNICO: O Poder Judiciário poderá modificar o valor da multa, caso verifique que se tornou insuficiente ou excessiva.

CLÁUSULA 250: O valor das multas arrecadadas deverá ser revertido ao FUNDO NACIONAL DO MEIO AMBIENTE, criado pela Lei nº 7.797, de 10 de julho de 1989.

PARÁGRAFO PRIMEIRO: A(s) instituidora(s) que efetuar(em) o pagamento de multa prevista neste Capítulo poderá(ão) acordar com os ÓRGÃOS AMBIENTAIS competentes e demais órgãos públicos envolvidos, quando for o caso, a destinação e a aplicação do valor das multas em medidas compensatórias adicionais não previstas no presente Acordo.

PARÁGRAFO SEGUNDO: Na hipótese prevista no parágrafo anterior, o valor das multas deverá ficar segregado, até sua utilização, em conta bancária da FUNDAÇÃO específica para essa finalidade.

CLÁUSULA 251: A incidência das penalidades estabelecidas neste Capítulo, com eficácia executiva de obrigação de pagar, ocorrerá de forma cumulativa e não elide o cumprimento da obrigação principal, com possibilidade de execução judicial desta obrigação.

CLÁUSULA 252: As multas diárias referidas neste Capítulo serão aplicadas por dia corrido, tendo seu início no primeiro dia útil seguinte à notificação da decisão referida na CLÁUSULA 249.

CAPÍTULO SÉTIMO: CLÁUSULAS FINAIS E REGRAS TRANSITÓRIAS

CLÁUSULA 253: O presente Acordo será submetido à homologação judicial, implicando na extinção com resolução de mérito da fase de conhecimento do processo nº 69758-61.2015.4.01.3400, em trâmite na 12ª Vara da Seção Judiciária de Minas Gerais, restando o juízo competente para a fase de execução do acordo.

PARÁGRAFO ÚNICO: A homologação do presente Acordo resolverá e porá fim às disputas, presentes ou futuras, entre as partes, atinentes ao objeto do processo nº 69758-61.2015.4.01.3400, em trâmite na 12ª Vara da Seção Judiciária de Minas Gerais.

CLÁUSULA 254: O presente Acordo poderá ser utilizado para os devidos fins de direito e ser apresentado nos autos das ações judiciais que tenham por objeto qualquer obrigação decorrente do EVENTO e prevista neste Acordo, com a finalidade de buscar a resolução ou reunião de ações ajuizadas.

CLÁUSULA 255: Qualquer incidente decorrente da execução deste Acordo, que não possa ser resolvido pelas partes signatárias, será submetido ao juízo da 12ª Vara Federal da Seção Judiciária do Estado de Minas Gerais para decisão.

CLÁUSULA 256: Sem prejuízo do fiel cumprimento das ações previstas neste Acordo, a sua assinatura e a assunção das obrigações nele previstas não implica o reconhecimento de culpa ou responsabilidade nas esferas civil, administrativa ou criminal, nem poderá ser interpretado como reconhecimento ou atribuição, individual ou coletiva de responsabilidade, no todo ou em parte, no EVENTO.

CLÁUSULA 257: Os valores previstos neste Acordo, salvo quando disposto expressamente em contrário, serão corrigidos monetariamente pela variação do IPCA (Índice de Preço ao Consumidor Amplo), ou outro índice que vier a substituí-lo, verificada entre a data da assinatura deste Acordo e seu respectivo pagamento.

CLÁUSULA 258: Divergências de interpretação decorrentes desse Acordo serão submetidas ao juízo da 12ª Vara Federal da Seção Judiciária de Minas Gerais.

CLÁUSULA 259: Quando não disposto em contrário, os prazos referidos neste Acordo serão contados na forma prevista na Lei nº 9.784/1999.

CLÁUSULA 260: O presente Acordo permanecerá vigente pelo prazo de 15 (quinze) anos, prorrogável sucessivamente pelo prazo de um ano até a integral execução de todas as obrigações previstas neste Acordo.

E para que produza seus regulares efeitos jurídicos, as PARTES assinam o presente instrumento, em 16 (dezesseis) vias, de igual teor e forma.

Brasília, 02 de março de 2016.

Luís Inácio Lucena Adams
Advogado-Geral da União

Izabella Mônica Vieira Teixeira
Ministra de Estado do Meio Ambiente

Fernando Pimentel
Governador do Estado de Minas Gerais

Onofre Alves Batista Júnior
Advogado-Geral do Estado de Minas Gerais

Paulo César Hartung Gomes
Governador do Estado do Espírito Santo

Rodrigo Rabello Vieira
Procurador-Geral do Estado do Espírito Santo

Roberto Lúcio Nunes de Carvalho
Diretor-Presidente da Samarco Mineracão S.A.

Maury de Souza Junior
Diretor de Projetos e Ecoeficência da Samarco Mineração S.A.

Murilo Pinto de Oliveira Ferreira
Diretor-Presidente Vale S.A.

Clóvis Torres Junior
Diretor de Integridade Corporativa da Vale S.A.

Diano Sebastiano Dalla Valle
Bhp Billiton Brasil Ltda.

Flávio de Medeiros Bocayuva Bulcão
Bhp Billiton Brasil Ltda.

ANEXO B – TERMO DE AJUSTAMENTO DE CONDUTA

O **MINISTÉRIO PÚBLICO FEDERAL** ("MPF"), representado pelos Procuradores da República abaixo assinados, o **MINISTÉRIO PÚBLICO DO ESTADO DE MINAS GERAIS** ("MPMG"), e o **MINISTÉRIO PÚBLICO DO ESPÍRITO SANTO** ("MPES"), representados pelos Promotores de Justiça abaixo assinados, doravante conjuntamente denominados "MINISTÉRIO PÚBLICO"; a **DEFENSORIA PÚBLICA DA UNIÃO** ("DPU"), a **DEFENSORIA PÚBLICA DO ESTADO DE MINAS GERAIS** ("DPMG"), e a **DEFENSORIA PÚBLICA DO ESTADO DO ESPÍRITO SANTO** ("DPES"), representadas pelos Defensores Públicos abaixo assinados, doravante conjuntamente denominadas "DEFENSORIA PÚBLICA"; a **UNIÃO**, pessoa jurídica de direito público; o **INSTITUTO BRASILEIRO DE MEIO AMBIENTE E DOS RECURSOS NATURAIS RENOVÁVEIS – IBAMA**, autarquia pública federal, **INSTITUTO CHICO MENDES DE CONSERVAÇÃO DA BIODIVERSIDADE – ICMBio**, autarquia pública federal; a **AGÊNCIA NACIONAL DE ÁGUAS – ANA**; autarquia pública federal; a **AGÊNCIA NACIONAL DE MINERAÇÃO – ANM**, sucessora do extinto DEPARTAMENTO NACIONAL DE PRODUÇÃO MINERAL – DNPM, autarquia pública federal; a **FUNDAÇÃO NACIONAL DO ÍNDIO – FUNAI**, autarquia pública federal, todos representados pela Advocacia-Geral da União; o **ESTADO DE MINAS GERAIS**, pessoa jurídica de direito público; o **INSTITUTO ESTADUAL DE FLORESTAS – IEF**, autarquia pública estadual; o **INSTITUTO MINEIRO DE GESTÃO DE ÁGUAS – IGAM**, autarquia pública estadual; a **FUNDAÇÃO ESTADUAL DE MEIO AMBIENTE – FEAM**, todos representados pela Advocacia-Geral do Estado de Minas Gerais; o **ESTADO DO ESPÍRITO SANTO**, pessoa jurídica de direito público, o **INSTITUTO ESTADUAL DE MEIO AMBIENTE E RECURSOS HÍDRICOS – IEMA**, autarquia pública estadual; **INSTITUTO DE DEFESA AGROPECUÁRIA E FLORESTAL DO ESPÍRITO SANTO – IDAF**, autarquia pública estadual; e a **AGÊNCIA ESTADUAL DE RECURSOS HÍDRICOS – AGERH**, autarquia pública estadual, representados pela Procuradoria-Geral do Estado do Espírito Santo UNIÃO, ESTADO DE MINAS GERAIS e ESTADO DO ESPÍRITO SANTO conjuntamente denominados "PODER PÚBLICO"; a **SAMARCO MINERAÇÃO S.A.**, pessoa jurídica de direito privado, sociedade anônima fechada, inscrita no CNPJ sob o nº 16.628.281/0001-61, com matriz localizada à rua Paraíba, nº 1122, 9º, 10º, 13º, 19º e 23º andares, Bairro Funcionários, Belo Horizonte, MG, CEP 30.130-918 ("SAMARCO"); a **VALE S.A.**, pessoa jurídica de direito privado, sociedade anônima aberta, inscrita no CNPJ sob o nº 33.592.510/0001-54, com matriz localizada à Praia de Botafogo, nº 186, 9º andar, Torre Oscar Niemeyer, Botafogo, Rio de Janeiro, RJ, CEP 22.350-145, ("VALE"); e a **BHP BILLITON BRASIL LTDA.**, pessoa jurídica de direito privado, sociedade limitada, inscrita no CNPJ sob o nº 42.156.596/0001-63, com matriz localizada à rua Paraíba, nº 1122, 5º andar, Bairro Funcionários, Belo Horizonte, MG, CEP 30.130-918 ("BHP BILLITON BRASIL"), todas em conjunto doravante denominadas

"EMPRESAS", e BHP BILLITON BRASIL e VALE em conjunto doravante denominadas "ACIONISTAS" e, ainda, todas em conjunto com o MINISTÉRIO PÚBLICO, a DEFENSORIA PÚBLICA e o PODER PÚBLICO doravante denominadas "PARTES"; e

a **FUNDAÇÃO RENOVA**, pessoa jurídica de direito privado, sem fins lucrativos, com endereço na Avenida Getúlio Vargas, nº 671, 4º andar, Bairro Funcionários, Belo Horizonte, MG, inscrita no CNPJ sob o nº 25.135.507/0001-83, na qualidade de INTERVENIENTE-ANUENTE ("FUNDAÇÃO");

CONSIDERANDO

1) a Ação Civil Pública movida pelo MPF contra as EMPRESAS, a UNIÃO e o ESTADO DE MINAS GERAIS (processo nº 0023863-07.2016.4.01.3800), em trâmite perante a 12ª Vara Federal Cível/Agrária de Minas Gerais;

2) o Termo de Transação e Ajustamento de Conduta ("TTAC") celebrado nos autos da Ação Civil Pública ajuizada pela UNIÃO, pelo ESTADO DE MINAS GERAIS e pelo ESTADO DO ESPÍRITO SANTO e respectivas entidades da Administração Pública Indireta em face das EMPRESAS (processo nº 0069758-61.2015.4.01.3400), em trâmite perante a 12ª Vara Federal Cível/Agrária de Minas Gerais;

3) o compromisso assumido pelas EMPRESAS no âmbito do TTAC para a reparação integral dos danos causados pelo rompimento da barragem de Fundão ocorrido em 05 de novembro de 2015 ("ROMPIMENTO DA BARRAGEM DE FUNDÃO"), por meio do desenvolvimento e execução de 42 (quarenta e dois) Programas Socioambientais e Socioeconômicos e respectivos projetos e ações (respectivamente, "PROGRAMAS", "PROJETOS" e "AÇÕES");

4) o processo de governança estabelecido pelas partes do TTAC para o acompanhamento, monitoramento, validação e fiscalização dos PROGRAMAS;

5) a criação da FUNDAÇÃO em 02 de agosto de 2016 para a gestão dos PROGRAMAS e execução das medidas necessárias para a reparação integral dos danos diretos resultantes do ROMPIMENTO DA BARRAGEM DE FUNDÃO;

6) a criação do Comitê Interfederativo ("CIF") como instância de interlocução permanente da FUNDAÇÃO, acompanhando, monitorando e fiscalizando os seus resultados, sem prejuízo das competências legais dos entes federativos;

7) a criação das Câmaras Técnicas ("CÂMARAS TÉCNICAS"), por meio da Deliberação CIF nº 07, de 11 de julho de 2016, com a função de assessoramento e consulta ao CIF no desempenho de sua finalidade de orientar, acompanhar, monitorar e fiscalizar a execução das medidas impostas no TTAC;

8) o estágio atual dos trabalhos realizados pela FUNDAÇÃO nos termos do TTAC, sob a orientação e fiscalização do CIF, no desenvolvimento e implementação dos PROGRAMAS;

9) a necessidade de se aprimorar o sistema de governança previsto no TTAC, agregando maior participação, qualidade e complexidade ao processo de tomada de decisão, bem como a necessidade de evitar impactos nos prazos de implementação dos PROGRAMAS;

10) o Termo de Ajustamento Preliminar ("TAP") celebrado em 18 de janeiro de 2017, entre o MPF e as EMPRESAS, e seu respectivo Aditivo, datado de 16 de novembro de 2017 ("ADITIVO AO TAP");

11) a contratação, nos termos do TAP, de entidades técnicas para atuar como *experts* do MINISTÉRIO PÚBLICO para auxiliá-lo: (a) na avaliação e monitoramento dos PROGRAMAS; (b) na realização de diagnóstico socioambiental; (c) na realização de diagnóstico socioeconômico; e (d) na realização de audiências públicas e contratação e coordenação das assessorias técnicas independentes às comunidades atingidas ("*EXPERTS* DO MINISTÉRIO PÚBLICO");

12) a contratação de assessorias técnicas independentes às pessoas, grupos sociais e comunidades atingidos, na forma do ADITIVO AO TAP ("ASSESSORIAS TÉCNICAS");

13) a inclusão da DEFENSORIA PÚBLICA, órgão autônomo e essencial, na continuidade dos trabalhos de assessoria jurídica, judicial e extrajudicial, prestada às comunidades atingidas desde o ROMPIMENTO DA BARRAGEM DE FUNDÃO;
14) a necessidade de incrementar a participação efetiva das pessoas atingidas, na forma que entenderem pertinente, em todas as etapas e fases do presente ACORDO, tanto na fase de planejamento como na efetiva execução e monitoramento dos PROGRAMAS e ações previstos no TTAC e neste ACORDO;
15) a necessidade de fortalecimento da atuação conjunta e articulada das esferas de Governo na proteção dos direitos das pessoas atingidas pelo ROMPIMENTO DA BARRAGEM DE FUNDÃO;
16) a necessidade de fortalecer os mecanismos de transparência na difusão de informações acerca das ações de reparação integral dos danos decorrentes do ROMPIMENTO DA BARRAGEM DE FUNDÃO, bem como facilitar o amplo acesso, de modo adequado, à informação com o estabelecimento de canais de diálogo entre o PODER PÚBLICO, as EMPRESAS, a FUNDAÇÃO, a sociedade e as pessoas atingidas.
17) o entendimento do MINISTÉRIO PÚBLICO manifestado por meio do Parecer nº 279/2018/SPPEA elaborado por peritos do MPF e do MPMG;
18) o acesso à informação clara e transparente que é, segundo o ordenamento nacional, pressuposto para a legitimidade e para o controle democrático das decisões tomadas no contexto do ROMPIMENTO DA BARRAGEM DE FUNDÃO;
19) os conceitos e as orientações propugnados pelo Conselho Nacional dos Direitos Humanos, no que for pertinente;
20) a ata da reunião havida em 25 de maio de 2018, com a participação do MPMG de Fundações, que passa a integrar o presente ACORDO;
21) a necessidade de aprimoramento do sistema de governança participativo, de maneira a respeitar a centralidade das pessoas atingidas como eixo norteador

das atividades a serem adotadas para a reparação integral dos danos.

RESOLVEM celebrar o presente **TERMO DE AJUSTAMENTO DE CONDUTA** ("ACORDO") nos autos dos processos nº 69758-61.2015.4.01.3400 e nº 0023863-07.2016.4.01.3800, em trâmite perante a 12ª Vara Federal Cível/Agrária de Minas Gerais, e submetê-lo à homologação judicial nos termos dos arts. 487 do CPC, arts. 1º, §4º e 4º-A da Lei Federal nº 9.469, de 10 de julho de 1997 e do art. 5º, §6º da Lei Federal nº 7.347 de 24 de julho de 1985:

CAPÍTULO I
OBJETO

CLÁUSULA PRIMEIRA. O presente ACORDO tem como objeto:
I – a alteração do processo de governança previsto no TTAC para definição e execução dos PROGRAMAS, PROJETOS e AÇÕES que se destinam à reparação integral dos danos decorrentes do ROMPIMENTO DA BARRAGEM DE FUNDÃO;
II – o aprimoramento de mecanismos de efetiva participação das pessoas atingidas pelo ROMPIMENTO DA BARRAGEM DE FUNDÃO em todas as etapas e fases do TTAC e do presente ACORDO; e
III – o estabelecimento de um processo de negociação visando à eventual repactuação dos PROGRAMAS.
PARÁGRAFO ÚNICO. A homologação deste ACORDO, na forma do art. 487, III, "b" do Código de Processo Civil, se dará no limite estrito da lide ora ajustada.

CAPÍTULO II
PRINCÍPIOS GERAIS

CLÁUSULA SEGUNDA. O presente ACORDO rege-se pelos seguintes princípios:
I – a efetiva participação das pessoas atingidas na criação, discussão, avaliação e fiscalização dos PROGRAMAS, PROJETOS e AÇÕES;
II – o fortalecimento da atuação conjunta e articulada das esferas de governo na proteção dos direitos das pessoas atingidas

pelo ROMPIMENTO DA BARRAGEM DE FUNDÃO;

III – a transparência na difusão de informações acerca das ações de reparação integral no contexto de reparação dos efeitos do ROMPIMENTO DA BARRAGEM DE FUNDÃO;

IV – a restauração das condições de vida das pessoas atingidas pelo ROMPIMENTO DA BARRAGEM DE FUNDÃO;

V – a realização de pesquisas e diagnósticos, considerando as diversidades regionais, para fins de cumprimento das obrigações estabelecidas no TTAC e neste ACORDO;

VI – a preferência pela contratação e utilização de mão de obra local e o estímulo à contratação de rede de fornecedores locais nas ações tomadas em razão do ROMPIMENTO DA BARRAGEM DE FUNDÃO, sempre respeitadas as condições de mercado;

VII – o acesso amplo e adequado à informação;

VIII – o estabelecimento de canais de diálogo e de interlocução entre as pessoas atingidas, o PODER PÚBLICO, as EMPRESAS, a FUNDAÇÃO e a sociedade;

IX – a execução de medidas de reparação integral que sejam adequadas à diversidade dos danos decorrentes do ROMPIMENTO DA BARRAGEM DE FUNDÃO;

X – o reconhecimento, na implementação dos PROGRAMAS, PROJETOS e AÇÕES de reparação integral, da especificidade das situações de mulheres, crianças, adolescentes, idosos, pessoas com deficiência e doentes crônicos, entre outros;

XI – o reconhecimento das especificidades e singularidades de cada povo indígena, quilombola e tradicional, quando da reparação integral dos danos;

XII – a transparência no processo de pesquisa e definição dos parâmetros de indenização das pessoas atingidas, assegurada a sua participação nos termos do TTAC e deste ACORDO;

XIII – a proteção dos direitos dos povos indígenas, comunidades tradicionais e quilombolas, sobretudo no que tange à implementação e observância de consulta prévia, livre e informada, nos termos da Convenção nº 169 da Organização Internacional do Trabalho – OIT;

XIV – o reconhecimento dos princípios previstos no TAP, no ADITIVO AO TAP e na cláusula 7 do TTAC, respeitadas as alterações do presente ACORDO.

CAPÍTULO III
GOVERNANÇA E PARTICIPAÇÃO

CLÁUSULA TERCEIRA. As PARTES acordam em modificar os termos do TTAC conforme as cláusulas previstas neste ACORDO, com o objetivo de incrementar efetividade, rapidez, eficiência e participação social no processo de reparação integral dos danos decorrentes do ROMPIMENTO DA BARRAGEM DE FUNDÃO, implementando-se mudanças na gestão e governança do TTAC, com vistas a aprimorar os mecanismos que possibilitem a efetiva participação das pessoas atingidas.

CLÁUSULA QUARTA. É assegurado às pessoas atingidas o direito à participação na governança do processo de reparação integral dos danos decorrentes do ROMPIMENTO DA BARRAGEM DE FUNDÃO, nas diversas instâncias decisórias e consultivas a ele relacionadas, nos termos previstos no TTAC e no presente ACORDO.

PARÁGRAFO PRIMEIRO. Nos termos previstos neste ACORDO, as formas e os mecanismos de participação das pessoas atingidas na governança do processo de reparação integral deverão ser, com elas, debatidos e decididos por elas após a efetiva implementação das comissões locais de pessoas atingidas e das ASSESSORIAS TÉCNICAS.

PARÁGRAFO SEGUNDO. Fica assegurada às pessoas atingidas a possibilidade de contar com o apoio das ASSESSORIAS TÉCNICAS para o acompanhamento e/ou comparecimento nas instâncias ou momentos de deliberação e debate que entenderem pertinentes, nos termos deste ACORDO.

CLÁUSULA QUINTA. Nos termos do TTAC e deste ACORDO, os PROGRAMAS, PROJETOS e AÇÕES serão discutidos entre a FUNDAÇÃO e as pessoas atingidas, assistidas pelas ASSESSORIAS TÉCNICAS, visando à reparação integral dos danos decorrentes do ROMPIMENTO DA BARRAGEM DE FUNDÃO, sendo observadas a legislação aplicável e a garantia do direito adquirido aos destinatários dos PROGRAMAS, PROJETOS e AÇÕES.

PARÁGRAFO ÚNICO. As alterações decorrentes dos procedimentos previstos neste ACORDO não poderão reduzir o nível de reparação assegurado pelos PROGRAMAS anteriormente acordados.

CLÁUSULA SEXTA. Será assegurado ao MINISTÉRIO PÚBLICO, à DEFENSORIA PÚBLICA e ao PODER PÚBLICO acesso irrestrito e adequado, na forma da lei, aos dados direta ou indiretamente produzidos pela FUNDAÇÃO, mediante acesso preferencialmente eletrônico, inclusive dados cadastrais de pessoas atingidas no âmbito de todos os PROGRAMAS.

PARÁGRAFO ÚNICO. O sigilo de informações sensíveis deverá ser assegurado pelo órgão ou membro receptor nos termos da lei, independentemente de qualquer termo de confidencialidade.

CLÁUSULA SÉTIMA. A forma de participação dos povos indígenas e demais povos e comunidades tradicionais respeitará as disposições da Convenção nº 169 da OIT, incluindo a consulta prévia, livre e informada.

CAPÍTULO IV
COMISSÕES LOCAIS DE PESSOAS ATINGIDAS

CLÁUSULA OITAVA. As PARTES acordam o reconhecimento das comissões locais formadas voluntariamente por pessoas atingidas ("COMISSÕES LOCAIS"), residentes nos municípios atingidos pelo ROMPIMENTO DA BARRAGEM DE FUNDÃO e/ou, excepcionalmente, que tenham sofrido danos em atividades realizadas na área de abrangência das respectivas COMISSÕES LOCAIS, como

interlocutoras legítimas no âmbito das questões atinentes à participação e governança do processo de reparação integral dos danos decorrentes do ROMPIMENTO DA BARRAGEM DE FUNDÃO, nos termos e limites previstos neste ACORDO.

PARÁGRAFO PRIMEIRO. As comissões de pessoas atingidas pelo ROMPIMENTO DA BARRAGEM DE FUNDÃO que já se encontravam em funcionamento até a data da assinatura do presente ACORDO serão reconhecidas como COMISSÕES LOCAIS no âmbito da governança prevista neste ACORDO, bem como aquelas comissões que vierem a ser implementadas posteriormente nos termos deste ACORDO.

PARÁGRAFO SEGUNDO. A composição e o funcionamento das COMISSÕES LOCAIS serão estabelecidos pelas pessoas atingidas, sendo respeitada a sua auto-organização, com o apoio das respectivas ASSESSORIAS TÉCNICAS.

PARÁGRAFO TERCEIRO. As COMISSÕES LOCAIS serão constituídas em âmbito local por pessoas atingidas e residentes nos municípios atingidos pelo ROMPIMENTO DA BARRAGEM DE FUNDÃO e/ou, excepcionalmente, que tenham sofrido danos em atividades realizadas na área de abrangência das respectivas COMISSÕES, com apoio do *EXPERT* DO MINISTÉRIO PÚBLICO responsável pela contratação das ASSESSORIAS TÉCNICAS e das próprias ASSESSORIAS TÉCNICAS.

PARÁGRAFO QUARTO. As partes do ADITIVO AO TAP (MINISTÉRIO PÚBLICO e EMPRESAS) adotarão as providências cabíveis previstas no TAP e no ADITIVO AO TAP para que o *EXPERT* DO MINISTÉRIO PÚBLICO responsável pelo eixo socioeconômico atue no sentido de alcançar a constituição e instalação das COMISSÕES LOCAIS nos primeiros 06 (seis) meses contados da homologação judicial deste ACORDO.

PARÁGRAFO QUINTO. Os *EXPERTS* DO MINISTÉRIO PÚBLICO, em articulação com as pessoas atingidas e as ASSESSORIAS TÉCNICAS, deverão indicar à FUNDAÇÃO cursos e treinamentos, que serão por ela custeados, para garantir às pessoas atingidas a possibilidade de participar de processo de formação voltada à elaboração e gestão participativa de políticas públicas, ao monitoramento e controle social que garantam a recuperação e gestão sustentável da bacia do Rio Doce, considerando orçamento semestral do GERENCIADOR ATINGIDOS, sendo certo que os respectivos valores não poderão ser abatidos do montante destinado pela FUNDAÇÃO aos PROGRAMAS.

PARÁGRAFO SEXTO. As atividades desenvolvidas pelas COMISSÕES LOCAIS serão voluntárias e não remuneradas.

CLÁUSULA NONA. Serão constituídas inicialmente 19 (dezenove) COMISSÕES LOCAIS, ressalvada a representação territorial correspondente às terras indígenas atingidas nos termos da CLÁUSULA DÉCIMA SÉTIMA.

PARÁGRAFO ÚNICO. Em até 12 (doze) meses contados da homologação judicial deste ACORDO, poderá haver a criação de novas COMISSÕES LOCAIS, observado o limite do número de municípios atingidos, quando as pessoas e comunidades atingidas assim entenderem necessário, com apoio do *EXPERT* DO MINISTÉRIO PÚBLICO responsável pela contratação das ASSESSORIAS TÉCNICAS.

CLÁUSULA DÉCIMA. As COMISSÕES LOCAIS terão suporte das ASSESSORIAS TÉCNICAS, bem como apoio do PODER PÚBLICO, dentro de suas atribuições legais, para, notadamente no âmbito dos PROGRAMAS:

a) ter amplo acesso, mediante divulgação preferencialmente em meio eletrônico disponível à consulta: (i) às informações sobre os PROGRAMAS que forem entregues pela FUNDAÇÃO ao CIF; (ii) a todo documento e material compartilhado entre FUNDAÇÃO e as CÂMARAS TÉCNICAS; e (iii) aos documentos, propostas e medidas referentes às matérias pendentes de deliberação pelo CIF que digam respeito à sua respectiva área de abrangência;

b) formular propostas, mediante notas técnicas, bem como críticas e sugestões sobre a atuação do CIF, das CÂMARAS TÉCNICAS e da FUNDAÇÃO, com o apoio das ASSESSORIAS TÉCNICAS, se for o caso;

c) formular propostas, mediante notas técnicas, com o apoio das ASSESSORIAS TÉCNICAS, bem como críticas e sugestões, vinculadas ao seu território de abrangência, relativamente às ações dos PROGRAMAS;

d) articular-se com as demais comissões que integrem o âmbito territorial de abrangência da respectiva CÂMARA REGIONAL, de modo a definir sua forma de participação e pauta das reuniões, com o fim de atingir a maior efetividade possível; e

e) exercer outras atribuições, respeitado o objeto e os limites deste ACORDO.

CLÁUSULA DÉCIMA PRIMEIRA. A COMISSÃO LOCAL e a FUNDAÇÃO poderão, de comum acordo e com o apoio da ASSESSORIA TÉCNICA respectiva, respeitados os termos do TTAC e a legislação vigente, adequar a forma de execução das ações relativas aos PROGRAMAS às particularidades existentes no âmbito de seu território ("ADEQUAÇÃO ACORDADA").

PARÁGRAFO PRIMEIRO. A ADEQUAÇÃO ACORDADA não poderá modificar o escopo dos PROGRAMAS ou contrariar as deliberações do CIF.

PARÁGRAFO SEGUNDO. A ADEQUAÇÃO ACORDADA será implementada conforme cronograma acordado entre a FUNDAÇÃO e a COMISSÃO LOCAL, que deverão conjuntamente comunicar os ajustes ao CIF, ao MINISTÉRIO PÚBLICO e à DEFENSORIA PÚBLICA.

PARÁGRAFO TERCEIRO. Caso o CIF decida supervenientemente que a ADEQUAÇÃO ACORDADA encontra-se em desconformidade com o escopo dos PROGRAMAS, poderá (i) determinar sua suspensão ou readequação, conforme entender pertinente, de acordo com os termos do TTAC ou do presente ACORDO, e/ou (ii) aplicar as penalidades previstas nas cláusulas 247 a 252 do TTAC em caso de comprovada má-fé por parte da FUNDAÇÃO.

CLÁUSULA DÉCIMA SEGUNDA. Caso uma COMISSÃO LOCAL formule propostas que (i) importem alteração no escopo dos PROGRAMAS e (ii) encontrem-se dentro dos limites do TTAC, a proposta deverá ser submetida à CÂMARA REGIONAL para avaliação e discussão, e, em caso de acordo, deverá ser posteriormente encaminhada ao CIF para deliberação conforme esse entender pertinente nos limites do TTAC e, se for o caso, para fins da revisão periódica prevista na cláusula 203 do TTAC.

CLÁUSULA DÉCIMA TERCEIRA. Caso uma COMISSÃO LOCAL formule propostas que extrapolem os limites dos PROGRAMAS, tais propostas deverão ser encaminhadas às PARTES para discussão no âmbito do processo de repactuação previsto na CLÁUSULA NONAGÉSIMA QUARTA e seguintes ("PROCESSO DE REPACTUAÇÃO") e/ou ao CIF para revisão periódica prevista na cláusula 203 do TTAC.

CLÁUSULA DÉCIMA QUARTA. Se as ADEQUAÇÕES ACORDADAS importarem valores adicionais àqueles previstos orçamentariamente aos PROGRAMAS, tais valores não poderão ser descontados das dotações dos PROGRAMAS, devendo a FUNDAÇÃO, em seu orçamento anual a ser elaborado nos termos do TTAC e do presente ACORDO, prever uma reserva de contingência para essa finalidade.

PARÁGRAFO ÚNICO. Valores da reserva de contingência eventualmente não utilizados comporão o orçamento da FUNDAÇÃO do exercício seguinte para a mesma finalidade.

CLÁUSULA DÉCIMA QUINTA. São deveres das COMISSÕES LOCAIS: a) compartilhar todas as informações a que tiverem acesso com a população respectiva sobre as iniciativas e execução dos PROGRAMAS; b) informar o MINISTÉRIO PÚBLICO, a DEFENSORIA PÚBLICA, o FÓRUM DE OBSERVADORES, as CÂMARAS TÉCNICAS e o CIF sobre a realidade e problemas detectados; c) defender os interesses das pessoas atingidas perante atores locais, representantes do PODER PÚBLICO, FUNDAÇÃO e EMPRESAS; d) reunir-se periodicamente para deliberar sobre assuntos de seu interesse; e) encaminhar semestralmente ao MINISTÉRIO PÚBLICO, à DEFENSORIA PÚBLICA, às CÂMARAS REGIONAIS e à FUNDAÇÃO, por meio das ASSESSORIAS TÉCNICAS, relatório das atividades realizadas pelas COMISSÕES LOCAIS.

PARÁGRAFO ÚNICO. Todas as reuniões das COMISSÕES LOCAIS serão abertas à participação de qualquer pessoa atingida e divulgadas antecipadamente às respectivas comunidades em tempo hábil para sua participação.

CLÁUSULA DÉCIMA SEXTA. O detalhamento das atividades previstas neste capítulo constará dos Regimentos Internos das COMISSÕES LOCAIS, conforme deliberação de seus integrantes, com apoio das ASSESSORIAS TÉCNICAS.

CLÁUSULA DÉCIMA SÉTIMA. As comunidades indígenas, quilombolas e tradicionais terão direito à formação de suas próprias COMISSÕES LOCAIS, respeitadas suas formas próprias de auto-organização.

PARÁGRAFO PRIMEIRO. As COMISSÕES LOCAIS das etnias indígenas terão sua constituição e funcionamento apoiados pela FUNDAÇÃO NACIONAL DO ÍNDIO ("FUNAI"), por ASSESSORIA TÉCNICA específica nos termos do ADITIVO AO TAP, pelo MPF e pela DPU.

PARÁGRAFO SEGUNDO. A representação das comunidades indígenas atingidas será feita com apoio da FUNAI, sendo que (i) a contratação das ASSESSORIAS TÉCNICAS especializadas às comunidades indígenas atingidas deverá seguir termo de referência emitido pela FUNAI, considerada a realização de consultas prévias, livres e informadas, a cada uma das comunidades indígenas; e (ii) o corpo técnico das referidas assessorias deverá ser previamente submetido e aprovado pela FUNAI.

CLÁUSULA DÉCIMA OITAVA. As COMISSÕES LOCAIS devem buscar em sua composição garantir a representatividade de todos os grupos atingidos presentes no território, assegurando ainda, sempre que possível, a paridade de gênero, inclusive nas eventuais participações no sistema de governança, respeitados os princípios de auto-organização identitária.

CAPÍTULO V
FÓRUM DE OBSERVADORES

CLÁUSULA DÉCIMA NONA. As PARTES acordam em criar um fórum de observadores, de natureza consultiva, como uma das instâncias de participação e controle social, cujo objetivo será acompanhar os trabalhos e analisar os resultados dos diagnósticos e das avaliações realizados pelos *EXPERTS DO MINISTÉRIO PÚBLICO* e acompanhar os trabalhos da FUNDAÇÃO, podendo apresentar críticas e sugestões ("FÓRUM DE OBSERVADORES").

CLÁUSULA VIGÉSIMA. O FÓRUM DE OBSERVADORES será composto por representantes da sociedade civil, de grupos acadêmicos, das pessoas atingidas e dos povos e comunidades tradicionais atingidos.

CLÁUSULA VIGÉSIMA PRIMEIRA. Os integrantes e as entidades que vierem a compor o FÓRUM DE OBSERVADORES não poderão atuar como assistentes técnicos ou entidades técnicas ou serem por eles subcontratados enquanto estiverem vinculados ao mencionado fórum. Da mesma forma, entidades ou seus representantes que estiverem atuando como assistentes ou entidade técnica ou seus subcontratados não poderão integrar o FÓRUM DE OBSERVADORES.

PARÁGRAFO ÚNICO. No caso das pessoas físicas integrantes do FÓRUM DE OBSERVADORES, diretamente ou por meio de entidades contratadas para esse fim, a restrição de atuação prevista no *caput* será estendida pelo prazo de 24 (vinte e quatro) meses subsequentes ao seu respectivo desligamento.

CLÁUSULA VIGÉSIMA SEGUNDA. Os representantes da sociedade civil, em número de 12 (doze), serão indicados pelo MINISTÉRIO PÚBLICO, dentre entidades, movimentos sociais e grupos acadêmicos de reconhecidas independência, credibilidade, representatividade e confiança junto às pessoas atingidas.

PARÁGRAFO ÚNICO. A DEFENSORIA PÚBLICA poderá sugerir ao MINISTÉRIO PÚBLICO representantes da sociedade civil para compor o FÓRUM DE OBSERVADORES.

CLÁUSULA VIGÉSIMA TERCEIRA. Fica assegurada a participação das pessoas atingidas no FÓRUM DE OBSERVADORES, garantindo-se, no mínimo, o previsto nos itens 4.2.3 e 4.2.4 do ADITIVO AO TAP, bem como a possibilidade de as pessoas atingidas apresentarem outra forma de participação no FÓRUM DE OBSERVADORES após a efetiva implementação das COMISSÕES LOCAIS e das ASSESSORIAS TÉCNICAS.

CLÁUSULA VIGÉSIMA QUARTA. As PARTES não integrarão o FÓRUM DE OBSERVADORES, sendo assegurada a elas, bem como à FUNDAÇÃO, a presença, como ouvintes, durante as suas reuniões.

CLÁUSULA VIGÉSIMA QUINTA. O formato das reuniões será definido pelo regimento interno do FÓRUM DE OBSERVADORES, a ser elaborado pelos seus membros em suas primeiras reuniões, respeitado o objetivo de sua criação, estabelecido neste ACORDO. O FÓRUM DE OBSERVADORES terá reuniões ordinárias trimestrais, podendo, mediante convocação do MINISTÉRIO PÚBLICO, reunir-se extraordinariamente.

CLÁUSULA VIGÉSIMA SEXTA. Todas as atividades desenvolvidas pelo FÓRUM DE OBSERVADORES serão voluntárias e consideradas prestação de serviço público relevante, não sendo permitida qualquer forma de remuneração de seus membros

CLÁUSULA VIGÉSIMA SÉTIMA. O FÓRUM DE OBSERVADORES receberá todos os relatórios e resultados enviados ao MINISTÉRIO PÚBLICO pelos *EXPERTS DO MINISTÉRIO PÚBLICO* para fins de análise e discussão, podendo levar suas conclusões não vinculantes à análise das PARTES.

CLÁUSULA VIGÉSIMA OITAVA. Todas as atividades mencionadas neste capítulo deverão ser realizadas em consonância com as leis anticorrupção aplicáveis.

CAPÍTULO VI
CÂMARAS REGIONAIS

CLÁUSULA VIGÉSIMA NONA. As PARTES concordam com a criação de até 06 (seis) câmaras regionais para participação das pessoas atingidas no processo de reparação integral dos danos decorrentes do ROMPIMENTO DA BARRAGEM DE FUNDÃO ("CÂMARAS REGIONAIS").
PARÁGRAFO PRIMEIRO. As CÂMARAS REGIONAIS, compostas por pessoas atingidas, conforme dispuserem as respectivas COMISSÕES LOCAIS no âmbito de sua abrangência, constituirão fóruns de discussão, de organização participativa das pessoas atingidas e de interlocução e composição com a FUNDAÇÃO.
PARÁGRAFO SEGUNDO. As atividades desenvolvidas pelas CÂMARAS REGIONAIS serão voluntárias e não remuneradas.
CLÁUSULA TRIGÉSIMA. As CÂMARAS REGIONAIS poderão, de comum acordo com a FUNDAÇÃO, respeitados os termos do TTAC, do presente ACORDO e a legislação vigente, propor alterações e modificações dos PROGRAMAS e PROJETOS destinados à reparação integral dos danos decorrentes do ROMPIMENTO DA BARRAGEM DE FUNDÃO, no âmbito regional de abrangência de cada câmara ("PROPOSTA ACORDADA").
PARÁGRAFO ÚNICO. As PROPOSTAS ACORDADAS serão instruídas com as respectivas notas técnicas e encaminhadas à avaliação do CIF.
CLÁUSULA TRIGÉSIMA PRIMEIRA. As CÂMARAS REGIONAIS poderão formular propostas de revisão de PROGRAMAS e PROJETOS previstos no TTAC e no presente ACORDO, que deverão ser encaminhadas ao CIF com vistas à revisão periódica prevista na cláusula 203 do TTAC.

CLÁUSULA TRIGÉSIMA SEGUNDA. As CÂMARAS REGIONAIS poderão formular propostas de criação de PROGRAMAS e PROJETOS que extrapolem os limites do TTAC e do presente ACORDO, que deverão ser encaminhadas às PARTES para discussão no âmbito do PROCESSO DE REPACTUAÇÃO previsto na CLÁUSULA NONAGÉSIMA QUARTA.
CLÁUSULA TRIGÉSIMA TERCEIRA. Será assegurada ao MINISTÉRIO PÚBLICO, à DEFENSORIA PÚBLICA, ao CIF e às CÂMARAS TÉCNICAS participação nas reuniões das CÂMARAS REGIONAIS com direito a voz e sem direito a voto.
PARÁGRAFO ÚNICO. As CÂMARAS REGIONAIS deverão comunicar com a devida antecedência à FUNDAÇÃO e aos órgãos constantes do *caput* a data e, quando for o caso, a pauta de suas reuniões, sendo obrigatória a presença de representantes da FUNDAÇÃO, salvo em casos excepcionais e devidamente justificados.
CLÁUSULA TRIGÉSIMA QUARTA. A forma de participação das pessoas atingidas nas CÂMARAS REGIONAIS será definida pelas próprias pessoas atingidas, com apoio do *EXPERT* DO MINISTÉRIO PÚBLICO responsável pela contratação das ASSESSORIAS TÉCNICAS e das próprias ASSESSORIAS TÉCNICAS.
PARÁGRAFO PRIMEIRO. As reuniões das CÂMARAS REGIONAIS serão amplamente divulgadas, abertas à presença do público e ocorrerão nos municípios atingidos integrantes do território abrangido pela respectiva CÂMARA REGIONAL, de forma itinerante, buscando-se debater as pautas específicas o mais próximo possível das comunidades atingidas interessadas na questão.
PARÁGRAFO SEGUNDO. A FUNDAÇÃO deverá organizar-se internamente com o intuito de cumprir suas obrigações previstas neste Capítulo, notadamente para participação, discussão e deliberação das matérias pertinentes.
PARÁGRAFO TERCEIRO. As alterações relativas aos PROGRAMAS voltados para as comunidades indígenas e tradicionais

dependerão das consultas prévias conforme previsto no ADITIVO AO TAP. **PARÁGRAFO QUARTO.** As pessoas atingidas contarão com apoio das ASSESSORIAS TÉCNICAS das COMISSÕES LOCAIS para o exercício das atribuições constantes neste capítulo. **CLÁUSULA TRIGÉSIMA QUINTA.** Fica assegurada a possibilidade de as CÂMARAS REGIONAIS instituírem um fórum de articulação e discussão das questões do seu âmbito de atribuição, podendo contar com o apoio dos *EXPERTS* DO MINISTÉRIO PÚBLICO e das ASSESSORIAS TÉCNICAS ("ARTICULAÇÃO DAS CÂMARAS REGIONAIS").

CAPÍTULO VII
COMITÊ INTERFEDERATIVO

CLÁUSULA TRIGÉSIMA SEXTA. O Comitê Interfederativo ("CIF") passa a ter a seguinte composição, todos com direito a voz e voto:

I – 02 (dois) representantes do Ministério do Meio Ambiente;

II – 02 (dois) outros representantes do Governo Federal;

III – 02 (dois) representantes do ESTADO DE MINAS GERAIS;

IV – 02 (dois) representantes do ESTADO DO ESPÍRITO SANTO;

V – 02 (dois) representantes dos municípios atingidos pelo ROMPIMENTO DA BARRAGEM DE FUNDÃO do ESTADO DE MINAS GERAIS;

VI – 01 (um) representante dos municípios atingidos pelo ROMPIMENTO DA BARRAGEM DE FUNDÃO do ESTADO DO ESPÍRITO SANTO;

VII – 03 (três) pessoas atingidas ou técnicos por elas indicados, garantida a representação de pessoas dos Estados de Minas Gerais e do Espírito Santo;

VIII – 01 (um) técnico indicado pela DEFENSORIA PÚBLICA;

IX – 01 (um) representante do CBH-Doce.

PARÁGRAFO PRIMEIRO. Será assegurada adicionalmente a presença, com direito a voz e sem direito a voto, de 02 (dois) integrantes do MINISTÉRIO

PÚBLICO e 01 (um) da DEFENSORIA PÚBLICA.

PARÁGRAFO SEGUNDO. A forma de participação e a representação das pessoas atingidas serão por elas definidas por meio da ARTICULAÇÃO DAS CÂMARAS REGIONAIS, observadas as regras de funcionamento do CIF.

PARÁGRAFO TERCEIRO. Os membros indicados ao CIF pela ARTICULAÇÃO DAS CÂMARAS REGIONAIS não poderão ser dirigentes de partido político ou titular de mandato eletivo de qualquer ente da Federação, ainda que licenciado desses cargos ou funções, aplicando-se tal vedação também aos parentes consanguíneos ou afins até o terceiro grau das pessoas indicadas.

PARÁGRAFO QUARTO. A eventual indicação de técnicos prevista nos incisos VII e VIII observará os requisitos previstos na cláusula 1.1.9 e 1.1.9.1 do ADITIVO AO TAP.

PARÁGRAFO QUINTO. É vedada a designação para que componha o CIF de pessoa que nos últimos 05 (cinco) anos tenha prestado serviços, direta ou indiretamente, para as EMPRESAS, cabendo ao CIF prever, em seu regimento interno, formas de impugnação de nomes que violem o disposto neste PARÁGRAFO.

PARÁGRAFO SEXTO. É vedada às EMPRESAS e à FUNDAÇÃO a contratação remunerada de membros do CIF pelo prazo de 02 (dois) anos após o término de seu mandato.

PARÁGRAFO SÉTIMO. Até que sejam constituídas todas as COMISSÕES LOCAIS com as respectivas ASSESSORIAS TÉCNICAS, as indicações de que trata o inciso VII serão decididas pelas comissões de atingidos já constituídas e em funcionamento.

CLÁUSULA TRIGÉSIMA SÉTIMA. Os membros do CIF não serão remunerados, mas a atividade é considerada prestação de serviço público relevante.

PARÁGRAFO PRIMEIRO. Os membros do CIF, ressalvados os representantes das pessoas atingidas, devem ter formação técnica ou comprovada experiência na área ambiental e/ou socioeconômica.

PARÁGRAFO SEGUNDO. Os membros do CIF, ressalvados os representantes das pessoas atingidas, exercerão sua representação por no máximo 02 (dois) anos, sendo permitida 01 (uma) recondução.

PARÁGRAFO TERCEIRO. As representações devem ser renovadas de forma que permaneça ao menos 50% (cinquenta por cento) da composição em vigor, a fim de dar continuidade aos trabalhos já desenvolvidos, na forma do regimento a ser aprovado pelo CIF.

PARÁGRAFO QUARTO. Para fins das indicações previstas nos incisos V e VI, haverá rodízio entre os Municípios atingidos pelo ROMPIMENTO DA BARRAGEM DE FUNDÃO, conforme regimento a ser definido pelo CIF.

PARÁGRAFO QUINTO. O presidente do CIF e seu substituto serão escolhidos pelo Ministério do Meio Ambiente – MMA dentre os representantes da UNIÃO no CIF.

PARÁGRAFO SEXTO. O CIF definirá em seu regimento regras sobre conflitos de interesses de seus membros.

CLÁUSULA TRIGÉSIMA OITAVA. O CIF manterá as atribuições previstas na cláusula 245 do TTAC, especialmente para orientar, acompanhar, monitorar e fiscalizar a execução das medidas impostas à FUNDAÇÃO pelo TTAC e pelo presente ACORDO, promovendo a interlocução permanente entre a FUNDAÇÃO, os órgãos e as entidades públicas envolvidas e os atingidos.

PARÁGRAFO PRIMEIRO. Ratificam-se as cláusulas 242 a 244 do TTAC, respeitadas as alterações do presente ACORDO.

PARÁGRAFO SEGUNDO. Caberá ao Regimento do CIF disciplinar, no que for pertinente, as alterações previstas nesta cláusula.

CLÁUSULA TRIGÉSIMA NONA. As reuniões do CIF serão precedidas pela publicação de pauta, contendo discriminação de matérias e documentos que serão apreciados.

PARÁGRAFO PRIMEIRO. A pauta será publicada com antecedência mínima de 20 (vinte) dias da data da reunião.

PARÁGRAFO SEGUNDO. Publicada a pauta, os interessados terão prazo de 10 (dez) dias para manifestação sobre as matérias e os documentos que serão apreciados.

PARÁGRAFO TERCEIRO. Se o CIF entender que os argumentos e/ou documentos apresentados demandem um reexame pelas CÂMARAS TÉCNICAS, baixará a questão em diligência.

CLÁUSULA QUADRAGÉSIMA. O CIF funcionará como última instância decisória na esfera administrativa.

PARÁGRAFO ÚNICO. Respeitados os prazos previstos na CLÁUSULA TRIGÉSIMA NONA, o Regimento do CIF definirá prazo para deliberação sobre as notas técnicas enviadas pelas CÂMARAS TÉCNICAS, sendo assegurada prioridade às questões urgentes.

CAPÍTULO VIII
CÂMARAS TÉCNICAS

CLÁUSULA QUADRAGÉSIMA PRIMEIRA. O CIF instituirá CÂMARAS TÉCNICAS e disporá sobre sua competência, coordenação, programas afetos e a forma de funcionamento.

PARÁGRAFO PRIMEIRO. As CÂMARAS TÉCNICAS são órgãos técnico-consultivos instituídos para auxiliar o CIF no desempenho da sua finalidade de orientar, acompanhar, monitorar e fiscalizar a execução, com base em critérios técnicos socioeconômicos, socioambientais e orçamentários, de PROGRAMAS, PROJETOS e AÇÕES impostas pelo TTAC e pelo presente ACORDO, sem prejuízo das atribuições legais dos órgãos que as compuserem.

PARÁGRAFO SEGUNDO. As CÂMARAS TÉCNICAS serão instâncias prioritárias para a discussão técnica e busca de soluções às divergências relacionadas aos PROGRAMAS, PROJETOS e AÇÕES de reparação integral dos danos decorrentes do ROMPIMENTO DA BARRAGEM DE FUNDÃO, sem prejuízo do disposto nos parágrafos da CLÁUSULA DÉCIMA PRIMEIRA.

PARÁGRAFO TERCEIRO. A pauta das matérias a serem discutidas em cada uma das reuniões das CÂMARAS TÉCNICAS será encaminhada aos seus participantes com antecedência mínima de 05 (cinco) dias.

PARÁGRAFO QUARTO. As reuniões das CÂMARAS TÉCNICAS serão secretariadas, com a elaboração de ata indicando os participantes da reunião, o objeto das discussões e os encaminhamentos acordados pelos participantes.

PARÁGRAFO QUINTO. As atas de reunião, as manifestações e as notas técnicas das CÂMARAS TÉCNICAS deverão ser encaminhadas aos seus participantes no prazo máximo de 07 (sete) dias após expedidas pela respectiva CÂMARA TÉCNICA e serão disponibilizadas no site do CIF.

PARÁGRAFO SEXTO. Todos os representantes serão informados das datas das reuniões das CÂMARAS TÉCNICAS em tempo hábil à efetiva participação e terão livre e tempestivo acesso aos documentos, propostas e informações disponibilizados pela FUNDAÇÃO às CÂMARAS TÉCNICAS ou por elas produzidas, sem prejuízo de, também, valerem-se de especialistas convidados e de estudos técnicos provenientes de outras fontes.

PARÁGRAFO SÉTIMO. As manifestações dos membros das CÂMARAS TÉCNICAS deverão ser devidamente motivadas.

PARÁGRAFO OITAVO. Os representantes indicados para as CÂMARAS TÉCNICAS socioambientais deverão ter formação técnica adequada, salvo as pessoas atingidas, que poderão estar acompanhadas das ASSESSORIAS TÉCNICAS.

PARÁGRAFO NONO. A FUNDAÇÃO participará, com direito a voz, das reuniões das CÂMARAS TÉCNICAS, sem, contudo, participar da elaboração dos documentos técnicos ou das minutas de deliberação que serão encaminhadas ao CIF.

PARÁGRAFO DÉCIMO. Em casos devidamente justificados, as reuniões das CÂMARAS TÉCNICAS poderão ocorrer sem a presença do integrante indicado pela FUNDAÇÃO.

PARÁGRAFO DÉCIMO PRIMEIRO. As reuniões das CÂMARAS TÉCNICAS serão públicas, respeitado o disposto neste capítulo.

PARÁGRAFO DÉCIMO SEGUNDO. Caberá ao CIF dispor sobre o Regimento Único das CÂMARAS TÉCNICAS para a implementação e alteração do objeto deste ACORDO, respeitadas as regras deste capítulo.

CLÁUSULA QUADRAGÉSIMA SEGUNDA. A participação dos membros nas CÂMARAS TÉCNICAS não será remunerada, sendo certo que esta regra não impactará a remuneração dos *EXPERTS DO MINISTÉRIO PÚBLICO* e das ASSESSORIAS TÉCNICAS previstos no TAP e no ADITIVO AO TAP quando da participação desses nas reuniões das CÂMARAS TÉCNICAS.

CLÁUSULA QUADRAGÉSIMA TERCEIRA. A DEFENSORIA PÚBLICA e o MINISTÉRIO PÚBLICO indicarão, cada um, 01 (um) membro titular e 01 (um) membro suplente para atuação em cada uma das CÂMARAS TÉCNICAS.

CLÁUSULA QUADRAGÉSIMA QUARTA. Fica assegurada às pessoas atingidas a indicação, na forma que decidirem adotar e mediante comunicação prévia, de 02 (dois) membros titulares e 02 (dois) membros suplentes, que poderão contar com apoio das ASSESSORIAS TÉCNICAS, se assim o desejarem, para atuação em cada uma das CÂMARAS TÉCNICAS.

PARÁGRAFO PRIMEIRO. Fica garantida a participação das pessoas atingidas nas reuniões das CÂMARAS TÉCNICAS, com apoio das ASSESSORIAS TÉCNICAS, se assim o desejarem, mediante comunicação prévia, observadas as regras de funcionamento das CÂMARAS TÉCNICAS e do CIF.

PARÁGRAFO SEGUNDO. Os membros das CÂMARAS TÉCNICAS buscarão sempre a promoção dos princípios da eficiência, da efetividade e da razoabilidade.

CLÁUSULA QUADRAGÉSIMA QUINTA. Na hipótese de divergência entre as análises da DEFENSORIA PÚBLICA, do MINISTÉRIO PÚBLICO, dos representantes das pessoas atingidas e dos demais membros das CÂMARAS TÉCNICAS, a divergência em questão deverá constar das notas técnicas a serem expedidas pelas CÂMARAS TÉCNICAS ao CIF, ao qual cabe fazer as escolhas técnicas, metodológicas e administrativas, segundo as normas legais e os termos do TTAC, deste ACORDO, do TAP e do ADITIVO AO TAP.

CAPÍTULO IX
ESTRUTURA INTERNA DA FUNDAÇÃO RENOVA

CLÁUSULA QUADRAGÉSIMA SEXTA. O Conselho de Curadores da FUNDAÇÃO passará a ser composto por 09 (nove) membros, sendo integrado por:
I – 02 (dois) membros indicados pela ARTICULAÇÃO DAS CÂMARAS REGIONAIS dentre os atingidos pelo ROMPIMENTO DA BARRAGEM DE FUNDÃO ou técnicos por eles escolhidos;
II – 01 (um) membro indicado pelo CIF;
III – 06 (seis) membros indicados pelas EMPRESAS, sendo que 03 (três) deverão atender ao menos um dos seguintes critérios:
a) 01 (um) especialista em temas ambientais e ecológicos, de notória especialização nacional e, quando possível, internacional, que trabalhe em área afeta à FUNDAÇÃO;
b) 01 (um) especialista em temas socioeconômicos, de notória especialização nacional e, quando possível, internacional, que trabalhe em área afeta à FUNDAÇÃO; e
c) 01 (um) especialista em uma das seguintes áreas: jurídica, sustentabilidade, terceiro setor ou processos participativos e mediação, de notória especialização nacional e, quando possível, internacional, que trabalhe em área afeta à FUNDAÇÃO.
PARÁGRAFO PRIMEIRO. A forma de participação e a representação das pessoas atingidas serão por elas definidas por meio da ARTICULAÇÃO DAS CÂMARAS REGIONAIS, observadas as regras de funcionamento da FUNDAÇÃO.

PARÁGRAFO SEGUNDO. A eventual indicação de técnicos prevista no inciso I observará os requisitos previstos na cláusula 1.1.9 e 1.1.9.1 do ADITIVO AO TAP.
PARÁGRAFO TERCEIRO. Todos os membros do Conselho de Curadores deverão ter reputação ilibada, atuação pautada em responsabilidade social e, em relação aos membros indicados na forma dos incisos II e III do *caput*, atender ao menos um dos seguintes requisitos:
I – 10 (dez) anos, no setor público ou privado, em uma ou mais áreas semelhantes àquelas desenvolvidas pela FUNDAÇÃO; ou
II – 06 (seis) anos, ocupando pelo menos um dos seguintes cargos:
a) direção, gerência ou chefia superior em (i) pessoa jurídica de direito privado, com ou sem fins lucrativos, ou (ii) pessoa jurídica de direito público com atuação em uma ou mais áreas semelhantes àquelas desenvolvidas pela FUNDAÇÃO;
b) cargo em comissão ou função de confiança equivalente a DAS-4 ou superior, no setor público; ou
c) cargo de docente, de pesquisador ou de consultor em atividade direta ou indiretamente vinculada à área de atuação da FUNDAÇÃO, com titulação de "Doutor" ou equivalente.
PARÁGRAFO QUARTO. É vedada a indicação, para o Conselho de Curadores, de pessoa que:
I – se enquadre nas hipóteses de inelegibilidade previstas nas alíneas do inciso I do *caput* do Art. 1º da Lei Complementar nº 64, de 18 de maio de 1990;
II – ocupe cargo público, exceto nas áreas de educação e saúde; ou
III – seja dirigente de partido político ou titular de mandato eletivo de qualquer ente da federação, ainda que licenciado desses cargos ou funções.
PARÁGRAFO QUINTO. A vedação prevista no parágrafo anterior estende-se também aos parentes consanguíneos ou afins até o terceiro grau das pessoas nele mencionadas.
PARÁGRAFO SEXTO. Os membros do Conselho de Curadores terão mandato

de 01 (um) ano, permitidas sucessivas prorrogações.

PARÁGRAFO SÉTIMO. Os membros do Conselho de Curadores, em sua atual composição, indicados com base no TTAC, que não se adaptarem às regras da presente cláusula serão destituídos, em até 03 (três) meses após a homologação judicial deste ACORDO, computando-se o prazo do mandato dos demais a partir de sua indicação, realizada anteriormente.

PARÁGRAFO OITAVO. Os nomes indicados pelas EMPRESAS poderão ser impugnados fundamentadamente pelo CIF ou pelo MINISTÉRIO PÚBLICO, quando não atendidos os requisitos previstos nesta cláusula, no prazo de 15 (quinze) dias da ciência de sua indicação. Caso não haja concordância por parte das EMPRESAS a questão será submetida ao Juízo da 12ª Vara Federal Cível/Agrária de Minas Gerais.

PARÁGRAFO NONO. O membro do Conselho de Curadores deverá ser destituído pela FUNDAÇÃO em caso da prática de fato que desabone sua conduta, nos termos da legislação em vigor e do Estatuto da FUNDAÇÃO.

PARÁGRAFO DÉCIMO. As reuniões do Conselho de Curadores somente se iniciarão com a presença de, no mínimo, 05 (cinco) dos seus membros.

PARÁGRAFO DÉCIMO PRIMEIRO. As decisões do Conselho de Curadores serão tomadas pelo voto favorável de, pelo menos, 05 (cinco) de seus membros, ressalvadas as hipóteses em que quórum maior seja expressamente previsto em lei ou no Estatuto da FUNDAÇÃO.

PARÁGRAFO DÉCIMO SEGUNDO. As decisões do Conselho de Curadores constarão de ata com os fundamentos dos votos, inclusive dos que forem total ou parcialmente vencidos, devendo ser publicadas no site da FUNDAÇÃO e encaminhadas semestralmente ao CIF, às CÂMARAS TÉCNICAS, às COMISSÕES LOCAIS, ao MINISTÉRIO PÚBLICO e à DEFENSORIA PÚBLICA.

CLÁUSULA QUADRAGÉSIMA SÉTIMA. Os PROGRAMAS e atividades de comunicação, diálogo e ouvidoria mantidos pela FUNDAÇÃO serão conduzidos pelas áreas de (i) Ouvidoria e (ii) Diálogo e Transparência.

PARÁGRAFO PRIMEIRO. O Ouvidor-Geral será selecionado em processo de escolha aberto, participativo, transparente e estruturado entre pessoas de reputação ilibada e sem relação profissional ou pessoal com as EMPRESAS.

PARÁGRAFO SEGUNDO. As atividades de ouvidoria serão exercidas por pessoas qualificadas ao adequado e eficiente exercício de suas funções e não poderão ser terceirizadas.

PARÁGRAFO TERCEIRO. Poderão o MINISTÉRIO PÚBLICO e/ou a DEFENSORIA PÚBLICA, de ofício ou por provocação das COMISSÕES LOCAIS, requisitar a substituição do Ouvidor-Geral, sempre que houver motivo bastante para tanto.

PARÁGRAFO QUARTO. As áreas de Ouvidoria e Diálogo e Transparência articular-se-ão com os demais órgãos da FUNDAÇÃO, como instância de relações suprainstitucionais, de modo a dar celeridade às respostas para os diferentes níveis e instâncias da governança externa e à sociedade em geral.

CLÁUSULA QUADRAGÉSIMA OITAVA. O Conselho Consultivo da FUNDAÇÃO passará a ser composto por 19 (dezenove) membros, da seguinte forma:

I – 04 (quatro) representantes indicados pelo Comitê de Bacia Hidrográfica do Rio Doce – CBH-Doce, preferencialmente dentre as entidades civis de recursos hídricos com atuação comprovada na bacia;

II – 07 (sete) pessoas atingidas, por elas indicadas na forma que entenderem adequada após a implementação das COMISSÕES LOCAIS e suas respectivas ASSESSORIAS TÉCNICAS;

III – 02 (dois) representantes de organizações não governamentais, sendo (i) 01 (um) atuante da área marinha, indicado pelo CIF, e (ii) 01 (um) atuante na defesa dos direitos socioambientais na área atingida, indicado pelo MINISTÉRIO PÚBLICO, ouvido o FÓRUM DE OBSERVADORES;

IV – 03 (três) representantes de instituições acadêmicas, sendo (i) 01 (um) indicado pela FUNDAÇÃO, (ii) 01 (um), pelo CIF e (iii) 01 (um), pelo MINISTÉRIO PÚBLICO; V – 02 (dois) representantes de entidades atuantes na área de Direitos Humanos, sendo (i) 01 (um) indicado pelo MINIS-TÉRIO PÚBLICO e (ii) 01 (um) indicado pela DEFENSORIA PÚBLICA; e VI – 01 (um) representante de entidades atuantes na área de Desenvolvimento Econômico indicado pela FUNDAÇÃO. **PARÁGRAFO PRIMEIRO.** Até que haja a instalação de todas as COMISSÕES LO-CAIS, com as respectivas ASSESSORIAS TÉCNICAS, os nomes dos representantes das pessoas atingidas serão indicados pelas comissões de atingidos já constituídas, sendo 04 (quatro) do Estado de Minas Ge-rais e 03 (três) do Estado do Espírito Santo. **PARÁGRAFO SEGUNDO.** Os membros do Conselho Consultivo, salvo os eventual-mente indicados pelas pessoas atingidas, terão mandato de 02 (dois) anos, sendo permitida 01 (uma) recondução. **PARÁGRAFO TERCEIRO.** Os membros do Conselho Consultivo não poderão ser dirigentes de partido político ou titular de mandato eletivo de qualquer ente da federação, ainda que licenciado desses cargos ou funções, aplicando-se tal vedação também aos parentes consanguíneos ou afins até o terceiro grau das pessoas nele mencionadas. **PARÁGRAFO QUARTO.** A FUNDAÇÃO terá até 06 (seis) meses para implemen-tar as alterações previstas nesta cláusula, contados a partir da homologação judicial deste ACORDO. **CLÁUSULA QUADRAGÉSIMA NONA.** A Diretoria Executiva da FUNDAÇÃO será composta por gestores que deverão contar com: I – experiência comprovada em projetos socioambientais com equipe multidisci-plinar; e/ou II – experiência comprovada em projetos socioeconômicos, preferencialmente, na área de Direitos Humanos, com equipe multidisciplinar; e/ou

III – experiência comprovada com diálogo social, transparência e gestão de relaciona-mentos com partes interessadas; IV – desde que seja atendido um dos re-quisitos acima, experiência comprovada em projetos de infraestrutura com equipe multidisciplinar. **PARÁGRAFO PRIMEIRO.** O Diretor-Presidente da FUNDAÇÃO atenderá aos requisitos previstos nesta cláusula. **PARÁGRAFO SEGUNDO.** Os membros da Diretoria Executiva não poderão ser dirigentes de partido político ou titular de mandato eletivo de qualquer ente da federação, ainda que licenciado desses cargos ou funções, aplicando-se tal vedação também aos parentes consanguíneos ou afins até o terceiro grau das pessoas nele mencionadas. **CLÁUSULA QUINQUAGÉSIMA.** A FUNDAÇÃO organizará reunião, pelo menos mensal, entre os membros da Diretoria Executiva, representantes das COMISSÕES LOCAIS, os membros do Conselho Curador indicados pelas pes-soas atingidas e pelo CIF, como forma de prestar informações sobre os trabalhos da FUNDAÇÃO, esclarecer dúvidas, ouvir reclamações e, quando for o caso, resolver ou dar o devido encaminhamento a situa-ções levantadas, de tudo dando ciência ao MINISTÉRIO PÚBLICO. **PARÁGRAFO PRIMEIRO.** Fica permitida a participação de até 02 (dois) outros inte-grantes do Conselho Curador nas referidas reuniões mensais. **PARÁGRAFO SEGUNDO.** Ressalvadas situações de justificada urgência, a pauta da reunião a que se refere esta cláusula será definida previamente pelos represen-tantes dos atingidos e do CIF, informada a FUNDAÇÃO com antecedência de 05 (cinco) dias, sem prejuízo de questões que sejam levadas extrapauta pelos atingidos. A reunião será realizada no mesmo dia da reunião mensal do Conselho Curador. **PARÁGRAFO TERCEIRO.** Caberá às pes-soas atingidas definir o modo e a forma de sua representação e de sua participação nas reuniões de que trata o *caput* desta cláusula.

CLÁUSULA QUINQUAGÉSIMA PRIMEIRA. A FUNDAÇÃO deverá respeitar as disposições normativas aplicáveis ao velamento de Fundações pelos Ministérios Públicos Estaduais.

CLÁUSULA QUINQUAGÉSIMA SEGUNDA. As EMPRESAS e a FUNDAÇÃO se comprometem a promover a adequação estatutária da FUNDAÇÃO aos termos previstos neste capítulo no prazo máximo de 90 (noventa) dias a contar da homologação deste ACORDO.

CAPÍTULO X
AUDITORIA EXTERNA INDEPENDENTE

CLÁUSULA QUINQUAGÉSIMA TERCEIRA. A auditoria externa independente exercerá o acompanhamento das atividades, tanto de natureza contábil e financeira, quanto finalística, da FUNDAÇÃO, bem como dos PROGRAMAS e de seus desdobramentos, constantes do TTAC e nos termos deste ACORDO, segundo indicadores de eficácia e efetividade, e dará publicidade às informações obtidas nos relatórios produzidos.

PARÁGRAFO PRIMEIRO. A FUNDAÇÃO contratará para a atividade de auditoria externa independente empresa(s) de consultoria dentre as 04 (quatro) maiores do ramo em atuação no território nacional, a saber: Ernst & Young (EY), KPMG, Deloitte e Pricewaterhouse Coopers (PwC). A contratação da(s) empresa(s) de auditoria será previamente submetida à ciência do CIF e do MINISTÉRIO PÚBLICO, que poderão justificadamente opor objeções à contratação.

PARÁGRAFO SEGUNDO. A FUNDAÇÃO poderá, com a concordância do CIF e do MINISTÉRIO PÚBLICO, contratar empresa ou instituição de auditoria externa independente diversa das mencionadas no PARÁGRAFO PRIMEIRO, desde que demonstre ter estrutura e *expertise* equivalentes.

PARÁGRAFO TERCEIRO. A auditoria externa independente acompanhará as atividades da FUNDAÇÃO, de acordo com escopo de trabalho a ser definido em contrato, que incluirá análise da observância pela FUNDAÇÃO de seus procedimentos, normas e políticas de suprimentos.

PARÁGRAFO QUARTO. O CIF, as CÂMARAS TÉCNICAS, o MINISTÉRIO PÚBLICO, a DEFENSORIA PÚBLICA, as COMISSÕES LOCAIS e a FUNDAÇÃO receberão relatórios semestrais detalhados dos trabalhos realizados pela(s) auditoria(s), que incluirão os dispêndios realizados no âmbito de cada PROGRAMA.

PARÁGRAFO QUINTO. Sempre que identificar, com a devida fundamentação, falhas ou deficiências de sua atuação ou perda da independência técnica, o MINISTÉRIO PÚBLICO e/ou o CIF poderão exigir a substituição da(s) auditoria(s) independente(s), devendo a FUNDAÇÃO indicar o respectivo substituto nos termos dos PARÁGRAFOS PRIMEIRO e SEGUNDO desta cláusula.

PARÁGRAFO SEXTO. Anualmente, o CIF e o MINISTÉRIO PÚBLICO poderão redefinir e/ou detalhar o escopo do trabalho de auditoria, solicitando análise contábil, financeira e finalística, bem como sobre projetos, ações, medidas e programas específicos, observado o disposto no *caput* desta cláusula.

PARÁGRAFO SÉTIMO. Uma vez obtida a autorização das empresas que respondem pelas auditorias independentes, a FUNDAÇÃO, no prazo máximo de 10 (dez) dias, encaminhará ao CIF e ao MINISTÉRIO PÚBLICO cópias dos contratos já firmados com tais empresas.

PARÁGRAFO OITAVO. O CIF, o MINISTÉRIO PÚBLICO, a DEFENSORIA PÚBLICA e as COMISSÕES LOCAIS poderão encaminhar à auditoria externa independente eventuais irregularidades e desconformidades constatadas na execução dos PROGRAMAS.

PARÁGRAFO NONO. A auditoria externa independente deverá responder às indagações do CIF quanto aos gastos efetuados na execução de cada PROGRAMA, constante do TTAC e nos termos deste ACORDO, e aprovados pelo CIF.

PARÁGRAFO DÉCIMO. A auditoria externa independente deverá averiguar, segundo indicadores de eficiência e efetividade, a execução de cada PROGRAMA constante do TTAC e nos termos deste ACORDO, e aprovados pelo CIF.

CAPÍTULO XI
COMPLIANCE

CLÁUSULA QUINQUAGÉSIMA QUARTA. Cabe à FUNDAÇÃO manter programa de integridade com base na Lei Anticorrupção Brasileira (Lei nº 12.846/2013) e Decreto nº 8.420/2015, legislações posteriores e padrões internacionais, devendo a área de *compliance* responder administrativamente ao Conselho de Curadores, ter independência para realizar suas atividades e ser composta por profissionais com experiência no assunto, de modo a garantir eficiência e probidade na execução dos PROGRAMAS.

PARÁGRAFO PRIMEIRO. A FUNDAÇÃO, em todas as suas atividades, (i) cumprirá a todo tempo e (ii) envidará seus melhores esforços, tomando todas as ações necessárias para garantir que seus empregados, diretores, contratados, representantes e agentes cumpram a Lei nº 12.846/2013 e observem todas as outras leis, normas ou regulamentos aplicáveis, nacionais e internacionais com finalidade e efeito semelhantes, em especial a *Foreign Corrupt Practices Act* (15 U.S.C. §78-dd1, et seq., conforme alterado) e o *UK Bribery Act*, bem como todos os regulamentos, leis, normas e legislações relacionados a corrupção, suborno, conflito de interesse, proteção à concorrência, lavagem de dinheiro, fraude ou improbidade administrativa.

PARÁGRAFO SEGUNDO. As manifestações da área de *compliance* não dependerão de anuência ou de aprovação de qualquer departamento ou conselho da FUNDAÇÃO e serão consideradas nos processos de tomada de decisão, devendo eventual recusa ser devidamente justificada pela FUNDAÇÃO.

PARÁGRAFO TERCEIRO. A área de *compliance* emitirá relatórios semestrais circunstanciados relacionados às suas respectivas atividades, que serão encaminhados ao CIF, ao MINISTÉRIO PÚBLICO, à DEFENSORIA PÚBLICA e à(s) auditoria(s) independente(s) que tenha(m) atribuição sobre a matéria, prevista(s) no TTAC e/ou neste ACORDO, cabendo aos destinatários respeitar as obrigações de sigilo aplicáveis.

CAPÍTULO XII
REGRAS PARA CUSTEIO DE DESPESAS DO CIF, DAS CÂMARAS TÉCNICAS, COMISSÕES LOCAIS, CÂMARAS REGIONAIS E FÓRUM DE OBSERVADORES

CLÁUSULA QUINQUAGÉSIMA QUINTA. A FUNDAÇÃO custeará as despesas dos membros do CIF, das CÂMARAS TÉCNICAS, das COMISSÕES LOCAIS, das CÂMARAS REGIONAIS, incluindo as atividades e reuniões de articulação e discussão dessas Câmaras ("ARTICULAÇÃO DAS CÂMARAS REGIONAIS"), do FÓRUM DE OBSERVADORES, e dos GERENCIADORES, nos termos e em observância às disposições previstas neste capítulo.

PARÁGRAFO PRIMEIRO. A obrigação de custeio mencionada no *caput*, que diz respeito ao FÓRUM DE OBSERVADORES, restringir-se-á às despesas (i) para a realização de suas reuniões trimestrais, (ii) para participação em até 06 (seis) reuniões com as CÂMARAS REGIONAIS/Atingidos e (iii) à participação de no máximo 12 (doze) membros da sociedade civil nas reuniões do FÓRUM DE OBSERVADORES.

PARÁGRAFO SEGUNDO. As despesas referidas no *caput* e as despesas da FUNDAÇÃO e de suas instâncias previstas no TTAC, no TAP, no ADITIVO AO TAP e neste ACORDO não serão suportadas pelo PODER PÚBLICO ou por suas entidades da Administração Pública Indireta.

PARÁGRAFO TERCEIRO. Os valores dispendidos com o custeio do CIF, das CÂMARAS TÉCNICAS, das COMISSÕES LOCAIS, das CÂMARAS REGIONAIS, do FÓRUM DE OBSERVADORES, da auditoria independente prevista na CLÁUSULA SEPTUAGÉSIMA OITAVA e dos GERENCIADORES não poderão ser abatidos do montante destinado aos PROGRAMAS devendo a FUNDAÇÃO incluí-los em seu orçamento anual a ser elaborado nos termos do TTAC e do presente ACORDO.

PARÁGRAFO QUARTO. O tratamento dos valores despendidos com o custeio dos *EXPERTS* DO MINISTÉRIO PÚBLICO e das ASSESSORIAS TÉCNICAS será aquele definido no TAP e no ADITIVO AO TAP, incluindo as atribuições previstas neste ACORDO.

PARÁGRAFO QUINTO. As regras de custeio tratadas neste capítulo vigerão pelo prazo de 30 (trinta) meses, contados da homologação do presente ACORDO, prorrogando-se automaticamente até nova repactuação.

PARÁGRAFO SEXTO. As PARTES comprometem-se a, de boa-fé, ao final do prazo indicado no parágrafo anterior, avaliar a necessidade de revisão das regras de custeio tratadas neste capítulo.

PARÁGRAFO SÉTIMO. As EMPRESAS aportarão semestralmente na FUNDAÇÃO os valores necessários ao custeio de que trata o presente ACORDO.

CLÁUSULA QUINQUAGÉSIMA SEXTA. A FUNDAÇÃO será responsável, em sede de regresso, por todas e quaisquer despesas, custas e desembolsos atinentes a potenciais pleitos de natureza judicial, formulados contra o PODER PÚBLICO e as pessoas atingidas, decorrentes da prestação de serviços definida neste ACORDO, ressalvada a hipótese em que representante do PODER PÚBLICO tenha dado causa ao pleito apresentado.

PARÁGRAFO ÚNICO. Para fins do previsto no parágrafo anterior, o PODER PÚBLICO deverá, tempestivamente, dar ciência à FUNDAÇÃO da existência da ação judicial.

CUSTEIO CIF

CLÁUSULA QUINQUAGÉSIMA SÉTIMA. O CIF e a FUNDAÇÃO, dando ciência ao MINISTÉRIO PÚBLICO, deverão acordar, ao final de cada ano, o orçamento dos custos relacionados às atividades estritamente descritas na CLÁUSULA QUINQUAGÉSIMA OITAVA, para o ano seguinte, observado o disposto no PARÁGRAFO QUINTO desta cláusula ("ORÇAMENTO CIF"), orçamento esse que será administrado por um gerenciador ("GERENCIADOR CIF"), nos termos deste ACORDO.

PARÁGRAFO PRIMEIRO. Caso o CIF e a FUNDAÇÃO não cheguem a um acordo sobre o ORÇAMENTO CIF até o final do ano em curso, a matéria será submetida à decisão do Juízo da 12ª Vara Federal Cível/Agrária de Minas Gerais.

PARÁGRAFO SEGUNDO. Na hipótese do parágrafo anterior, até que seja proferida decisão judicial, a FUNDAÇÃO deverá considerar para fins de ORÇAMENTO CIF o último valor anual alocado para tal fim, atualizado pelo IPCA, ou, na sua falta, por indexador oficial calculado pelo IBGE.

PARÁGRAFO TERCEIRO. Em nenhuma hipótese poderão ser estipulados valores que inviabilizem as atribuições do CIF e das CÂMARAS TÉCNICAS previstas no TTAC e neste ACORDO.

PARÁGRAFO QUARTO. Poderão ser convocadas reuniões extraordinárias do CIF e das CÂMARAS TÉCNICAS em casos devidamente justificados, observado o disposto no PARÁGRAFO QUINTO desta cláusula.

PARÁGRAFO QUINTO. O valor total do ORÇAMENTO CIF poderá ser aumentado em até 25% (vinte e cinco por cento) para realização de reuniões extraordinárias e outras despesas diretamente relacionadas ao disposto na CLÁUSULA QUINQUAGÉSIMA OITAVA, desde que devidamente justificadas e previamente acordadas entre CIF e FUNDAÇÃO, para a contratação e custeio previstos naquela cláusula, aplicando-se, em caso de impasse, o disposto nos PARÁGRAFOS PRIMEIRO e SEGUNDO desta cláusula.

PARÁGRAFO SEXTO. A FUNDAÇÃO repassará ao GERENCIADOR CIF os valores referentes às despesas relacionadas às atividades estritamente indicadas na CLÁUSULA QUINQUAGÉSIMA OITAVA e no PARÁGRAFO QUINTO desta cláusula, não lhe cabendo custear quaisquer outras despesas e custos, atendendo o disposto neste capítulo.

PARÁGRAFO SÉTIMO. Respeitadas as disposições e o procedimento previstos neste capítulo, caberá à FUNDAÇÃO disponibilizar, mensalmente, ao GERENCIADOR CIF, os valores que serão utilizados no pagamento dos gastos e despesas previstos no ORÇAMENTO CIF, em até 10 (dez) dias antes do término do mês anterior ao que serão realizados.

CLÁUSULA QUINQUAGÉSIMA OITAVA. Até 90 (noventa) dias antes do encerramento de cada ano, o CIF encaminhará à FUNDAÇÃO a previsão anual de atividades com a fiscalização, monitoramento e acompanhamento dos PROGRAMAS, para fins de elaboração do ORÇAMENTO CIF, que conterá exclusivamente despesas com:

I – transporte, hospedagem e alimentação para os membros do CIF e das CÂMARAS TÉCNICAS comparecerem às respectivas reuniões, bem como para a realização de vistorias e supervisão dos PROGRAMAS;

II – contratação de serviços técnicos para auxiliar nas atividades do CIF e das CÂMARAS TÉCNICAS em questões específicas à fiscalização, ao monitoramento e ao acompanhamento dos PROGRAMAS, como, por exemplo, exames laboratoriais e imagens de satélite de alta resolução ou levantamentos aerofotogramétricos da bacia do Rio Doce, quando comprovada a necessidade técnica;

III – embarcações para fins de análises químicas e laboratoriais, nos rios da bacia do Rio Doce ou em alto-mar exclusivamente para atividades relacionadas à fiscalização, ao monitoramento e ao acompanhamento dos PROGRAMAS, quando comprovada a necessidade técnica;

IV – outras despesas administrativas comprovadamente relacionadas à fiscalização, monitoramento e acompanhamento dos PROGRAMAS, quando comprovada a necessidade técnica, atendidos os limites previstos no PARÁGRAFO QUINTO DA CLÁUSULA QUINQUAGÉSIMA SÉTIMA.

V – contratação de serviço de secretariado terceirizado, limitado a uma pessoa por reunião, para auxiliar nas reuniões do CIF e das CÂMARAS TÉCNICAS, sob coordenação do Presidente do CIF e do respectivo coordenador da CÂMARA TÉCNICA.

PARÁGRAFO PRIMEIRO. Todos os pedidos referentes às despesas previstas no *caput* desta cláusula deverão estar tecnicamente justificados e seguirão as diretrizes estabelecidas pelo CIF.

PARÁGRAFO SEGUNDO. A contratação dos serviços e produtos de que trata o *caput* desta cláusula obedecerá, no que couber, ao procedimento previsto na CLÁUSULA OCTAGÉSIMA PRIMEIRA, obedecido termo de referência a ser elaborado pelas CÂMARAS TÉCNICAS e/ou pelo CIF.

CLÁUSULA QUINQUAGÉSIMA NONA. A FUNDAÇÃO submeterá à aprovação do CIF proposta de regulamento para disciplinar os limites, prestação de contas e critérios das despesas de suas reuniões e de seus membros, assegurada a isonomia de tratamento e atendidas as peculiaridades locais, observando-se o disposto neste capítulo, bem como as regras praticadas pela administração pública federal e as políticas de viagem da FUNDAÇÃO para seus empregados, prevalecendo a regra que for mais benéfica para seus usuários, vedado pagamento de diárias.

PARÁGRAFO ÚNICO. Eventual divergência acerca do disposto neste capítulo deverá ser submetida à decisão do Juízo da 12ª Vara Cível/Agrária da Justiça Federal.

CLÁUSULA SEXAGÉSIMA. As despesas decorrentes da participação dos membros indicados pelos atingidos no CIF e nas CÂMARAS TÉCNICAS serão previstas no ORÇAMENTO ATINGIDOS.

CLÁUSULA SEXAGÉSIMA PRIMEIRA. É expressamente proibido o uso dos valores do ORÇAMENTO CIF para fins estranhos aos previstos no TTAC, no TAP, no ADITIVO AO TAP e neste ACORDO, sob pena de aplicação de sanções cabíveis de acordo com o regimento do CIF, sem prejuízo de responsabilização legal, garantida sempre a ampla defesa.

CUSTEIO ATINGIDOS

CLÁUSULA SEXAGÉSIMA SEGUNDA. O custeio dos gastos e despesas das CO-MISSÕES LOCAIS, das CÂMARAS REGIONAIS e do FÓRUM DE OBSER-VADORES com viagem, hospedagem e alimentação de seus membros para participarem de suas reuniões, das reuniões das CÂMARAS REGIONAIS e das atividades e reuniões da ARTICULAÇÃO DAS CÂMARAS REGIONAIS, além de reuniões com a FUNDAÇÃO, MINISTÉRIO PÚBLICO e DEFENSORIA PÚBLICA e dos cursos e treinamentos previstos no PARÁGRAFO QUINTO da CLÁUSULA OITAVA, deverá ser orçado nos termos deste capítulo ("ORÇAMENTO ATINGIDOS").

CLÁUSULA SEXAGÉSIMA TERCEIRA. Para fins de formação do ORÇAMENTO ATINGIDOS, as COMISSÕES LOCAIS, com apoio das ASSESSORIAS TÉCNICAS, informarão ao *EXPERT* DO MINISTÉRIO PÚBLICO responsável pela contratação das ASSESSORIAS TÉCNICAS as atividades necessárias (a) à manutenção e ao funcionamento das COMISSÕES LOCAIS e das CÂMARAS REGIONAIS, nos termos da CLÁUSULA SEXAGÉSIMA QUARTA; e (b) a participação no CIF e nas CÂMARAS TÉCNICAS, em até 04 (quatro) meses antes do término de cada ano.

PARÁGRAFO PRIMEIRO. Com base nas informações de que tratam o *caput* desta cláusula, o *EXPERT* DO MINISTÉRIO PÚBLICO responsável pela contratação das ASSESSORIAS TÉCNICAS estimará os valores necessários para a consecução das atividades informadas, observada a POLÍTICA DE GESTÃO prevista na CLÁUSULA SEPTUAGÉSIMA QUINTA, e respeitadas as peculiaridades de auto--organização das COMISSÕES LOCAIS, e os enviará para a FUNDAÇÃO em até 90 (noventa) dias antes do término de cada ano.

PARÁGRAFO SEGUNDO. Caso a FUN-DAÇÃO não concorde com os valores estimados, deverá, de maneira fundamentada, informar ao MINISTÉRIO PÚBLICO, em até 15 (quinze) dias, contados de sua ciência, para que possa auxiliar as partes interessadas nas discussões com vistas à obtenção de solução consensual.

PARÁGRAFO TERCEIRO. Caso o impasse não se resolva até o final do ano em curso, a matéria será submetida à decisão do Juízo da 12ª Vara Federal Cível/Agrária de Minas Gerais.

PARÁGRAFO QUARTO. Na hipótese do parágrafo anterior, até que seja proferida decisão judicial, a FUNDAÇÃO deverá considerar para fins do ORÇAMENTO ATINGIDOS, o último valor anual alocado para tal fim, atualizado pelo IPCA ou, na sua falta, por indexador oficial calculado pelo IBGE.

PARÁGRAFO QUINTO. Em nenhuma hipótese poderão ser estipulados valores que inviabilizem a instalação, o funcionamento e o desempenho regular das atribuições das COMISSÕES LOCAIS, das CÂMARAS REGIONAIS e do FÓRUM DE OBSERVADORES.

PARÁGRAFO SEXTO. O valor total do ORÇAMENTO ATINGIDOS poderá ser aumentado em até 25% (vinte e cinco por cento) para realização de reuniões extraordinárias e outras despesas diretamente relacionadas ao disposto na CLÁUSULA SEXAGÉSIMA QUARTA, desde que devidamente justificadas, atendidas as peculiaridades locais, e previamente acordadas entre *EXPERT* DO MINISTÉRIO PÚBLICO responsável pela contratação das ASSESSORIAS TÉCNICAS e a FUNDA-ÇÃO, aplicando-se, em caso de impasse, o disposto nos PARÁGRAFOS SEGUNDO, TERCEIRO e QUARTO desta CLÁUSULA.

CLÁUSULA SEXAGÉSIMA QUARTA. O ORÇAMENTO ATINGIDOS deverá conter somente os seguintes custos e despesas, os quais deverão estar detalhados:

I – estrutura física que possa sediar de modo adequado, com segurança, eficiência e conforto as COMISSÕES LOCAIS;

ANEXO B – TERMO DE AJUSTAMENTO DE CONDUTA | 231

II – espaço adequado e seguro para realização de reuniões das COMISSÕES LOCAIS em seus respectivos territórios, das CÂMARAS REGIONAIS, no âmbito territorial de sua abrangência, e nas suas atividades e reuniões de articulação, além das do FÓRUM DE OBSERVADORES, na área da Bacia que estiver prevista em seu cronograma; e

III – gastos e despesas com viagem, alimentação e, se for o caso, hospedagem de (i) membros das COMISSÕES LOCAIS e das CÂMARAS REGIONAIS para participação em suas reuniões ordinárias e naquelas de discussão e articulação, e encontros com a FUNDAÇÃO, MINISTÉRIO PÚBLICO e DEFENSORIA PÚBLICA, e se for o caso, para reuniões do FÓRUM DE OBSERVADORES, e (ii) membros dos atingidos, por eles indicados, na forma deste ACORDO, para reuniões do CIF e das CÂMARAS TÉCNICAS.

PARÁGRAFO PRIMEIRO. Para fins de custeio, as reuniões das COMISSÕES LOCAIS ocorrerão na sede do município, distrito, ou comunidade localizada no âmbito de abrangência da referida comissão, em locais preferencialmente públicos e, quando possível, gratuitos. No caso das CÂMARAS REGIONAIS, será respeitado o disposto no PARÁGRAFO PRIMEIRO da CLÁUSULA TRIGÉSIMA QUARTA.

PARÁGRAFO SEGUNDO. As COMISSÕES LOCAIS, com apoio do *EXPERT* DO MINISTÉRIO PÚBLICO responsável pela contratação das ASSESSORIAS TÉCNICAS e das próprias ASSESSORIAS TÉCNICAS, com anuência do MINISTÉRIO PÚBLICO e da FUNDAÇÃO, definirão regulamento próprio para disciplinar os limites, prestação de contas e critérios das despesas de suas reuniões e de seus membros, assegurada a isonomia de tratamento e atendidas as peculiaridades locais, inclusive das CÂMARAS REGIONAIS, observando-se o disposto neste capítulo, bem como nas regras praticadas pela administração pública e nas políticas de viagem da FUNDAÇÃO para seus empregados, prevalecendo a regra que for mais benéfica para seus usuários, vedado o pagamento de diárias.

PARÁGRAFO TERCEIRO. O ORÇAMENTO ATINGIDOS deverá especificar, detalhadamente, os valores a serem custeados para cada COMISSÃO LOCAL, cada CÂMARA REGIONAL e para o FÓRUM DE OBSERVADORES.

CLÁUSULA SEXAGÉSIMA QUINTA. Para fins de elaboração das estimativas do ORÇAMENTO ATINGIDOS para o segundo semestre do ano de 2018 e para o ano de 2019, o *EXPERT* DO MINISTÉRIO PÚBLICO responsável pela contratação das ASSESSORIAS TÉCNICAS deverá considerar (i) as atividades a serem realizadas pelas COMISSÕES LOCAIS já constituídas até então, bem como por aquelas em processo de constituição; (ii) o histórico dos custos referentes às atividades praticadas pelas COMISSÕES LOCAIS já instituídas; (iii) a devida atualização desses valores pelo IPCA; e (iv) as peculiaridades das COMISSÕES LOCAIS a serem constituídas.

PARÁGRAFO PRIMEIRO. Respeitados as disposições e o procedimento previstos neste capítulo, caberá à FUNDAÇÃO disponibilizar, trimestralmente, ao GERENCIADOR ATINGIDOS, valores que serão utilizados no pagamento dos gastos e despesas previstos no ORÇAMENTO ATINGIDOS, em até 10 (dez) dias antes do término do trimestre anterior ao que serão realizados.

PARÁGRAFO SEGUNDO. O GERENCIADOR ATINGIDOS diligenciará para que os valores disponibilizados mantenham o seu poder aquisitivo, não podendo para tanto aplicá-los em operações de risco, devendo utilizar as receitas financeiras líquidas para sua atividade fim prevista neste ACORDO.

PARÁGRAFO TERCEIRO. As eventuais sobras dos valores disponibilizados no trimestre, incluídas as receitas financeiras eventualmente não utilizadas, serão deduzidas do montante a ser disponibilizado pela FUNDAÇÃO ao GERENCIADOR ATINGIDOS para o trimestre seguinte.

PARÁGRAFO QUARTO. Caberá ao GERENCIADOR ATINGIDOS a prestação mensal de contas à FUNDAÇÃO.

CLÁUSULA SEXAGÉSIMA SEXTA. A FUNDAÇÃO repassará ao GERENCIADOR ATINGIDOS os valores referentes às despesas relacionadas às atividades estritamente indicadas na CLÁUSULA SEXAGÉSIMA QUARTA e do PARÁGRAFO SEXTO da CLÁUSULA SEXAGÉSIMA TERCEIRA, não lhe cabendo custear quaisquer outras despesas e custos, atendendo o disposto neste capítulo.

PARÁGRAFO ÚNICO. Não se inclui na ressalva do *caput* desta cláusula o custeio do GERENCIADOR ATINGIDOS e da auditoria de que trata a CLÁUSULA SEPTUAGÉSIMA OITAVA.

CLÁUSULA SEXAGÉSIMA SÉTIMA. É expressamente proibido o uso dos valores do ORÇAMENTO ATINGIDOS para fins estranhos aos previstos neste ACORDO, sob pena de exclusão do membro que comprovadamente fizer mau uso do orçamento da respectiva COMISSÃO LOCAL, ou CÂMARA REGIONAL ou FÓRUM DE OBSERVADORES, sem prejuízo de sua responsabilização legal.

DOS GERENCIADORES – DISPOSIÇÕES GERAIS

CLÁUSULA SEXAGÉSIMA OITAVA. Serão escolhidos 02 (dois) Gerenciadores dos recursos de custeio de que trata este capítulo, um que será responsável pelo gerenciamento dos recursos destinados ao custeio das despesas do CIF e das CÂMARAS TÉCNICAS ("GERENCIADOR CIF"), e outro que será responsável pelo gerenciamento dos recursos destinados ao custeio das despesas das COMISSÕES LOCAIS, das CÂMARAS REGIONAIS e do FÓRUM DE OBSERVADORES ("GERENCIADOR ATINGIDOS"), e quando em conjunto com GERENCIADOR CIF doravante denominados simplesmente ("GERENCIADORES"), por meio de orçamentos anuais que serão definidos conforme disposto neste capítulo.

PARÁGRAFO ÚNICO. As PARTES poderão acordar a escolha de GERENCIADOR único para exercer as funções descritas no *caput*.

CLÁUSULA SEXAGÉSIMA NONA. Os orçamentos anuais serão administrados pelos GERENCIADORES, que deverão ser preferencialmente (a) uma instituição não governamental, (b) com mais de 05 (cinco) anos de comprovada experiência, (c) independente, (d) sem fins lucrativos, (e) controlada por terceiros que não tenham, atualmente ou no passado, relação societária ou comercial com a FUNDAÇÃO e suas mantenedoras e/ou qualquer relação com qualquer PARTE deste ACORDO, que importe conflito de interesse, (f) no caso do GERENCIADOR ATINGIDOS, instituição com comprovada atuação como gerenciador de recursos e preferencialmente experiência prévia em atendimento a atingidos em situação análoga à provocada pelo ROMPIMENTO DA BARRAGEM DE FUNDÃO e, necessariamente, (g) com reputação e credibilidade ilibadas, e (h) para fins da CLÁUSULA QUINQUAGÉSIMA QUARTA, que tenham sido aprovados pelo *compliance* da FUNDAÇÃO.

PARÁGRAFO ÚNICO. Os GERENCIADORES deverão apresentar as declarações e garantias solicitadas pela FUNDAÇÃO, incluindo declaração sobre qualquer relacionamento (i) com qualquer órgão do governo federal e/ou dos Estados de Minas Gerais e Espírito Santo; e/ou (ii) com qualquer membro da administração pública ou que tenha mantido vínculo (empregatício ou eletivo) com a administração pública nos últimos 02 (dois) anos, e/ou (iii) com qualquer partido político e/ou membro da estrutura de governança estabelecida no TTAC e neste ACORDO.

CLÁUSULA SEPTUAGÉSIMA. O(s) Contrato(s) de Prestação de Serviços deverá(ão) ser firmado(s) entre a FUNDAÇÃO e os GERENCIADORES com a interveniência e aprovação do MINISTÉRIO PÚBLICO, e qualquer alteração posterior deverá ser aprovada por tais entidades, atendido o disposto neste ACORDO.

PARÁGRAFO ÚNICO. As PARTES reconhecem que os GERENCIADORES não serão representantes ou prestadores de serviço da FUNDAÇÃO, das EMPRESAS e do PODER PÚBLICO, sem prejuízo do disposto na CLÁUSULA QUINQUAGÉSIMA SEXTA).

CLÁUSULA SEPTUAGÉSIMA PRIMEIRA. Os GERENCIADORES somente poderão utilizar os recursos disponibilizados pela FUNDAÇÃO para custear as despesas descritas neste ACORDO, sendo expressamente vedado o uso dos recursos para fins estranhos aos previstos neste capítulo.

CLÁUSULA SEPTUAGÉSIMA SEGUNDA. Os recursos somente poderão ser liberados pelos GERENCIADORES diretamente para os fornecedores que forem por eles previamente contratados em observância às regras previstas neste ACORDO e para cumprimento do orçamento respectivo.

PARÁGRAFO PRIMEIRO. Não será permitido aos GERENCIADORES efetuar adiantamento ou reembolso de despesas e/ou custos diretamente aos membros do CIF, das CÂMARAS TÉCNICAS, das COMISSÕES LOCAIS, das CÂMARAS REGIONAIS e FÓRUM DE OBSERVADORES.

PARÁGRAFO SEGUNDO. Os membros do CIF, das CÂMARAS TÉCNICAS, das COMISSÕES LOCAIS, das CÂMARAS REGIONAIS e do FÓRUM DE OBSERVADORES receberão dos GERENCIADORES vales/*vouchers* de fornecedores previamente contratados pelos GERENCIADORES para uso nas despesas de que trata este capítulo, devendo ser atendidas justificadamente as peculiaridades locais.

PARÁGRAFO TERCEIRO. Desde que atendidas as necessidades adequadas de conforto, qualidade e segurança, sempre observados o ORÇAMENTO ATINGIDOS ou o ORÇAMENTO CIF, conforme o caso, e a respectiva POLÍTICA DE GESTÃO, o GERENCIADOR buscará acomodação e fornecedores de alimentação, bem como de local para realização de reuniões e/ou vistorias a cargo do CIF ou das CÂMARAS TÉCNICAS.

PARÁGRAFO QUARTO. Os vales/*vouchers* somente poderão ser liberados pelos GERENCIADORES para o custeio de despesas que forem devidamente discriminadas pelos membros do CIF, das

CÂMARAS TÉCNICAS, das COMISSÕES LOCAIS, das CÂMARAS REGIONAIS e do FÓRUM DE OBSERVADORES, conforme o caso, na forma deste ACORDO e ordenada pelo respectivo GERENCIADOR, nos termos do orçamento previsto.

CLÁUSULA SEPTUAGÉSIMA TERCEIRA. Os honorários a serem cobrados pelos GERENCIADORES para os serviços indicados no Contrato de Prestação de Serviços deverão ser negociados dentro dos parâmetros razoavelmente praticados no mercado.

PARÁGRAFO PRIMEIRO. Os valores pagos aos GERENCIADORES deverão ser divulgados ao público por meio dos *websites* dos GERENCIADORES e da FUNDAÇÃO, e por quaisquer outros mecanismos necessários para manter a total transparência acerca da utilização dos valores disponibilizados pela FUNDAÇÃO.

PARÁGRAFO SEGUNDO. A contratação de qualquer fornecedor e/ou prestador de serviços pelos GERENCIADORES deverá observar a POLÍTICA DE GESTÃO de cada GERENCIADOR, buscando os mais altos índices de transparência, competitividade e qualidade.

CLÁUSULA SEPTUAGÉSIMA QUARTA. Sem prejuízo das obrigações constantes da CLÁUSULA SEPTUAGÉSIMA SEGUNDA, os GERENCIADORES terão como obrigação buscar alternativas que sejam econômicas e eficientes no custeio das despesas, sempre observando ao disposto no PARÁGRAFO SEGUNDO da CLÁUSULA SEPTUAGÉSIMA SEGUNDA.

CLÁUSULA SEPTUAGÉSIMA QUINTA. Os GERENCIADORES deverão manter política de gestão dos recursos disponibilizados pela FUNDAÇÃO ("POLÍTICA DE GESTÃO"), que deverá incluir:

I – os instrumentos de cumprimento interno do GERENCIADOR;

II – os procedimentos internos de governança aplicáveis ao GERENCIADOR, especialmente na aprovação da disponibilização de serviços aos membros do CIF, CÂMARAS TÉCNICAS, COMISSÕES

LOCAIS, das CÂMARAS REGIONAIS e do FÓRUM DE OBSERVADORES;

III – atendidas, justificadamente, as peculiaridades locais, as regras de *compliance* aplicáveis para os terceiros contratados na emissão de passagens áreas, hospedagem e demais despesas incorridas pelos membros do CIF, das CÂMARAS TÉCNICAS, das COMISSÕES LOCAIS, das CÂMARAS REGIONAIS e do FÓRUM DE OBSERVADORES, vedados quaisquer favorecimentos, utilização indevida e/ou pagamento de vantagem indevida;

IV – os mecanismos de conferência das despesas incorridas pelos membros do CIF, das CÂMARAS TÉCNICAS, das COMISSÕES LOCAIS, das CÂMARAS REGIONAIS e do FÓRUM DE OBSERVADORES;

V – processo aberto e transparente para escolha de fornecedores que assegure transparência e competitividade;

VI – regras de qualidade, segurança e conforto praticadas pela administração pública e de acordo com as políticas de viagem da FUNDAÇÃO para seus empregados, prevalecendo a regra que for mais benéfica para seus usuários, assegurada a isonomia de tratamento; e

VII – regras de transparência em todo o processo de gestão dos recursos da FUNDAÇÃO para os fins deste ACORDO.

PARÁGRAFO ÚNICO. A POLÍTICA DE GESTÃO deverá ser aprovada conjuntamente pelo MINISTÉRIO PÚBLICO e pelas EMPRESAS.

CLÁUSULA SEPTUAGÉSIMA SEXTA. O ORÇAMENTO CIF, o ORÇAMENTO ATINGIDOS e a POLÍTICA DE GESTÃO deverão ser disponibilizados ao público nos *websites* dos GERENCIADORES e no da FUNDAÇÃO, e por quaisquer outros mecanismos necessários para manter a transparência acerca da utilização dos valores disponibilizados pela FUNDAÇÃO.

CLÁUSULA SEPTUAGÉSIMA SÉTIMA. Os GERENCIADORES deverão ainda divulgar, pelos meios competentes, inclusive via *website* próprio e da FUNDAÇÃO, em periodicidade mensal, prestação de contas (i) dos valores gastos individualmente

pelos membros do CIF, das CÂMARAS TÉCNICAS, das COMISSÕES LOCAIS, das CÂMARAS REGIONAIS e do FÓRUM DE OBSERVADORES pagos com os recursos disponibilizados pela FUNDAÇÃO, detalhando nomes, cargos, agências/órgãos, destino das viagens, valores e motivos e (ii) dos valores totais gastos, separados por tipo, agência, localidade e outros valores agregados relevantes, de forma a conter todas as informações necessárias para preenchimento apropriado de livros e registros, e para que o público em geral tenha acesso, de forma clara e transparente, a todas as informações referentes à prestação de contas.

CLÁUSULA SEPTUAGÉSIMA OITAVA. Caberá à FUNDAÇÃO, com a ciência do MINISTÉRIO PÚBLICO, a contratação de auditoria independente, dentre as 04 (quatro) maiores empresas de auditoria indicadas no PARÁGRAFO PRIMEIRO da CLÁUSULA QUINQUAGÉSIMA TERCEIRA, especificamente para auditar semestralmente a prestação de contas anual dos GERENCIADORES, sendo que o resultado dessa auditoria deverá ser encaminhado ao MINISTÉRIO PÚBLICO e divulgado pela FUNDAÇÃO, pelos GERENCIADORES e pelo CIF em seus respectivos *websites* e por quaisquer outros mecanismos necessários para manter a transparência acerca da utilização dos valores disponibilizados pela FUNDAÇÃO.

PARÁGRAFO ÚNICO. Os custos da contratação da auditoria independente de que trata este capítulo serão arcados pela FUNDAÇÃO nos termos de seu orçamento anual não serão descontados dos valores destinados aos PROGRAMAS, observado o disposto na CLÁUSULA QUINQUAGÉSIMA SEXTA.

CLÁUSULA SEPTUAGÉSIMA NONA. Os valores disponibilizados pela FUNDAÇÃO aos GERENCIADORES e não utilizados no pagamento das despesas autorizadas nos termos do TTAC e deste ACORDO deverão ser usados para compor o orçamento do semestre subsequente.

PARÁGRAFO PRIMEIRO. A destinação dos recursos não utilizados no pagamento das despesas autorizadas nos termos deste ACORDO deverá ser indicada na prestação de contas dos GERENCIADORES e, ainda, divulgada ao público por meio do *website* dos GERENCIADORES e da FUNDAÇÃO, e por quaisquer outros mecanismos necessários para manter a total transparência acerca da utilização dos valores disponibilizados pela FUNDAÇÃO.

PARÁGRAFO SEGUNDO. Ao final do cumprimento do ACORDO ou dos trabalhos, o que ocorrer primeiro, do CIF, das CÂMARAS TÉCNICAS, das COMISSÕES LOCAIS, das CÂMARAS REGIONAIS e do FÓRUM DE OBSERVADORES, caso existam recursos não utilizados, tais recursos serão devolvidos à FUNDAÇÃO na maneira e forma que a FUNDAÇÃO informe aos GERENCIADORES para esses efeitos.

CLÁUSULA OCTAGÉSIMA. Os GERENCIADORES deverão atender e cumprir a todo o tempo as regras de *compliance* que serão acordadas pelas PARTES e, em todas as suas atividades, cumprirão a todo tempo e envidarão seus melhores esforços, tomando todas as ações necessárias para garantir que seus empregados, diretores, contratados, representantes e agentes cumpram a Lei Anticorrupção Brasileira (Lei nº 12.846/2013) e observem todas as outras leis, normas ou regulamentos aplicáveis, nacionais e internacionais com finalidade e efeito semelhantes em especial a *Foreign Corrupt Practices Act* (15 U.S.C. §78-dd1, et seq., conforme alterado) e o *UK Bribery Act*, bem como todos os regulamentos, leis, normas e legislações relacionadas a corrupção, suborno, conflito de interesse, proteção à concorrência, lavagem de dinheiro, fraude ou improbidade administrativa.

DO "GERENCIADOR CIF"

CLÁUSULA OCTAGÉSIMA PRIMEIRA. A FUNDAÇÃO indicará, no prazo de 10 (dez) dias, pelo menos, 03 (três) nomes que possam exercer a atividade de gerenciamento, comprovando sua capacidade técnica e idoneidade moral, via processo aberto e transparente, além dos requisitos constantes da CLÁUSULA SEXAGÉSIMA NONA e seguintes.

PARÁGRAFO PRIMEIRO. Competirá ao CIF a escolha, dentre os nomes selecionados pela FUNDAÇÃO, do GERENCIADOR que ficará responsável pelo gerenciamento do ORÇAMENTO CIF, cabendo à FUNDAÇÃO comunicar tal escolha ao MINISTÉRIO PÚBLICO.

PARÁGRAFO SEGUNDO. Caso haja justificada recusa dos 03 (três) nomes indicados, caberá à FUNDAÇÃO indicar outros 03 (três), respeitado o disposto no *caput* desta cláusula.

CLÁUSULA OCTAGÉSIMA SEGUNDA. O GERENCIADOR CIF somente prestará serviços para os membros do CIF, das CÂMARAS TÉCNICAS e do MINISTÉRIO PÚBLICO dentro do escopo indicado na CLÁUSULA QUINQUAGÉSIMA OITAVA e, nessa capacidade de prestador de serviços, adquirirá as passagens, hospedagem e alimentação em nome do membro do CIF e das CÂMARAS TÉCNICAS designado para participar de reunião fora de seu domicílio e/ou contratará os serviços para fiscalização, monitoramento e acompanhamento dos PROGRAMAS, conforme justificativa técnica.

CLÁUSULA OCTAGÉSIMA TERCEIRA. As PARTES concordam que os serviços a serem prestados pelo GERENCIADOR serão realizados para os membros do CIF e das CÂMARAS TÉCNICAS como resultado deste ACORDO, sendo a FUNDAÇÃO responsável apenas pelo custeio das atividades indicadas na CLÁUSULA QUINQUAGÉSIMA OITAVA e pelos custos de contratação do GERENCIADOR e da auditoria de que trata a CLÁUSULA SEPTUAGÉSIMA OITAVA.

DO "GERENCIADOR ATINGIDOS"

CLÁUSULA OCTAGÉSIMA QUARTA. A FUNDAÇÃO indicará, no prazo de 10 (dez) dias, pelo menos, 03 (três) nomes que possam exercer a atividade de gerenciamento, comprovando sua capacidade técnica e idoneidade moral, via processo aberto e transparente, além dos requisitos constantes da CLÁUSULA SEXAGÉSIMA NONA e seguintes.

PARÁGRAFO PRIMEIRO. Competirá ao MINISTÉRIO PÚBLICO a escolha, dentre os nomes indicados pela FUNDAÇÃO, do GERENCIADOR que ficará responsável pelo gerenciamento do ORÇAMENTO ATINGIDOS.

PARÁGRAFO SEGUNDO. Caso haja justificada recusa dos 03 (três) nomes indicados, caberá à FUNDAÇÃO indicar outros 03 (três), respeitado o disposto no *caput* desta cláusula.

CLÁUSULA OCTAGÉSIMA QUINTA. O GERENCIADOR somente prestará serviços para as COMISSÕES LOCAIS, CÂMARAS REGIONAIS e FÓRUM DE OBSERVADORES dentro do escopo indicado na CLÁUSULA SEXAGÉSIMA QUARTA e PARÁGRAFO PRIMEIRO da CLÁUSULA QUINQUAGÉSIMA QUINTA, conforme procedimento indicado neste capítulo.

CLÁUSULA OCTAGÉSIMA SEXTA. As PARTES concordam que os serviços a serem prestados pelo GERENCIADOR ATINGIDOS serão realizados para os membros das COMISSÕES LOCAIS, CÂMARAS REGIONAIS e FÓRUM DE OBSERVADORES como resultado deste ACORDO, sendo a FUNDAÇÃO responsável apenas pelo custeio das atividades indicadas na CLÁUSULA SEXAGÉSIMA QUARTA e pelos custos de contratação do GERENCIADOR ATINGIDOS e da auditoria de que trata a CLÁUSULA SEPTUAGÉSIMA OITAVA.

DA SUBSTITUIÇÃO DOS GERENCIADORES

CLÁUSULA OCTAGÉSIMA SÉTIMA. O CIF, o MINISTÉRIO PÚBLICO, a DEFENSORIA PÚBLICA e/ou a FUNDAÇÃO poderão requerer a substituição do(s) GERENCIADOR(ES), atendido o procedimento a seguir indicado.

PARÁGRAFO PRIMEIRO. Ocorrendo qualquer das hipóteses indicadas no PARÁGRAFO TERCEIRO desta cláusula, qualquer dos indicados no *caput* poderá requerer individualmente a substituição do GERENCIADOR CIF nos termos que se seguem.

PARÁGRAFO SEGUNDO. Ocorrendo qualquer das hipóteses indicadas no

PARÁGRAFO TERCEIRO desta cláusula, o MINISTÉRIO PÚBLICO, a DEFENSORIA PÚBLICA ou a FUNDAÇÃO poderá requerer substituição do GERENCIADOR ATINGIDOS nos termos que se seguem.

PARÁGRAFO TERCEIRO. São causas que autorizam a denúncia do contrato com os GERENCIADORES:

I – faltar com zelo e eficiência na execução de suas tarefas, reveladas pela dificuldade ou impedimento de que o CIF, as CÂMARAS TÉCNICAS, as COMISSÕES LOCAIS, as CÂMARAS REGIONAIS e o FÓRUM DE OBSERVADORES, possam desempenhar as suas atividades;

II – descumprir leis, normas de boa governança e regras de *compliance*;

III – não atender injustificadamente a requisições do MINISTÉRIO PÚBLICO;

IV – descumprir quaisquer das obrigações e deveres estabelecidos neste ACORDO; e

V – outras causas de má gestão ou mau uso dos recursos ou desídia no desempenho de suas respectivas funções.

PARÁGRAFO QUARTO. Caso seja verificada, pela auditora independente ou em revisão pelo CIF e/ou pela FUNDAÇÃO, a má gestão pelos GERENCIADORES dos recursos disponibilizados e/ou o não cumprimento de legislação ou da POLÍTICA DE GESTÃO, a FUNDAÇÃO poderá suspender os pagamentos de maneira imediata até que, com a anuência do MINISTÉRIO PÚBLICO e/ou do CIF, conforme o caso, a questão seja resolvida.

PARÁGRAFO QUINTO. Na hipótese de suspensão dos pagamentos prevista no PARÁGRAFO QUARTO desta cláusula, o MINISTÉRIO PÚBLICO e/ou o CIF, conforme o caso, e de maneira fundamentada, poderão determinar a imediata retomada de pagamentos.

PARÁGRAFO SEXTO. Ressalvado o disposto no PARÁGRAFO QUINTO desta cláusula, os valores retidos serão liberados ao GERENCIADOR caso seja verificada pela auditoria independente prevista neste capítulo, ou em revisão pelo CIF e/ou pela FUNDAÇÃO, ouvido o GERENCIADOR, a inexistência de má gestão ou descumprimento de legislação ou da POLÍTICA

DE GESTÃO. Os valores retidos serão utilizados para pagamento das despesas previstas neste capítulo, sem prejuízo de eventual reparação, pelo GERENCIADOR, do prejuízo sofrido pela FUNDAÇÃO. **PARÁGRAFO SÉTIMO.** As providências previstas nesta cláusula não poderão implicar prejuízo e/ou interrupção do custeio das atividades do CIF, das CÂMARAS TÉCNICAS, das COMISSÕES LOCAIS, das CÂMARAS REGIONAIS e do FÓRUM DE OBSERVADORES, cabendo à FUNDAÇÃO adotar as providências necessárias para tanto. **CLÁUSULA OCTAGÉSIMA OITAVA.** Na hipótese prevista no PARÁGRAFO TERCEIRO da CLÁUSULA OCTAGÉSIMA SÉTIMA, serão adotadas as seguintes providências:

I – a FUNDAÇÃO poderá comunicar ao CIF e ao MINISTÉRIO PÚBLICO a intenção de substituição do(s) GERENCIADOR(ES) pelos motivos acima expostos, sendo que aqueles poderão recusar justificadamente;

II – a FUNDAÇÃO notificará o(s) GERENCIADOR(ES) sobre o término da prestação de serviço;

III – a FUNDAÇÃO indicará, no prazo de 10 (dez) dias contados do envio da notificação referida no inciso II, pelo menos, 03 (três) nomes que possam exercer a atividade de gerenciamento, comprovando sua capacidade técnica e idoneidade moral, via processo aberto e transparente, seguindo os requisitos e procedimentos constantes das CLÁUSULAS OCTAGÉSIMA PRIMEIRA e OCTAGÉSIMA QUARTA;

IV – o CIF escolherá o novo GERENCIADOR CIF, nos termos do PARÁGRAFO PRIMEIRO da CLÁUSULA OCTAGÉSIMA PRIMEIRA; e

V – o MINISTÉRIO PÚBLICO escolherá um novo GERENCIADOR ATINGIDOS, nos termos do PARÁGRAFO PRIMEIRO da CLÁUSULA OCTAGÉSIMA QUARTA. **PARÁGRAFO PRIMEIRO.** Os prazos previstos no *caput* poderão, justificadamente, ser prorrogados por período igual ao previsto. **PARÁGRAFO SEGUNDO.** Os impasses gerados no processo de escolha,

contratação, execução dos contratos e substituição do GERENCIADOR, que não puderem ser superados pelas negociações entre as PARTES, serão submetidos à decisão do Juízo da 12ª Vara Federal Cível/Agrária de Minas Gerais. **PARÁGRAFO TERCEIRO.** Os contratos com os GERENCIADORES deverão tratar de todas as hipóteses previstas neste ACORDO, inclusive quanto à rescisão antecipada do contrato, multas aplicáveis e foro.

CAPÍTULO XIII
GARANTIAS

CLÁUSULA OCTAGÉSIMA NONA. As EMPRESAS ratificam as garantias oferecidas ao Juízo da 12ª Vara Federal Cível/Agrária de Minas Gerais para o cumprimento das obrigações de custeio e financiamento dos PROGRAMAS, no valor de R$ 2,2 bilhões (dois bilhões e duzentos milhões de reais), compostas da seguinte forma: (a) R$ 100 milhões (cem milhões de reais) em aplicações financeiras de liquidez corrente dadas em caução ao Juízo; (b) R$ 1,3 bilhão (um bilhão e trezentos milhões de reais) em seguro garantia; e (c) R$ 800 milhões (oitocentos milhões de reais) em bens da SAMARCO desembaraçados e livres de quaisquer ônus. **PARÁGRAFO ÚNICO.** As garantias ratificadas neste ACORDO permanecerão inalteradas pelo prazo de 30 (trinta) meses contados da data de sua homologação judicial. **CLÁUSULA NONAGÉSIMA.** A partir de 20 de outubro de 2020, o montante de garantias a serem mantidas pelas EMPRESAS deverá corresponder ao valor orçamentário da FUNDAÇÃO no ano respectivo, conforme aprovado pelo Conselho de Curadores da FUNDAÇÃO nos termos de seu Estatuto Social e do TTAC. **PARÁGRAFO PRIMEIRO.** Observado o disposto nesta cláusula, as EMPRESAS se comprometem a prestar garantias totais até o montante de R$ 2,2 bilhões de reais. **PARÁGRAFO SEGUNDO.** As EMPRESAS se comprometem a manter (i) 60%

(sessenta por cento) do valor das garantias em garantias líquidas, tais como depósito bancário, fiança bancária e seguro-garantia, à disposição do Juízo da 12ª Vara Federal Cível/Agrária de Minas Gerais, e (ii) 40% (quarenta por cento) das garantias em bens da SAMARCO livres e desembaraçados de quaisquer ônus.

PARÁGRAFO TERCEIRO. Em caso de utilização de qualquer das garantias previstas no PARÁGRAFO SEGUNDO enquanto permanecerem em vigor, as EMPRESAS se comprometem a, em até 30 (trinta) dias úteis contados do respectivo evento, recompor integralmente os percentuais das garantias ali previstos.

CLÁUSULA NONAGÉSIMA PRIMEIRA. As garantias referidas acima somente poderão ser executadas pelo Juízo da 12ª Vara Federal Cível/Agrária de Minas Gerais e a requerimento do MPF, da UNIÃO, do ESTADO DE MINAS GERIAS ou do ESTADO DO ESPÍRITO SANTO, em caso de descumprimento pelas EMPRESAS da obrigação de custeio e financiamento dos PROGRAMAS de reparação integral dos danos decorrentes do ROMPIMENTO DA BARRAGEM DE FUNDÃO, na medida da obrigação descumprida. Na hipótese de execução das garantias por descumprimento, os valores obtidos pela execução serão utilizados exclusivamente para custear os PROGRAMAS cuja obrigação de financiar tiver sido descumprida.

CLÁUSULA NONAGÉSIMA SEGUNDA. As PARTES reconhecem que a liminar proferida nos autos do processo nº 0069758-61.61.2015.3400, nas partes relativas a bloqueio de bens, depósitos judiciais e concessão de garantias, fica integralmente cumprida pela concessão das garantias ora acordadas, que substituirão aquelas objeto da liminar acima referida.

CLÁUSULA NONAGÉSIMA TERCEIRA. Fica ajustado que as garantias ora ratificadas constituem, nos termos estabelecidos neste ACORDO, as garantias necessárias para assegurar o cumprimento das obrigações expressas nos pedidos liminares formulados nas ações civis e criminais ajuizadas pelas PARTES, ressalvadas as garantias constituídas nos processos de que trata o PARÁGRAFO QUINTO da CLÁUSULA CENTÉSIMA QUARTA deste ACORDO, que serão tratadas em âmbito próprio.

CAPÍTULO XIV
PROCESSO ÚNICO DE REPACTUAÇÃO DOS PROGRAMAS SOCIOAMBIENTAIS E SOCIOECONÔMICOS PARA REPARAÇÃO INTEGRAL DOS DANOS DECORRENTES DO ROMPIMENTO DA BARRAGEM DE FUNDÃO

CLÁUSULA NONAGÉSIMA QUARTA. As PARTES acordam em estabelecer um processo único de eventual repactuação dos PROGRAMAS, visando à reparação integral dos danos decorrentes do ROMPIMENTO DA BARRAGEM DE FUNDÃO, sendo observadas a legislação aplicável, a situação anterior ao referido rompimento e as disposições a seguir ("PROCESSO DE REPACTUAÇÃO").

PARÁGRAFO PRIMEIRO. O PROCESSO DE REPACTUAÇÃO observará as regras específicas previstas neste ACORDO, não se confundindo com, inibindo ou prejudicando (i) os procedimentos ordinários e extraordinários, se for o caso, de revisão dos PROGRAMAS previstos nas cláusulas 203 e 204 do TTAC; (ii) as atividades das CÂMARAS REGIONAIS previstas nas CLÁUSULAS TRIGÉSIMA e TRIGÉSIMA PRIMEIRA; e (iii) as atividades ordinárias de acompanhamento, orientação, monitoramento e fiscalização dos PROGRAMAS pelo CIF, nos termos e nos limites impostos pela estrutura de governança prevista no TTAC e neste ACORDO.

PARÁGRAFO SEGUNDO. O PROCESSO DE REPACTUAÇÃO visará ao aprimoramento prospectivo dos PROGRAMAS, não prejudicando, no seu decorrer, a manutenção, continuidade e eficácia das ações, medidas e projetos já em curso.

PARÁGRAFO TERCEIRO. O PROCESSO DE REPACTUAÇÃO não impede que as PARTES, de comum acordo e com a participação dos atingidos, conforme os princípios e cláusulas deste ACORDO, alterem ou incluam programas ou medidas específicas de reparação.

CLÁUSULA NONAGÉSIMA QUINTA. O MINISTÉRIO PÚBLICO, a DEFENSORIA PÚBLICA, as EMPRESAS, a UNIÃO, o ESTADO DE MINAS GERAIS, o ESTADO DO ESPÍRITO SANTO, com a participação dos atingidos, conforme os princípios e cláusulas deste ACORDO, promoverão o PROCESSO DE REPACTUAÇÃO.

PARÁGRAFO PRIMEIRO. Durante o PROCESSO DE REPACTUAÇÃO, as partes signatárias do TTAC, em respeito ao princípio da boa-fé, comprometem-se a respeitar os princípios e limites estabelecidos naquele instrumento.

PARÁGRAFO SEGUNDO. Fixa-se o prazo de 24 (vinte e quatro) meses contados da homologação deste ACORDO para o PROCESSO DE REPACTUAÇÃO, podendo tal prazo ser prorrogado por igual período mediante acordo entre as PARTES.

CLÁUSULA NONAGÉSIMA SEXTA. O PROCESSO DE REPACTUAÇÃO terá por base estudos técnicos, a participação dos atingidos, conforme os princípios e cláusulas deste ACORDO, e observará as seguintes premissas:

I – reparação integral dos danos causados pelo ROMPIMENTO DA BARRAGEM DE FUNDÃO conforme exigida pela legislação brasileira;

II – a consideração das propostas encaminhadas pelas COMISSÕES LOCAIS e/ou pelas CÂMARAS REGIONAIS, na forma da CLÁUSULA TRIGÉSIMA SEGUNDA;

III – a adoção, como base, mas não exclusivamente, dos PROGRAMAS definidos no TTAC para fins de repactuação;

IV – a consideração dos resultados de eventuais audiências públicas, nos termos do TAP e do ADITIVO AO TAP;

V – as cláusulas relativas aos PROGRAMAS voltados para as comunidades indígenas e demais comunidades tradicionais dependerão das consultas prévias, livres e informadas;

VI – os diagnósticos e estudos realizados pelos *EXPERTS* DO MINISTÉRIO

PÚBLICO, aos quais não estarão vinculadas as EMPRESAS, e que poderão, além de outros elementos, servir de base técnica para eventual proposta do MINISTÉRIO PÚBLICO de discussão e reformulação dos PROGRAMAS, inclusive no âmbito das CÂMARAS TEMÁTICAS;

VII – os diagnósticos e estudos realizados pelos *EXPERTS* DAS EMPRESAS, aos quais não estarão vinculados o MINISTÉRIO PÚBLICO e o CIF, e que poderão servir de base técnica para as EMPRESAS inclusive no âmbito das CÂMARAS TEMÁTICAS; e

VIII – a proposta de repactuação ser tecnicamente fundamentada, considerando o dever das EMPRESAS de reparação integral dos danos causados pelo ROMPIMENTO DA BARRAGEM DE FUNDÃO, a legislação brasileira, a segurança jurídica, o desenvolvimento dos PROGRAMAS e as medidas implementadas pela FUNDAÇÃO até então.

CLÁUSULA NONAGÉSIMA SÉTIMA. As PARTES ajustarão, em até 08 (oito) meses da homologação deste ACORDO, procedimento e cronograma de negociações que primem pela boa fé, pela celeridade e pela busca de consenso e de sistematicidade, seguindo as premissas elencadas nos incisos abaixo:

I – a criação de 01 (uma) câmara de repactuação, que poderá contar com câmaras temáticas de composição pluripartite, incluindo representação de atingidos, que debaterão as alternativas técnicas e socialmente adequadas que aperfeiçoem ou completem os PROGRAMAS ("CÂMARA DE REPACTUAÇÃO" e "CÂMARAS TEMÁTICAS");

II – a CÂMARA DE REPACTUAÇÃO, integrada por representantes indicados pelas PARTES e, se assim desejarem, 02 (dois) representantes das pessoas atingidas indicados pela ARTICULAÇÃO DAS CÂMARAS REGIONAIS, sendo 01 (um) do ESTADO DE MINAS GERAIS e 01 (um) do ESTADO DO ESPÍRITO SANTO, fará recomendações mediante comum acordo de seus integrantes. Caso não se chegue a um comum acordo, as eventuais posições divergentes a respeito serão encaminhadas às PARTES;

III – tanto que possível, as CÂMARAS TEMÁTICAS poderão apresentar à CÂMARA DE REPACTUAÇÃO a solução técnica e social mais adequada à reparação integral dos danos socioambientais e socioeconômicos decorrentes do ROMPIMENTO DA BARRAGEM DE FUNDÃO, registradas eventuais visões divergentes a respeito; e

IV – as PARTES e a ARTICULAÇÃO DAS CÂMARAS REGIONAIS indicarão nomes para as reuniões temáticas, que, salvo por motivo justificado, passarão a participar da agenda das respectivas reuniões.

PARÁGRAFO ÚNICO. Fica garantido o apoio da ASSESSORIA TÉCNICA para subsidiar a participação das pessoas atingidas.

CLÁUSULA NONAGÉSIMA OITAVA. O PROCESSO DE REPACTUAÇÃO somente terá início após a implementação das COMISSÕES LOCAIS e das ASSESSORIAS TÉCNICAS e a entrega de diagnósticos de impactos socioambientais e socioeconômicos pelos *EXPERTS*, no todo ou em parte, e desde que suficientes para subsidiar as negociações.

PARÁGRAFO ÚNICO. As PARTES, em comum acordo, poderão dispor de forma diferente do disposto no *caput* desta cláusula.

CLÁUSULA NONAGÉSIMA NONA. Chegando todas as PARTES a um acordo no PROCESSO DE REPACTUAÇÃO, as alterações daí decorrentes serão objeto de um termo de ajuste, que incorporará o TTAC, e serão implementadas pela FUNDAÇÃO, em conformidade com os termos e condições definidos e aplicáveis.

PARÁGRAFO ÚNICO. Caso as PARTES cheguem a um acordo parcial ou não logrem êxito nas tratativas para a REPACTUAÇÃO dos PROGRAMAS, os pontos em relação aos quais não houver convergência poderão ser submetidos à 12ª Vara Federal Cível/Agrária de Minas Gerais para processamento nos autos da Ação Civil Pública nº 0023863-07.2016.4.01.3800.

CLÁUSULA CENTÉSIMA. A partir da homologação judicial deste ACORDO e até o término do prazo previsto no PARÁGRAFO SEGUNDO da CLÁUSULA NONAGÉSIMA QUINTA, observada eventual prorrogação, as PARTES deverão abster-se de praticar atos judiciais com vistas à homologação do TTAC e de questionar sua validade e/ou dos PROGRAMAS. As PARTES, ainda, comprometem-se a não requerer quaisquer medidas cautelares, liminares, antecipatórias ou de urgência, salvo no caso de descumprimento deste ACORDO, sem que antes sejam envidados os melhores esforços para solução consensual dos conflitos.

CLÁUSULA CENTÉSIMA PRIMEIRA. O objetivo do PROCESSO DE REPACTUAÇÃO é a construção cooperativa entre as PARTES, com a participação das pessoas atingidas, de alternativas que promovam integral reparação dos danos causados pelo ROMPIMENTO DA BARRAGEM DE FUNDÃO.

PARÁGRAFO ÚNICO. As alterações decorrentes do PROCESSO DE REPACTUAÇÃO não poderão reduzir o nível de reparação assegurado pelos PROGRAMAS anteriormente acordados.

CAPÍTULO XV
DISPOSIÇÕES FINAIS

CLÁUSULA CENTÉSIMA SEGUNDA. As PARTES reconhecem que (a) este ACORDO aprimora mecanismos operacionais para a implementação e manutenção de um sistema de governança constitucionalmente adequado; (b) este ACORDO complementa e aperfeiçoa o disposto no TTAC, que permanecerá válido e surtindo efeitos entre as suas PARTES signatárias, observado o disposto neste ACORDO; (c) a governança estabelecida neste ACORDO será observada em relação aos PROGRAMAS, os quais permanecerão sujeitos aos termos estabelecidos no TTAC, inclusive as cláusulas de revisão periódica, bem como em relação a eventuais novos programas que as PARTES porventura venham a acordar no âmbito do PROCESSO DE REPACTUAÇÃO previsto no CAPÍTULO XIV; (d) ficam preservadas as disposições do TTAC, do TAP e do ADITIVO AO TAP naquilo que não houver sido modificado por este ACORDO; e (e) naquilo que houver divergência entre o TTAC, TAP, ADITIVO AO TAP e este ACORDO, observar-se-á o disposto neste ACORDO.

CLÁUSULA CENTÉSIMA TERCEIRA. As PARTES peticionarão em conjunto ao Juízo da 12ª Vara Federal Cível/Agrária de Minas Gerais, em até 02 (dois) dias contados da assinatura do presente ACORDO, requerendo a homologação deste ACORDO, com a consequente (i) extinção, com resolução de mérito, da fase de conhecimento da ACP nº 0069758-61.61.2015.3400, na forma do art. 487, III, "b" do Código de Processo Civil, (ii) extinção parcial, com resolução de mérito, da fase de conhecimento da ACP nº 0023863-07.2016.4.01.3800, na forma dos arts. 487, III, "b", e 356, II, do Código de Processo Civil, em relação aos pedidos liminares e definitivos resolvidos por este ACORDO, conforme relação a ser acordada entre o MPF e as EMPRESAS no prazo de 60 (sessenta) dias após a homologação deste ACORDO, e (iii) a suspensão da ACP nº 0023863-07.2016.4.01.3800 em relação aos demais pedidos não contemplados neste ACORDO até o encerramento do PROCESSO DE REPACTUAÇÃO previsto no CAPÍTULO XIV.

PARÁGRAFO PRIMEIRO. Nos termos do **PARÁGRAFO ÚNICO** da CLÁUSULA NONAGÉSIMA NONA, caso o MPF entenda que qualquer das pretensões que deduziu na ACP nº 0023863-07.2016.4.01.3800 não tenha sido contemplada no PROCESSO DE REPACTUAÇÃO, poderá submeter a questão ao Juízo da 12ª Vara Federal Cível/Agrária de Minas Gerais, com o prosseguimento da referida ACP com relação aos itens em que não houver consenso no PROCESSO DE REPACTUAÇÃO.

PARÁGRAFO SEGUNDO. Eventuais divergências entre as PARTES no cumprimento do TAP, ADITIVO AO TAP, TTAC e do presente ACORDO, caso não solucionadas de forma consensual, serão apresentadas ao Juízo da 12ª Vara Federal Cível/Agrária de Minas Gerais, a quem caberá decidir a questão.

CLÁUSULA CENTÉSIMA QUARTA. A fim de evitar decisões conflitantes, o PODER PÚBLICO e as EMPRESAS se obrigam a requerer a extinção das ações judiciais movidas pelo PODER PÚBLICO listadas no Anexo a que se refere o *caput* da cláusula 03 do TTAC, e conforme petições assinadas na data de celebração deste ACORDO. As referidas petições somente serão protocoladas após a homologação judicial deste ACORDO.

PARÁGRAFO PRIMEIRO. As EMPRESAS e o PODER PÚBLICO manifestar-se-ão nos autos das demais ações listadas no Anexo a que se refere o parágrafo primeiro da cláusula 03 do TTAC para fazer prevalecer as cláusulas e obrigações do TTAC, do TAP, do ADITIVO AO TAP e do presente ACORDO, e conforme petições assinadas na data de celebração deste ACORDO. As referidas petições somente serão protocoladas após a homologação judicial deste ACORDO.

PARÁGRAFO SEGUNDO. As EMPRESAS requererão a manifestação do PODER PÚBLICO nos autos das demais ações que envolvam direitos difusos e, constatado que o objeto está contido nos termos do TTAC, do TAP, do ADITIVO AO TAP e do presente ACORDO, o PODER PÚBLICO peticionará para fazer prevalecer as cláusulas e obrigações pactuados nos mencionados instrumentos de composição.

PARÁGRAFO TERCEIRO. As EMPRESAS requererão a manifestação do MINISTÉRIO PÚBLICO nos autos das ações que envolvam direitos difusos em trâmite, a qualquer tempo, na 12ª Vara Federal Cível/Agrária de Minas Gerais e, constatado que o objeto está contido na ACP nº 0023863-07.2016.4.01.3800, o MINISTÉRIO PÚBLICO peticionará por sua extinção.

PARÁGRAFO QUARTO. Nos autos das ações que envolvam direitos difusos que não se encontrem em trâmite na 12ª Vara Federal Cível/Agrária de Minas Gerais, as EMPRESAS requererão ao Juízo que sejam intimadas as Forças Tarefas do

MINISTÉRIO PÚBLICO, para que se manifestem quanto à existência de conexão, continência e/ou litispendência em relação à ACP nº 0023863-07.2016.4.01.3800, requerendo, se for o caso, sua remessa à 12ª Vara Federal Cível/Agrária de Minas Gerais. **PARÁGRAFO QUINTO.** Ratifica-se o disposto no parágrafo segundo da cláusula 03 do TTAC.

CLÁUSULA CENTÉSIMA QUINTA. Cabe ao MINISTÉRIO PÚBLICO definir termo de cooperação, de modo a cumprir as cláusulas deste ACORDO que lhe são afetas, respeitadas as atribuições constitucionais e legais de cada um dos ramos, e a decisão constante do Conflito de Competência nº 144.922. **PARÁGRAFO ÚNICO.** Até que sobrevenha a celebração do termo de cooperação, os assuntos pertinentes a este ACORDO serão conduzidos pelo MINISTÉRIO PÚBLICO FEDERAL.

CLÁUSULA CENTÉSIMA SEXTA. Cabe à DEFENSORIA PÚBLICA celebrar termo de cooperação, de modo a cumprir as cláusulas deste ACORDO que lhe são afetas, respeitadas as atribuições constitucionais e legais de cada um dos ramos. **PARÁGRAFO ÚNICO.** Até que sobrevenha a celebração do termo de cooperação, os assuntos pertinentes a este ACORDO serão conduzidos pela DEFENSORIA PÚBLICA DA UNIÃO.

CLÁUSULA CENTÉSIMA SÉTIMA. O MINISTÉRIO PÚBLICO e a DEFENSORIA PÚBLICA criarão Grupos de Trabalho, integrados por seus representantes, para acompanhamento descentralizado da execução dos PROGRAMAS e apoio às COMISSÕES LOCAIS, respeitadas as atribuições de cada instituição.

CLÁUSULA CENTÉSIMA OITAVA. Sempre que, neste ACORDO, usar-se a expressão PODER PÚBLICO, estar-se-á referindo à UNIÃO, ESTADO DE MINAS GERAIS e ESTADO DO ESPÍRITO SANTO.

CLÁUSULA CENTÉSIMA NONA. As PARTES deverão realizar suas atividades em conformidade com as leis anticorrupção, devendo, ainda, se abster de praticar quaisquer atos contrários à Lei Anticorrupção Brasileira (Lei Federal nº 12.846/2013), comprometendo-se a observá-la, bem como responsabilizando-se pelo cumprimento de todas as outras leis e normas que tenham finalidade e efeitos semelhantes, inclusive aquelas aplicáveis para a Administração Pública, bem como todos os regulamentos, leis, normas e legislações relacionadas a corrupção, suborno, conflito de interesse, lavagem de dinheiro, fraude ou improbidade administrativa.

CLÁUSULA CENTÉSIMA DÉCIMA. O descumprimento injustificado de quaisquer obrigações de custeio assumidas pelas EMPRESAS e FUNDAÇÃO importará às EMPRESAS multa diária de R$ 100.000,00 (cem mil reais) por obrigação descumprida. **PARÁGRAFO PRIMEIRO.** O valor total da multa não excederá o valor da obrigação descumprida, sem prejuízo do cumprimento integral da obrigação. **PARÁGRAFO SEGUNDO.** O Juízo da 12ª Vara Federal Cível/Agrária de Minas Gerais poderá reduzir ou ampliar a multa referida no *caput* de acordo com, dentre outros fatores, a gravidade ou reiteração do descumprimento da obrigação em questão. **PARÁGRAFO TERCEIRO.** Os valores decorrentes das multas serão utilizados na execução dos PROGRAMAS, adicionalmente ao valor que as EMPRESAS estão obrigadas a aportar anualmente à FUNDAÇÃO e serão aplicados de forma prioritária nas medidas socioeconômicas de acordo com o que for definido pelo CIF. **PARÁGRAFO QUARTO.** É condição para o PROCESSO DE REPACTUAÇÃO previsto neste ACORDO o cumprimento das obrigações pactuadas no TAP e no ADITIVO AO TAP, podendo o MINISTÉRIO PÚBLICO suspender, sob aviso, as negociações, na hipótese de seu inadimplemento.

CLÁUSULA CENTÉSIMA DÉCIMA PRIMEIRA. Observado o disposto no TTAC, no TAP, no ADITIVO AO TAP e neste ACORDO, e com a oitiva prévia das PARTES interessadas, caberá ao CIF estabelecer regimentos internos para disciplinar suas atividades e as atividades das CÂMARAS TÉCNICAS.

CLÁUSULA CENTÉSIMA DÉCIMA SEGUNDA. Para fins de cumprimento das disposições de transparência e informação do presente ACORDO, os documentos com previsão de divulgação deverão, em até 10 (dez) dias contados de sua emissão, ser publicados no sítio eletrônico da FUNDAÇÃO e encaminhados às PARTES e às COMISSÕES LOCAIS, preferencialmente por meio eletrônico, podendo as referidas comissões que assim preferirem solicitar o envio físico.

CLÁUSULA CENTÉSIMA DÉCIMA TERCEIRA. Salvo expressa disposição em contrário, os prazos previstos neste ACORDO serão contatos a partir da data da sua homologação judicial.

CLÁUSULA CENTÉSIMA DÉCIMA QUARTA. A assinatura e homologação do presente ACORDO pelo MINISTÉRIO PÚBLICO e pela DEFENSORIA PÚBLICA não importam homologação ou adesão aos termos do TTAC, salvo em relação à criação do CIF, das CÂMARAS TÉCNICAS, da FUNDAÇÃO e às demais matérias explicitamente modificadas por este ACORDO.

CLÁUSULA CENTÉSIMA DÉCIMA QUINTA. Revoga-se a cláusula 246 do TTAC.

CLÁUSULA CENTÉSIMA DÉCIMA SEXTA. Em até 10 (dez) dias da homologação deste ACORDO, as EMPRESAS se comprometem a iniciar o processo de definição do escopo de trabalho dos *EXPERTS* DO MINISTÉRIO PÚBLICO, contratados para o diagnóstico socioambiental e avaliação e monitoramento dos PROGRAMAS, para os próximos 02 (dois) anos, incorporando as atividades adicionais previstas neste ACORDO, sem prejuízo do disposto no TAP e no ADITIVO AO TAP, inclusive no que se refere ao prazo de entrega de diagnóstico socioambiental anteriormente acordado.

PARÁGRAFO ÚNICO. O processo de que trata o *caput* deverá ser concluído em até 60 (sessenta) dias, após a homologação deste ACORDO, podendo ser prorrogado justificadamente.

Belo Horizonte/MG, 25 de junho de 2018.

MINISTÉRIO PÚBLICO FEDERAL:
José Adercio Leite Sampaio
Procurador da República
Paulo Henrique Camargos Trazzi
Procurador da República
Edmundo Antônio Dias Netto
Procurador da República
Helder Magno Silva
Procurador da República
Malê de Aragão Frazão
Procurador da República

MINISTÉRIO PÚBLICO DO ESTADO DE MINAS GERAIS:
Antônio Sérgio Tonet
Procurador-Geral de Justiça
Andressa de Oliveira Lanchotti
Promotora de Justiça
André Sperling Prado
Promotor de Justiça

MINISTÉRIO PÚBLICO DO ESTADO DO ESPÍRITO SANTO:
Mônica Bermudes Medina Pretti
Promotora de Justiça

DEFENSORIA PÚBLICA DA UNIÃO:
Carlos Eduardo Barbosa Paz
Defensor Público-Geral Federal
Francisco de Assis Nascimento Nóbrega
Secretário-Geral de Articulação Institucional
João Márcio Simões
Defensor Regional de Direitos Humanos

DEFENSORIA PÚBLICA DO ESTADO DE MINAS GERAIS:
Wagner Geraldo Ramalho Lima
Subdefensor Público-Geral
Aylton Rodrigues Magalhães
Coordenador da Defensoria Pública de Direitos Humanos

DEFENSORIA PÚBLICA DO ESTADO DO ESPÍRITO SANTO:
Fábio Ribeiro Bittencourt
Subdefensor-Geral
Rafael Mello Portella Campos
Defensor Público
Mariana Andrade Sobral
Defensora Pública

UNIÃO:
Grace Maria Fernandes Mendonça
Advogada-Geral da União

ESTADO DE MINAS GERAIS:
Onofre Alves Batista Júnior
Advogado-Geral

ESTADO DO ESPIRITO SANTO:
Erfen José Ribeiro Santos
Subprocurador-Geral para assuntos Jurídicos

SAMARCO MINERAÇÃO S/A:
Rodrigo Alvarenga Vilela
Diretor
Luiz Eduardo Fischmann
Diretor

VALE S/A:
Alexandre S. D'Ambrosio
Consultor-Geral
Luiz Eduardo Osório
Diretor Executivo

BHP BILLITON BRASIL LTDA.:
Ivan Apsan Frediani
Diretor Jurídico

FUNDAÇÃO RENOVA:
Roberto Silva Waack
Diretor-Presidente
Andrea Aguiar Azevedo
Diretora de Desenvolvimento Institucional

Esta obra foi composta em fonte Palatino Linotype, corpo 10
e impressa em papel Offset 75g (miolo) e Supremo 250g (capa)
pela Rona Editora.